权威·前沿·原创

皮书系列为

“十二五”“十三五”国家重点图书出版规划项目

智库成果出版与传播平台

2021年青海经济社会形势分析与预测

SOCIAL AND ECONOMIC CONDITIONS IN QINGHAI：
ANALYSIS AND FORECAST (2021)

主　编 / 索端智
副主编 / 孙发平　马起雄　代　辛

SSAP 社会科学文献出版社
SOCIAL SCIENCES ACADEMIC PRESS (CHINA)

图书在版编目(CIP)数据

2021 年青海经济社会形势分析与预测/索端智主编
. --北京：社会科学文献出版社，2021.7
（青海蓝皮书）
ISBN 978 -7 -5201 -8453 -3

Ⅰ.①2… Ⅱ.①索… Ⅲ.①区域经济 - 经济分析 - 青海 - 2020 ②社会分析 - 青海 - 2020 ③区域经济 - 经济预测 - 青海 - 2021 ④社会预测 - 青海 - 2021 Ⅳ.①F127.44

中国版本图书馆 CIP 数据核字（2021）第 098376 号

青海蓝皮书
2021 年青海经济社会形势分析与预测

主　　编 / 索端智
副 主 编 / 孙发平　马起雄　代　辛

出 版 人 / 王利民
责任编辑 / 陈　颖
文稿编辑 / 李惠惠

出　　版 / 社会科学文献出版社 · 皮书出版分社（010）59367127
地址：北京市北三环中路甲 29 号院华龙大厦　邮编：100029
网址：www.ssap.com.cn
发　　行 / 市场营销中心（010）59367081　59367083
印　　装 / 天津千鹤文化传播有限公司

规　　格 / 开 本：787mm × 1092mm　1/16
印 张：22.5　字 数：338 千字
版　　次 / 2021 年 7 月第 1 版　2021 年 7 月第 1 次印刷
书　　号 / ISBN 978 -7 -5201 -8453 -3
定　　价 / 168.00 元

2021年青海蓝皮书编委会

主要编撰者简介

索端智　藏族，中共党员，博士，教授，青海省社会科学院党组书记、院长。1989 年 7 月毕业于中央民族大学民族学专业；1989 年 9 月至 2006 年 7 月在青海民族学院民族研究所从事科研与教学工作，历任讲师、副教授、教授；2003 年 9 月至 2006 年 7 月在中山大学攻读人类学博士学位；2006 年 7 月至 2010 年 11 月任青海民族大学研究生工作部副主任、主任；2010 年 12 月至 2017 年 2 月任青海民族大学副校长；2012 年 9～12 月在澳大利亚国立大学学习；2017 年 3 月任青海民族大学校党委副书记、校长；2018 年 1 月任青海省人大常委会委员；2020 年 3 月任青海省社会科学院党组书记、院长。兼任中国民族学人类学学会副会长，西南民族研究会常务副会长，教育部社会学学科教育指导委员会委员。长期从事藏学、民族学、人类学研究。先后主持完成“三江源生态移民研究”“青藏高原藏族游牧区公共服务研究”等多项国家社会科学基金项目，发表专业学术论文 50 余篇。

孙发平　青海省社会科学院副院长、研究员，享受国务院政府特殊津贴专家。兼任中国城市经济学会常务理事、青海省委党校和青海省委讲师团特邀教授等。研究方向为市场经济和区域经济。主著及主编书籍 10 余部，发表论文 90 余篇，主持课题 30 余项。主要成果有《中国三江源区生态价值与补偿机制研究》《“四个发展”：青海省科学发展模式创新》《青海转变经济发展方式研究》《循环经济理论与实践——以柴达木循环经济试验区为例》《中央支持青海等省藏区经济社会发展政策机遇下青海实现又好又快发展研究》《青海建设国家循环经济发展先行区研究》等。获青海省哲学社会科学优秀成果一等奖4项、二等奖2项、三等奖5项，获青海省优秀调研报告一等奖3项、二等奖4项、三等奖2项。

马起雄 土族，青海省社会科学院副院长。先后在青海省海西州大柴旦镇司法科、海西州民政局工作。1996年4月调入青海省政府研究室（发展研究中心），担任社会调研处副处长、处长、研究室副主任等职。曾编撰《海西蒙古族藏族自治州民政志》。参与完成的“青海省贫困地区脱贫问题研究”“青海省三大扶贫工程研究”获中国发展研究奖三等奖，组织完成的“青海民生创先指标体系研究”“青海基本公共服务均等化走在西部前列”两项全省重点调研课题获青海省优秀调研报告一等奖。

代　辛 博士，青海省社会科学院党组成员、副院长，全国师德标兵。主要研究方向为农业农村经济管理、区域经济、农产品质量安全。参与制定《农业部农产品质量安全风险评估实验室（西宁）发展规划》《柴达木地区生态农牧业发展规划》，发表《扎扎实实推进海西生态农牧业建设》《海西州精准扶贫的经验模式探究》《创新实施环保十三条措施建设美丽新海西》等文章，调研报告《新时代海西州绿色发展研究》《海西州“一带一路”建设的调查与研究》等多次获得省部级奖项。

摘　要

《2021年青海经济社会形势分析与预测》以2020年青海省经济、社会、政治、文化和生态等各领域的重大理论和现实问题为研究内容，对青海经济社会发展进行综合分析和科学预测，全面、真实地反映青海经济社会发展的动态趋势。

本书包括总报告、经济篇、社会篇、生态篇、区域特色篇等五个篇目。总报告包含两篇文章，在对青海省经济和社会发展总体运行情况分别阐述的基础上，对国内外宏观经济社会发展背景下面临的机遇和挑战进行分析，并结合省情实际对2021年青海经济社会发展趋势进行了预测，提出了具有可操作性的对策建议。总报告认为，2020年青海在一系列挑战和压力下稳住了经济基本盘，经济运行呈现稳中回升的特点，随着新冠肺炎疫情得到有效控制，经济将伴随外部市场需求的快速修复迎来一个较为理想的发展阶段，经济运行态势有望在短期内恢复至疫情前的中高速平稳增长水平；2020年青海各项社会事业取得显著成效，2021年将继续围绕生态文明建设、实施乡村振兴战略、保障和改善民生、持续深化改革、提升社会治理能力等重点工作，持续推动经济社会高质量发展。经济篇以影响青海经济发展的主要行业、领域以及重大现实问题为研究重点，内容涵盖税收、统计、就业、电子商务等领域和相关热点问题；社会篇以青海社会发展的主要领域及重大现实问题为研究重点，内容包括人力资源、美丽城镇建设、教育等社会热点问题；生态篇立足青海特色，就国家公园示范省建设、国家公园人兽冲突、国家公园绿色产业发展、国土空间开发保护等方面进行了探索；区域特色篇主要围绕青海经济社会发展实际，重点就“一带一路”视角下民族地区资源型城市智慧转型、新型城镇化建设的发展与现状、青海花儿歌手生存现状与发展路径等热点难点问题展开调研分析和梳理总结。

关键词： 经济发展　社会发展　青海

Abstract

Social and Economic Conditions in Qinghai: Analysis and Forecast 2021 takes the major theoretical and practical problems in the fields of economy, society, politics, culture and ecology of Qinghai Province in 2020 as the main research content, carries out comprehensive analysis and scientific prediction of Qinghai's economic and social development, which comprehensively and truly reflects the dynamic trend of Qinghai's economic and social development.

This book consists of five parts: general reports, economic chapter, society chapter, ecology chapter, and regional characteristics chapter. The general reports contains two articles. Based on the explanations of the general situation of the economic and social development of Qinghai Province, it analyzes the opportunities and challenges faced by the macroeconomic and social development at home and abroad. Meanwhile, it combines the actual conditions to forecast development trend in 2021 and provides feasible countermeasures. According to the general report, in 2020, Qinghai has stabilized its economic fundamentals under a series of challenges and pressures, and its economic operation has shown a characteristic of steady recovery. As the COVID -19 epidemic is effectively controlled, the economy will step in a relatively ideal development stage with the rapid recovery of external market demand, and the economic operation situation is expected to return to the medium-to-high speed of growth in a short period of time. In 2020, significant achievements have been made in various social undertakings in Qinghai. In 2021, Qinghai will continue to promote high-quality economic and social development by focusing on the construction of ecological civilization, the implementation of the rural revitalization strategy, the guarantee and improvement of people's livelihood, the continuous deepening of reform,

and the enhancement of social governance capacity. The economic chapter focuses on the main industries, fields and major practical issues that affect the economic development of Qinghai Province, covering taxation, statistics, employment, e-commerce and other fields and related hot issues. The society chapter focuses on the main fields and major practical problems of Qinghai's social development, including human resources, beautiful town construction, education and other social hot issues. Based on the characteristics of Qinghai Province, the ecology chapter explores the construction of national park demonstration province, the conflict between human and animal in national park, the development of national park green industry, and the development and protection of national land space. Focusing on the actual economic and social development of Qinghai, regional characteristics chapter focuses on the investigation, analysis and summary of hot and difficult issues such as the smart transformation of resource-based cities in ethnic minority areas, the development and current situation of new-type urbanization construction, and the survival situation and development path of Qinghai "Hua'er" singers from the perspective of "The Belt and Road".

Keywords: Economic Development; Social Development; Qinghai

目录

Ⅰ 总报告

Ⅱ 经济篇

Ⅲ 社会篇

Ⅳ 生态篇

Ⅴ 区域特色篇

CONTENTS

I General Reports

Ⅱ Economic Chapters

Ⅲ Social Chapters

Ⅳ Ecology Chapters

V Regional Characteristics Chapter

总报告

General Reports

B.1

2020~2021年青海经济发展形势分析与预测

孙发平　杜青华　魏 珍　刘 畅*

摘　要：2020年以来，面对全球经济贸易局势紧张、经济下行压力持续增大和新冠肺炎疫情在全球迅速扩散蔓延的国内外经济环境，青海省坚持稳中求进工作总基调，统筹推进经济社会发展与疫情防控，前三季度经济运行平稳回升、民生改善成效显著、发展质量不断提高。展望2021年，随着疫情形势可防可控，经济将伴随外部市场需求的快速修复，而迎来一个较为理想的发展阶段，具体来说经济结构有望不断优化，绿色发展动能有望持续增强，民营经济有望不断提升，新兴业态

* 孙发平，青海省社会科学院副院长、研究员，研究方向为市场经济和区域经济；杜青华，青海省社会科学院经济研究所副所长、副研究员，研究方向为区域经济与政策选择；魏珍，青海省社会科学院经济研究所助理研究员，研究方向为区域经济；刘畅，青海省社会科学院经济研究所助理研究员，研究方向为城市经济。

有望蓬勃发展，经济运行有望在短期内恢复至疫情前的中高速平稳增长水平。

关键词：　经济形势　经济结构　青海省

2020年是决胜全面建成小康社会和“十三五”规划的收官之年。面对错综复杂的国内外经济环境和艰巨多变的新冠肺炎疫情防控任务，青海省深入贯彻习近平总书记重要讲话和指示精神，全面落实党中央、国务院、省委、省政府各项决策部署，统筹推进疫情防控和经济社会发展，坚持稳中求进工作总基调，全力抓“六保”促“六稳”，加快融入“双循环”新发展格局。前三季度，全省在一系列挑战和压力下稳住了经济基本盘，经济运行呈现稳中回升的整体态势，大局稳、民生实、质量优的发展特征较为显著。

一　2020年前三季度青海省宏观经济运行特点

2020年，受新冠肺炎疫情冲击，全球经济遭受重创，供应链被中断，需求链被抑制，虽然各国政府相继推出了宽松的货币政策以刺激消费和投资，在一定程度上缓解了经济衰退，但仍未有效解决疫情蔓延、结构失衡等根本性问题。特别是秋冬季节，世界多地的疫情出现二次暴发态势，延缓了全球经济的复苏进程。从国内经济来看，2020年初以来，通过对疫情的严防死守，国内疫情防控已经取得了重大阶段性成果，为经济的稳定复苏提供了诸多的有利条件，全国生产生活有效恢复。全省前三季度经济恢复稳定，新动能加速成长，民生保障有力，生态环境持续向好。

（一）经济恢复态势稳定，经济结构持续优化

2020年，青海省经济运行整体呈现前低后高的发展态势。年初，全省积极应对疫情影响，及时在财税、金融、社保、就业、要素保障等方面提供

了一系列政策支撑，有力有序推动复工复产、达产增效，尽最大努力将疫情对经济的冲击降到最小。由于受疫情冲击以及政策变化等因素的影响，本年度报告在经济分析中增加了对重要经济指标的环比和同比情况的观察分析。从 2020 年环比数据来看，全省第一、第二产业增速趋稳，受新冠肺炎疫情的影响，以服务业为主的第三产业短期降幅较为明显，但由于疫情防控得力，第三产业增加值的降幅呈不断收窄的趋势，经济恢复态势稳定。

2020 年前三季度全省实现地区生产总值（GDP）3005. 92 亿元，较上年同期增长 1. 5%，增速较第一季度的 -2. 1%、上半年的 1% 和前三季度的 1. 2% 环比分别提高了 3. 6 个、0. 5 个和 0. 3 个百分点,[①] 与增速 2. 3% 的全国平均水平相比低了 0. 8 个百分点。2020 年全国经济呈“V”形恢复态势（见图 1），从经济增速来看，疫情发生以来，青海省与全国平均水平及经济发展体量相似的宁夏相比，经济受疫情冲击程度弱于全国平均水平和宁夏；

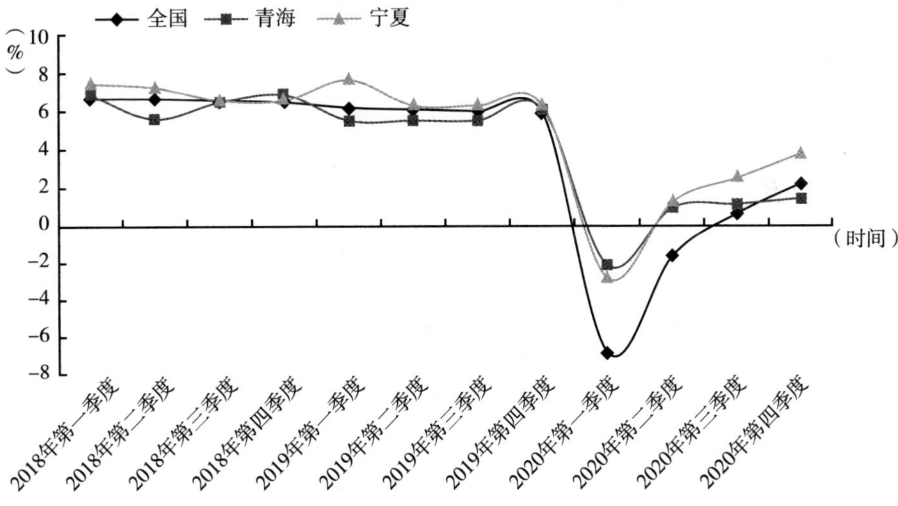

图 1　2018 ~ 2020 年分季度全国、青海和宁夏 GDP 增速对比（累计值）

资料来源：国家数据网站，https：//data. stats. gov. cn/。

① 本报告所引数据除单独注明外，其他数据全部引自青海省统计局、国家统计局青海调查总队 2020 年 10 月 20 日发布的《“六稳六保”有力有效，全省经济平稳增长》。

从经济恢复态势来看，青海稍快于全国平均水平，略低于宁夏，但无论是从全国还是从青海、宁夏两省区来看，疫情造成的增速缺口都还很大，要恢复至疫情前7%左右的水平，仍需时日。

从三次产业的增速来看，2020年青海省第一产业增速低于上年同期0.1个百分点，高于全国1.5个百分点，实现增加值334.30亿元；第二产业实现增加值1143.55亿元，同比增长2.7%，较上年增速降低3.6个百分点，但较全国平均水平高出0.1个百分点。由于疫情防控需要，全省第一、第二季度制造业、建筑业等大型企业工人返程难，原材料等生产要素流通受阻严重，工厂难以开复工，加之物流、生产、销售等环节受到严重干扰，大量企业停工停产。第三产业完成增加值1528.07亿元，是拉动经济增长的主要动力（见图2），增速较上年同期下降6.4个百分点，且低于全国平均水平2个百分点。2020年第一季度，尤其是“两节”期间全省城乡餐饮、住宿、娱乐等消费场所几乎全部关停，文化娱乐活动取消，交通运输、邮政、仓储业务量也大幅缩减。隔离防控措施、景区的关停等一系列因素使全省旅游业“黄金期”受到很大程度的影响，产业发展的压力增大。但随着疫情逐

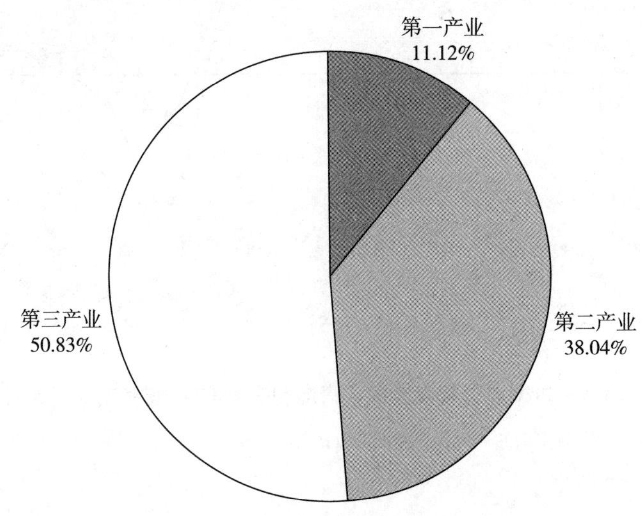

图2　2020年青海省三次产业占GDP比重

资料来源：青海省统计局网站，http：//tjj.qinghai.gov.cn/。

步得到控制，全国旅游业逐步复苏，加上省内游的推广，从第三季度的数据来看，第三产业增加值降幅较第一季度和上半年均有明显收窄，分别收窄2.9个和0.3个百分点。

从主要经济先行指标来看，全国制造业PMI第三季度均值为51.2%，较第二季度均值上升0.4个百分点，超过50%的荣枯线，表明内外部需求逐渐回暖，企业生产已接近或超过正常年份水平，表现出经济复苏持续增强的态势。前三季度，全省工业生产者出厂价格指数（PPI）总体在负区间运行，1~9月较上年同期下降4.4个百分点，工业生产者购进价格指数（IPI）同比下降3.9个百分点，工业企业利润空间持续压缩，经济下行压力持续增大。居民消费价格指数（CPI）同比上涨3.2%，较全国平均水平高0.2个百分点，八大类商品及服务价格同比呈“六涨二降”态势。前三季度，社会消费品零售总额629.85亿元，同比下降8.7%，但降幅持续收窄，较第一季度和上半年分别收窄了14.3个和3.8个百分点。

就业和收入方面，全省进一步深化经济体制改革，出台《青海省开展“优化营商环境年”活动实施方案》，改善优化创业就业环境，就业创业形式稳中有进。前三季度，全省城镇登记失业率2.2%，在疫情防控的形势下，仍实现失业率同比下降0.1个百分点。1~9月，全省新增就业5.62万人，完成全年目标的93.7%；农牧区富余劳动力转移就业107.88万人次，提前完成了全年目标任务。市场潜力被充分激发，据统计，前三季度全省平均每天有229个新登记市场主体。从收入来看，前三季度，全省城乡居民可支配收入稳定增加，较上年同期增长5.8%。其中，城镇居民人均可支配收入增速为4.7%，农村居民人均可支配收入增速继续高于城镇，增速为5.7%，民生成绩较为显著。

（二）农牧业生产稳定，特色化趋势凸显

2020年以来，全省深入落实中央农村工作会议和全省农村牧区工作会议、农业农村工作会议及中央、省委一号文件精神。在抓好疫情防控的同

时，推进绿色有机农畜产品示范省创建，多措并举加大投入，落实稳产保供，农业综合生产能力得到有效提升，助力乡村振兴；加之粮食总播种面积较2019年有所增加，气候条件有利，全省农牧业发展交出了满意的答卷。2020年初，全省谷物、豆类播种面积增加，薯类播种面积减少，经济作物油料、青饲料播种面积增加，蔬菜及食用菌、药材的播种面积减少，但总播种面积有所增加，注定是一个粮食丰收年。前三季度，全省蔬菜及食用菌产量109.79万吨，同比下降7.3%；枸杞产量2.96万吨，增长9.3%。畜牧业方面，全省牛羊生产稳中向好，生猪生产不断恢复，畜牧产品价格一直高位运行。在全省及时发布预防奶牛寄生虫病、冬季绵羊补饲、散养户冬季养猪巧御寒等技术指导信息，养殖效益良好。前三季度，全省生猪存栏54.97万头，同比增长17.4%，出栏30.55万头，同比下降56%；牛存栏669.75万头，增长23.4%，出栏106.70万头，增长36.7%；羊存栏1506.75万只，下降10.2%，出栏414.80万只，增长3.5%；家禽存栏165.13万只，下降23.3%，出栏163.19万只，下降44.4%。全省猪牛羊禽肉总产量20.09万吨，同比下降2.1%。

（三）工业生产稳定恢复，新兴产业引领作用增强

前三季度，全省对重点地区、行业和企业进行指导和跟踪服务，加紧复工复产进程，多措并举加强要素保障，减税降费成效逐步显现，上下游产业得到有效对接。规模以上工业生产逐步向好，1~4月规模以上工业增加值增速由负转正后，连续7个月保持正增长，其中5个月增速均在1.3%以上。第二、第三季度增速均保持在1.3%的稳定水平。1~12月同比实际下降0.2%，较第一季度提高0.1个百分点，较第二、第三季度下降1.5个百分点。化学原料和化学制品制造业、电气机械和器材制造业、石油煤炭及其他燃料加工业、非金属矿物制品业、酒饮料和精制茶制造业等5个行业的增加值增速下降幅度较大，对全省整体增加值增速的影响也较大。分季度来看，疫情发生以来，第一季度全国规模以上工业增加值增速下降幅度较大，较上年同期下降8.4个百分点，青

海省规模以上工业增加值增速较上年同期下降 0.3 个百分点，从累计值来看，全国第四季度实现 2.8% 的正增长（见图 3）。

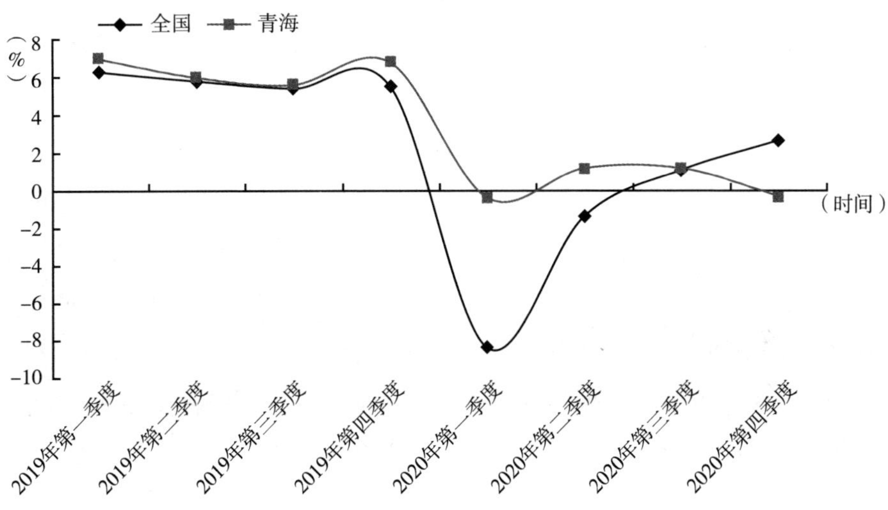

图 3　2019 ~2020 年全国及青海省规模以上工业增加值增速

资料来源：国家数据网站，https：//data. stats. gov. cn/。

分行业来看，在生产的 33 个大类行业中实现 12 个行业增加值同比增长。其中电力热力生产和供应业、有色金属冶炼和压延加工业、煤炭开采和洗选业增加值增速都在两位数以上；开采专业及辅助性活动、石油和天然气开采业、有色金属矿采选业、非金属矿采选业的增速也十分可观，这七个重点行业是拉动工业增长的主要动力，共拉动规模以上工业增长 5.8 个百分点。电气机械和器材制造业、黑色金属矿采选业、黑色金属冶炼和压延加工业、计算机通信和其他电子设备制造业增加值虽然依然下降，但降幅较上半年不断收窄。化学原料和化学制品制造业、石油煤炭和其他燃料加工业、医药制造业、食品制造业、酒饮料和精制茶制造业增加值下降幅度仍较大，但是复苏态势向好。前三季度，全省医用口罩生产从无到有，两家规模以上工业企业开工生产医用口罩，口罩产量达 6474 万个（只），比上半年增加 565 万个（只），有效地带动了全省医药制造业增加值快速增长。

分经济类型来看，前三季度，国有企业增加值同比增长27.4%，6个月来均保持两位数增长；外商及港澳台商投资企业增加值增长6.4%，增速比第一季度、上半年分别提高9.8个和3.4个百分点；股份制企业增加值下降0.9%，降幅较第一季度有所收窄。新兴优势产业由降转增，对经济的引领作用不断增强，第三季度以来，全省计算机通信和其他电子设备制造业当月增幅均保持在30%以上；电气机械和器材制造业连续两个月当月实现正增长。在这两个行业的带动下，高技术制造业和装备制造业8月当月增速由负转正，9月当月增幅均在20%以上，两大产业占规模以上工业增加值的比重分别为7.2%和8.2%。前三季度，全省高技术制造业、装备制造业增加值同比分别下降20.6%和16.9%，但降幅均有所收窄，较上半年分别提高了3.2个和6.1个百分点。截至11月底，全省新能源装机容量达2138万千瓦，在全国各省份中新能源装机占比最高，集中式光伏发电量最高。① 2020年以来，全省特色产品如原盐、多晶硅、粗钢、钢材、原铝（电解铝）、铝材、铝合金、太阳能电池等产量均保持增长，其中原盐、多晶硅、铝材实现两位数增长，同比分别增长19.4%、11.9%和29.6%。

（四）服务业稳步恢复，旅游业明显回升

新冠肺炎疫情暴发初期，第三产业尤其是服务业、旅游业受到严重冲击，全省为稳定第三产业出台一系列政策措施，积极推动金融、交通、商贸、文旅等服务业复苏。随着餐饮、交通运输、文化娱乐等服务行业复业复市，部分行业实现由降转增，第一季度服务业增加值同比下降3.4%，第二季度下降0.8%，前三季度服务业增加值同比下降0.5%，降幅比第一季度、上半年分别收窄2.9个和0.3个百分点。随着疫情防控进入常态化，旅游市场逐步复苏，基本抓住了青海省旅游的夏季“黄金期”，全国跨省旅游的放开带动了客运、住宿、餐饮等相关产业的复工复产。省内游

---

① 《青海集中式光伏发电量占全国比重8.4%　居全国第一》，中国新闻网，2020年7月24日，http://www.chinanews.com/ny/2020/07-24/9247364.shtml。

方面，随着“河湟文化旅游艺术节”等活动的开展和赠发文化惠民卡、减免景点景区门票等措施的推进，全省旅游需求逐步释放。前三季度，全省接待游客人数突破2700万人次，同比下降39.2%，降幅比第一季度、上半年分别收窄17.0个和9.6个百分点，恢复至上年同期水平的60.54%；实现旅游总收入近230亿元，下降54.0%，降幅比第一季度、上半年分别收窄9.6个和10.9个百分点，恢复至上年同期水平的46.25%。1～12月，全省接待游客人数达3311.82万人次，同比下降34.8%，较1～9月降幅收窄4.4个百分点，已恢复至上年同期水平的近70%；实现旅游总收入289.92亿元，较1～9月降幅收窄5.6个百分点，已恢复至上年同期水平的53%。由图4可以看出，2020年第二季度以来，全省旅游总人数和旅游总收入均稳步上升，但旅游总收入增速低于旅游总人数增速，这说明被疫情抑制的旅游消费潜力还有待进一步挖掘。

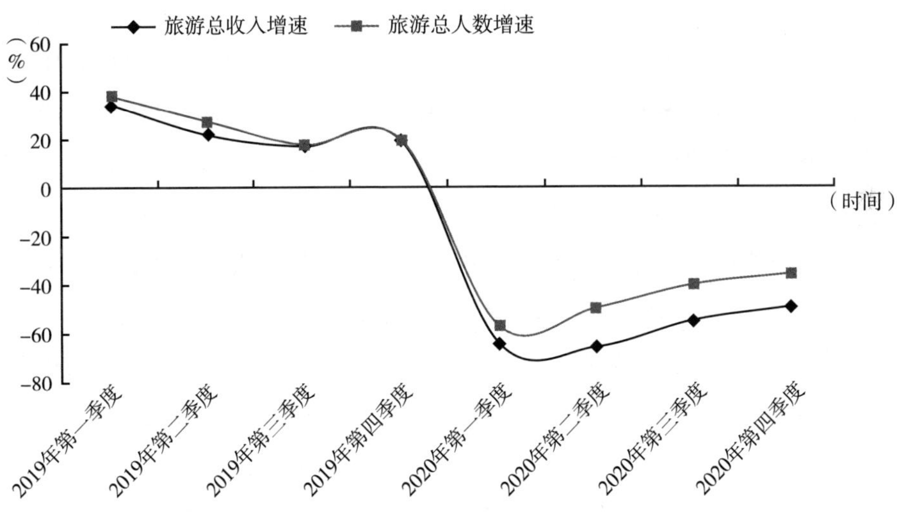

图4　2019～2020年青海省旅游总收入和总人数增速

资料来源：青海省统计局网站，http：//tjj.qinghai.gov.cn/。

前三季度，全省邮政电信业务量快速增长，完成邮政业务总量6.88亿元，同比增长19.2%，较1～8月上升1.3个百分点，增幅比上半年提高3.8个百分点；完成电信业务总量600.36亿元，同比增长31.4%。

（五）“三驾马车”持续发力，经济企稳回升底气十足

2020 年，面临国内外经济环境影响和投资增长的压力，青海省加快推动重大项目开复工，多措并举扩大投资，实施一批重大基础设施、惠民生等补短板项目。前三季度固定资产投资同比下降 1.3%。虽然在多种因素的影响下，投资速度整体有所放缓，但分领域来看，民间投资的恢复势头在不断增强，前三季度，全省民间投资同比下降 9.3%，降幅比第一季度、上半年分别收窄 6.8 个和 4.0 个百分点。其中，水利环境和公共设施管理业、科学研究和技术服务业民间投资更是实现了由降转增。基础设施投资增速稳定在较快增长区间，前三季度，全省基础设施投资同比增长 20.8%，第二季度以来均保持两位数增长，其中电力热力燃气及水的生产和供应业投资增长 52.6%，2020 年以来持续快速增长；交通运输和邮政业投资增长 37.9%。房地产开发投资平稳增长，3 月以来全省房地产开发投资实现正增长，4～10 月均保持平稳增长，1～9 月全省房地产开发投资同比增长 13.5%，10 月同比增长 10.7%。分产业来看，1～10 月第一产业投资增速为 10.3%，2020 年以来均保持了两位数增长，第二产业投资下降 2.9%，其中工业投资下降 0.7%，第三产业投资下降 6.9%。

疫情发生以来，在“享网购”线上促消费、打造夜间经济、汽车及油品专项促销、发放消费券等一系列促消费政策措施以及旅游市场逐步恢复的带动下，全省消费品市场逐步回暖，降幅不断收窄。1～10 月，全省社会消费品零售总额 721.75 亿元，同比下降 7.9%，较 1～9 月降幅收窄 0.8 个百分点，较第一季度和上半年分别收窄 15.1 个和 4.6 个百分点。

在疫情的影响下，全省对外贸易发展形势不稳定不确定性增多，尤其是在国外疫情持续的态势下，外贸产业和企业受到了前所未有的挑战和压力。1～12 月，全省海关进出口总值为 22.8 亿元，较上年同期下降 39.2%。其中出口总值 12.3 亿元，较上年同期下降 39.2%，进口总值 10.5 亿元，较上年同期下降 39.3%，降幅较第一、二、三季度均有所收窄。且近年来，全省对外贸易出口额大于进口额，对外贸易总体形势向好趋势明显（见图 5）。

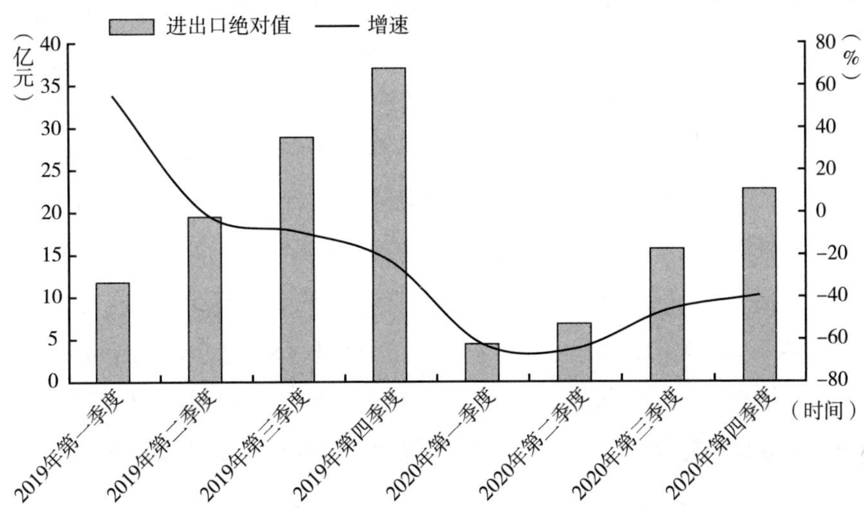

图5　2019 ~2020 年青海省分季度对外贸易情况

资料来源：青海省统计局网站，http：//tjj. qinghai. gov. cn/。

二　2020年青海经济发展面临的主要困难

2020 年初，全球新冠肺炎疫情暴发对中国经济运行轨迹产生巨大干扰，宏观经济发展受到明显冲击。虽然基本面长期向好的发展趋势没有改变，但是在国内新旧动能转换内因以及外部重大突发事件和世界贸易格局的不断变化外因的双重作用下，下行风险迅速集聚，2020 年经济发展面临前所未有的压力。从青海省发展情况来看，在外部环境不断变化的严峻态势下，经济发展规模小、实体经济韧性不足、抵御风险能力弱、地区之间差异明显等问题掣肘青海经济发展，在转型升级、培育新的经济增长点方面还存在诸多困难与挑战。

（一）投资市场波动明显

受新冠肺炎疫情影响，2020 年全国社会投资活动都受到显著冲击，青海固定资产投资 1～2 月呈现负增长，随着复工复产的推进，3 月由负转正，第一季度实现 2.6% 的增长。但从 1～10 月整体情况来看，固定资产投资呈倒“U”形发展态势，9 月、10 月结束增长，重新陷入负增长状态。在投资市场波动的影响下，民间投资下降显著，虽然 10 月民间投资下降情况较 1 月收窄 56.3 个百分点，但整体还是呈现民间投资信心亟待提振的特征。从三次产业来看，1～10 月第一产业维持较好的增长状态，第二产业增速高开低走，10 月较 1 月回落 66.7 个百分点，在基础设施投资和国家重点建设项目的投资拉动作用下，第二产业 10 月仍同比下降 0.7%，制造业下降 50.7%，体现行业整体投资意愿较弱的特点。第三产业降幅收窄较为明显，但金融业投资长期乏力，第三季度降幅仅比上半年减少 1.7 个百分点。

（二）消费需求显著下降

新冠肺炎疫情发生以来，全国消费市场普遍受到较大冲击，整体表现低迷。2020 年，1～3 月全国各地社会消费品零售总额同比下降明显，青海同比下降 23%。在复工复产成效显著影响下，4 月大幅上涨，较 3 月增长 14.9 个百分点。4 月以来，虽然社会消费品零售总额持续回升，但是回升力度不足，增速较慢，10 月同比下降 7.9 个百分点，降幅较第一季度收窄 15.1%。从消费市场构成来看，生活保障类商品、医药卫生服务、智能家用电器、汽车消费增长幅度较大，对消费市场的拉动作用明显，其他类型消费支出提升缓慢，显现出居民消费能力有所下降、消费意愿不强的特征。

（三）对外贸易形势严峻

新冠肺炎疫情导致“逆全球化”倾向加剧，国际关系和全球经济的大环境受到明显影响，这些情况都给青海省“一带一路”建设带来新挑战。对外贸易总体规模小，2016 年以来青海省进出口总额连年下降，在 2018 年出现小幅回升后，2019 年重回下降趋势。2020 年 1～10 月，青海进出口总额下降 42.7%，其中进口总额下降 38.3%，出口总额下降 46.4%。对外贸易的巨大波动一方面体现了全球公共安全事件对青海外贸的巨大冲击，另一

方面体现了青海对外贸易本身应对危机的能力有所欠缺。进出口总量小、波动大、特色优势产品国际市场竞争力不强，且尚未建立长期稳定的贸易伙伴关系。出口企业以民营企业为主，规模小，竞争力不足，市场开拓能力弱，支撑外经贸发展的产业集群程度低，企业抵抗风险能力不足。综合利用外资能力不强，吸收外资单一的方式还没有得到根本改观，利用外资的渠道有待进一步拓宽。

（四）实体经济发展面临严峻挑战

实体经济作为经济主体，在市场需求持续低迷、生产要素价格上涨、生态环境保护力度不断增大等多方面压力作用下，稳增长、调结构的需求更加迫切。经济发展进入新常态以来，青海省实体经济盈利能力不足，工业经济提升空间较小，全省主要实体经济体在完成常规运营的同时还需处理大量债务，存在兑付风险。生产经营成本支出的增加以及金融风险倒逼长期依赖传统发展模式的企业进行产业升级，实体经济发展形势严峻。此外，全球重大突发公共卫生事件对实体经济的韧性要求不断提升。新冠肺炎疫情发生以来，民营企业和中小企业受到较大影响，虽然“六稳”“六保”政策对于中小企业提高应对风险能力有一定帮助，但是企业内生动力不足，普遍缺乏应对风险的韧性。2020 年前三季度，服务业下降 0.5%，但服务业对 GDP 的贡献率仍达 53%，服务业的缓慢回温对全省居民的收入和就业均有较大影响，后续可能进一步给内需市场带来不利影响。

三　2021年青海经济形势分析与预测

2020 年，全球经济因突如其来的新冠肺炎疫情及一系列不稳定不确定因素的影响而形势低迷，市场信心不足，经济复苏艰难。我国经济同样面临新冠肺炎疫情的影响，年初实体经济停工停产，企业利润下降，但随着我国对疫情的有效控制，经济复苏步伐加快，我国成为 2020 年全球唯一实现正增长的主要经济体。2021 年，随着新冠肺炎疫苗的推出，全球主要经济体有望实现全面复苏，我国仍将领跑全球，在国内发展环境良好的大背景下，青海经济仍将保持稳中有进、高质量高水平发展的运行态势。

（一）国际环境分析

2020 年的世界经济形势跌宕起伏。一方面，全球经济因为逐渐增强的贸易单边主义和保守主义而缺乏增长动力，国际贸易开放程度受到影响；另一方面，百年未遇的新冠肺炎疫情在全球迅速暴发并持续扩散蔓延，由此引发了全球公共卫生危机。各国为应对疫情采取了贸易限制的措施，导致产业停摆、停产、货物运输不畅等，市场遭各方风险冲击，全球贸易往来的活跃度大幅下降，世界经济衰退风险逐步增加。

（二）国内经济环境分析

2020 年，全国科学统筹疫情防控和经济社会发展，各地区各部门认真贯彻落实党中央和国务院的决策部署，不断为“六稳”“六保”工作注入强劲动力，生产生活有序恢复，经济增长实现了由负转正，经济运行稳定复苏。前三季度，各行业增加值增速较第二季度均有所提高，第三产业对经济增长的贡献力逐步回升，工业、建筑业、金融业、房地产业以及信息传输、软件和信息技术服务业对 GDP 增长的拉动作用较强。一系列稳投资政策取得实效，前三季度，资本形成总额拉动 GDP 增长 3.1 个百分点，投资依然是拉动经济增长的主要动力。居民消费需求得到释放，各类消费业态得到发展，消费潜力得到充分激发，消费市场的复苏势头不断增强，第三季度最终消费支出向上拉动 GDP 1.7 个百分点，年内首次转正。随着一系列稳外贸政策的作用逐步显现，对外贸易保持增长，净出口对经济的拉动作用每个季度都在增强，第三季度，货物和服务净出口拉动 GDP 增长 0.6 个百分点，继续发挥对经济增长正向拉动作用。根据海关总署统计，前三季度我国货物进出口总额累计增速转负为正。投资、消费、出口三大需求继续共同拉动经济增长。总体来看，2020 年，我国经济表现稳定且有韧性，预计疫情防控常态化时期经济将快速恢复至疫情前水平，经济结构将不断优化升级，新兴业态蓬勃发展，新旧动能接续转换，以国内循环为主的“双循环”发展格局将加快形成，经济高质量发展步伐加快。

（三）青海主要发展目标预测

面对当前正在深刻变化的国际国内经济形势及严峻的疫情防控任务，在全面建成小康社会补短板、强弱项和“十三五”规划目标完成的当下，青海经济发展机遇与挑战并存。展望2021年，在实现第一个百年奋斗目标之后，根据“十四五”规划的引领，青海经济发展质量将进一步提高，为“十四五”开好局。

1. 经济运行有望保持稳定恢复的运行态势

2020年青海经济运行总体平稳。农牧业生产落实稳产保供，抓好疫情防控，农业综合生产能力不断提高，加之2020年总播种面积增加，种植结构得到优化，整体气象条件优良，全年粮食实现大丰收已成定局。特色农牧业发展成效突出，质量兴农、绿色兴农、品牌强农，具有高原特色的现代农牧业产业体系正在形成。众多“青字号”农产品带动贫困群众互利互赢，“神奇柴达木”海西公用品牌及特色名优农产品走进浙江农博会。青海特色农畜产品知名度不断提升，消费市场的满意度和认可度不断增加，特色农牧业对外开放与合作交流的大门不断打开。工业运行虽受疫情影响较为严重，但第二季度以来，复工复产有序进行，新兴优势产业加快复苏，工业运行逐渐平稳。计算机通信和其他电子设备制造业增速加快，电气机械和器材制造业恢复快速。在这两个行业的带动下，高技术制造业和装备制造业增速也由负转正。部分特色产品产量保持增长，钾肥（实物量）、十种有色金属、黄金、碳酸锂、碳化硅产量2020年以来均保持增长。口罩产量近7000万个（只）。随着全省一系列政策措施的积极推动和刺激，服务业稳步恢复，旅游业持续回暖。企业家信心指数、企业景气指数在2020年第一季度大幅下降之后，第二、第三季度稳步回升，第三季度已经恢复至2019年第四季度水平。从前三季度多项民生统计主要指标来看，民生质量持续提升、环保指标巩固向好。2020年第四季度，在疫情得到良好控制的大背景下，青海省经济持续恢复，加之2021年重大项目的推动，经济有望保持平稳增长，由于2020年全省经济增长基数较低，保守估计，2021年青海经济有望达到9.0%以上的增速。

2. 投资依然是拉动经济增长的主要动力

青海经济发展基础薄弱，严苛的自然环境条件和生态保护的重要性在一定程度上制约着全省经济的发展。虽然从全国范围来看，投资对经济的贡献率、拉动作用有下降趋势，但是从经济发展的阶段性角度来看，青海省经济的高质量发展在短期内仍以投资拉动为主。因此，力促投资质量和持续优化投资结构是当前和今后一个时期工作的重中之重。前三季度，全省加快推动重大项目开复工，多措并举扩大投资，一批重大基础设施、民生改善等补短板项目有效实施。基础设施投资增速加快，民间投资信心不振的状况得到明显改善，房地产投资平稳增长，第三产业投资也稳定恢复，固定资产投资仍有一定的提升空间。2021年，在国家重大战略、规划、政策的引领下，在青豫特高压直流、格库铁路、西成铁路、西宁机场三期改扩建等一批项目建成或开建的基础上，随着制造业需求回升、盈利改善及全省在生态环保、产业发展、民生保障、水利、交通、能源基础设施等重点领域精心谋划的“十四五”时期239项重大项目的逐步实施，全省固定资产投资特别是“两新一重”投资有望持续成为推动全省经济社会发展的主要力量。

3. 消费动能仍将持续释放

2020年全省社会消费品零售总额877.34亿元，同比下降7.5%，降幅比第一季度、上半年和前三季度分别收窄14.3个、3.8个和1.2个百分点。随着全省旅游市场的逐步恢复和政府大力推动的夜间经济、优惠购车、发放消费券等一系列“惠民暖企健康消费”政策措施的有力实施，青海城乡居民的消费需求得到了有效刺激，消费市场持续回暖，零售、餐饮业持续释放活力。“线上+线下”模式扩大消费窗口，中国农业银行搭建的“线上菜篮子”，实现了西宁市区全覆盖，“扶贫商城”等平台都为百姓的线上购物提供了优惠便利。各大金融机构完善线上平台，发挥电商集聚效应，为消费者争取更多实惠。近年来，城乡居民收入不断增长，社会保障水平不断提高，各项民生提质工程取得实效，加之消费环境不断优化，全省居民的消费需求将持续被激发。随着全省几大新商业中心的开业运营及各类“促销节”的到来，市场上的消费品种类不断多样化、个性化，消费形式也更加丰富，更容易满足人民需求。预计在2020年第四季度消费市场小高峰的基础上，2021年社会消费品零售总额增速将逐步恢复至疫情前6%左右的水平。

4. 第三产业增速平稳回升

近年来，青海的产业结构已经从“二三一”转变为“三二一”，第三产业对经济的贡献度不断提升，成为全省经济拉动的主要动力，2020年第三产业中的服务业、旅游业均受疫情影响严重，但产值在全省地区生产总值中仍占50%以上，高于第二产业的占比（38.04%）12个百分点左右。随着疫情防控取得重大胜利，第三产业将快速恢复正增长。2021年，全省在大力推介全域旅游、打造“大美青海、生态高地、旅游净地”特色旅游品牌①的大背景下，将进一步激发冬春季节的旅游需求，旅游市场活力将逐步释放，从而带动和重塑全省酒店、景区、交通、餐饮、娱乐等新业态。随着旅游业的逐步复苏和接待游客数量的有效增长，服务业将迎来新的发展窗口。金融业、邮政电信业务将保持稳定的增长态势，2021年，第三产业有望保持在疫情前5%左右的增长水平。

四　促进青海经济发展的对策建议

2021年，青海省要加强巩固来之不易的疫情防控成果，继续统筹推进经济社会发展与疫情防控。在已全面建成小康社会、完成“十三五”规划任务的同时，强化危机意识，在危机中育新机，于变局中开新局，以经济高质量发展为目标，贯彻落实“十四五”发展规划，精准发力，强化项目支

---

① 《青海冬春季文化旅游活动拉开序幕　携程助力万人自驾摄影活动正式启动》，中国日报网，2020年12月1日，http：//cn. chinadaily. com. cn/a/202012/01/WS5fc5f419a3101e7ce9732bc4. html。

撑，充分融入“双循环”新发展格局，以为人民群众打造高品质生活为目标，持续推进“一优两高”战略。

（一）调整优化经济结构，持续为经济注入活力

一是持续深化农业供给侧结构性改革，培育农业农村发展新动能。着力推进农产品质量提升，有效实现农产品的品种和质量契合消费者需要，提高农牧业效益和竞争力；加快实施牦牛、藏羊、油菜、蚕豆、藜麦、冷水鱼等高原特色绿色现代农畜产品提档升级，加强特色农产品的推广和宣传，不断扩大市场需求；加快为农综合服务平台建设，提升为农服务能力，鼓励扶持领办创办农牧业专业合作社，培育农牧业产业化联合体，持续助推农牧业发展、农牧民增收。二是加快构建现代产业体系。立足生态大省，追求绿色发展，充分发挥资源接续地的作用，持续推进传统产业的改造提升、新兴产业的集聚规模发展，实施精准的产业支持政策，优化工业发展环境，做强做实工业园区、强化企业内部管理等重点工作，全面提高制造业装备、产品技术、能效环保和安全水平，推动全省工业转型升级和提质增效。三是鼓励研发设计、信息技术服务、节能环保服务、商务咨询、人力资源服务等生产性服务业的发展，特别关注与制造业和信息消费相关的智能物流、节能环保服务等领域。继续扩大成长性好的康养、旅游、文化传媒等消费型服务业的发展，推动三次产业的深度融合。

（二）持续扩大有效投资，激发投资积极性

一是积极争取中央资金支持，按计划扎实推动全省围绕筑牢生态安全屏障、补齐基础设施短板、巩固能源发展基础、培育新动能、惠民生等方面谋划的首批“十四五”重大项目，在财政资金、用地项目等要素上给予充分的保障。正确把握全省的发展阶段和发展规律，从经济视角、社会视角、生态视角、空间视角多维度综合统筹谋划，统筹政府投资的有效性与预期目标相统一，持续提高“内循环”发展动力。二是多渠道调动民间投资，为投资增长注入活力，积极推进促进民间投资的各项政策措施，扩大民间资本准

入范围，鼓励民间资本进入大型基建项目，对中小型企业进行鼓励引导，提供更多更好的信贷支持、税收减免优惠政策，健全政府与民间资本合作机制，提振投资信心。三是多举措促进社会融资，加强金融机构与政府企业的联系，结合全省“六稳”“六保”工作，开发企业需要的金融和信贷产品，加大对全省重点项目的信贷投放力度，完善信用担保体系，鼓励金融机构政策向中小企业倾斜。

（三）扩大消费需求，融入“国内大循环”发展格局

一是营造良好的消费环境。随着我国社会主要矛盾的转变，居民消费需求更加追求产品的品质、质量和种类的多元化。加快出台完善消费体制机制的各项政策措施，深化市场监管“放管服”改革，不断提升监管服务水平，从供给侧层面扩大消费需求，提升产品质量，丰富产品内容，使居民放心消费，不断提升消费带来的幸福感、获得感和消费市场满意度，助推经济发展。二是聚焦居民关注的消费需求热点，不断挖掘潜在的消费潜力，从需求侧扩大城乡居民的消费规模，组织开展“年货节”等各类促消费活动。加快设计冬季游、红色游、文化游等特色精品旅游线路，完善精品剧目、精品故事等各类旅游配套产品，推动金融、批发零售、餐饮、旅游住宿等行业的高质量发展。三是持续拓展居民消费领域，紧抓现阶段国家促进物流、金融、康养等领域消费发展的契机，在这些新兴业态上实现消费升级增效。积极发展夜间经济、假日经济、地摊经济等消费模式，持续扩大市场规模。加快完善农村物流网络，搭建电子商务平台，拓展农产品流通渠道，促进线上、线下协同发展的消费形式。

（四）优化外贸结构，融入“国内国际双循环”发展格局

一是努力扩大进口。探索实施进口商品分类管理，推进进口检验检疫直通放行制度，重点结合全省110个“双百”重点项目、100个重大技术进步项目以及50个技术创新项目建设，提供优先、便捷的通关服务，扩大先进技术和设备进口，提升青海装备制造业水平。二是加快推进国际商城、进口

馆等多种形式的进口贸易展示销售平台建设，稳定和扩大出口规模。充分发挥国家级出口基地的示范带动作用，积极开展省级出口基地认定工作，推进出口工业品、食品、农产品质量安全示范区建设。三是充分利用已搭建的外贸平台，深入了解外贸需求，聚焦特色优势产业做专做深做实。巩固和扩大藏毯、硅铁、穆斯林服饰及用品、枸杞等传统优势产品出口；扩大铝及镁合金、化成箔等新材料出口；培育锂电池、蓝宝石等高科技、高附加值产品出口；加快发展以民族文化、藏医药、旅游、运输等为主要内容的服务贸易，积极推动文化旅游经贸融合发展。继续推进向东开放，主动承接产业转移，进一步巩固和壮大青海省出口型产业基础和产业规模，发挥“走出去”的贸易示范和促进作用。四是积极融入丝绸之路经济带建设，扩大向西开放，鼓励和支持电力、建筑安装、特色纺织、农畜产品加工、新能源、新材料、盐湖化工等行业到境外开展投资建设，带动省内先进的装备制造、先进技术、优势原材料的出口，以贸易带投资、以投资促贸易。

（五）发挥创新驱动作用，增强经济发展内生动力

创新作为驱动经济发展的重要动力，应当发挥在青海经济发展中的重要驱动作用。一是逐步增加科研创新领域的资金投入，加强创新平台建设。二是鼓励创新成果产出，加快成果转化进度。更好地发挥政府采购支持作用，将政府采购与支持创业创新紧密结合起来，进一步完善促进中小微企业发展的政府采购政策，强化政府采购计划编制和项目预留管理。鼓励大中型企业与小微企业组成联合体参与政府采购投标，探索建立使用新产品、新技术和新服务的行政免责机制，鼓励全省各级公共部门和国有企事业单位推广应用省内创业创新企业提供的新产品、新技术和新服务。三是加快构建完善有利于创新人才发展的体制机制。在培养一线创新人才的同时，继续强化人才引入机制，填补各类创新人才缺口。

（六）推进产业多样化发展，提升经济发展质量

提升经济发展韧性、推进优势产业提质增效、培育新的产业动能是新时

期促进青海经济高质量发展的关键。首先，在经济发展韧性方面，需要多元经济和产业多样化发展的共同作用。目前青海省在采掘、冶炼以及新能源产业方面具备优势竞争力，但是整体产业结构仍然呈现偏粗偏短的特点，从事高技术、高附加值的战略性新兴产业的企业数量有限、产品单一，缺乏外向型企业，应培育壮大生产性服务业、高新技术产业，提升产业发展层次。其次，在打造新的产业动能方面，要持续加大对高新技术产业的扶持力度，鼓励省属企业在增加科研投入的同时，加大对非公企业研发投入的支持力度，全面提升企业自主创新能力。引进在高端装备制造、高原生物产业和新能源产业具备先进技术的优质企业，加快本土企业的设备工艺更新。最后，促进产业的多元融合发展，一方面要鼓励产业之间的有机融合，充分利用自身优势，通过融合发展提升综合效益，扩大市场份额；另一方面要促进产业与数字经济融合，扩大优势产业影响力，提升经营质量。

参考文献

李东兴：《疫情冲击下中国宏观经济运行形势分析与对策》，《中国发展》2020 年第 4 期。

黄群慧：《从当前经济形势看我国“双循环”新发展格局》，《学习时报》2020 年 7 月 8 日。

陆晓明等：《疫情重创全球经济　持续复苏面临挑战——2020 年全球经济形势分析及 2021 年展望》，《新华财经年报》2020 年 12 月 21 日。

B.2
2020～2021年青海社会发展形势分析与预测

索端智　拉毛措　朱学海　文斌兴*

摘　要：　2020年青海省坚持稳中求进工作总基调，坚持新发展理念和供给侧结构性改革，深入实施“五四战略”，奋力推进“一优两高”，统筹“五个示范省”建设，各项社会事业取得显著成效。脱贫攻坚历史任务圆满完成，乡村振兴战略深入实施，国家生态安全屏障进一步筑牢，“五个示范省”建设全面推进，民生保障水平持续提高，改革开放创新进一步加强。2021年，“十四五”规划和全面建设社会主义现代化国家新征程正式开启，青海省将围绕生态文明建设、实施乡村振兴战略、保障和改善民生、持续深化改革、提升社会治理能力等重点工作，持续推动经济社会高质量发展。

关键词：　社会发展　社会治理　乡村振兴　青海

2020年，青海省以习近平新时代中国特色社会主义思想为指导，坚持新发展理念和稳中求进工作总基调，坚持供给侧结构性改革和扩大开放，坚

* 索端智，博士，教授，青海省社会科学院党组书记、院长，研究方向为藏学、民族学、人类学；拉毛措，青海省社会科学院社会学研究所所长、研究员，研究方向为民族社会学；朱学海，青海省社会科学院社会学研究所助理研究员，研究方向为农村社会学；文斌兴，青海省社会科学院社会学研究所副所长、助理研究员，研究方向为人口社会学。

决打赢三大攻坚战，深入实施“五四战略”，奋力推进“一优两高”，统筹“五个示范省”建设，强化“四种经济形态”引领，提档升级绿色发展方式，统筹推进脱贫攻坚、生态保护、乡村振兴、民生保障和深化改革，持续推进社会治理体系和治理能力现代化，保持经济高质量发展和社会和谐稳定，确保全面建成小康社会和“十三五”规划圆满收官。

一 2020年青海省社会发展形势及亮点

（一）决战决胜脱贫攻坚

2019 年底青海省 42 个贫困县 1622 个贫困村全部脱贫退出，实际减贫 53.9 万人，绝对贫困和区域性整体贫困在青海得到历史性解决。2020 年全省严格落实“四个不摘”要求，强化脱贫攻坚责任落实，持续巩固脱贫攻坚成果，确保解决“两不愁三保障”突出问题。“十三五”期间，青海省坚持教育投入向贫困地区倾斜，累计投入贫困地区教育建设项目资金 143.8 亿元，建设校舍 342.5 万平方米，贫困地区基本办学条件显著改善；坚持就业政策向扶贫聚焦，制定了易地搬迁就业帮扶、开发扶贫公益性岗位、激励劳务经纪人带动等一系列政策措施，全省贫困劳动力就业规模达到 17 万人，人均年劳务收入超过 6000 元；坚持改善贫困地区医疗卫生条件，落实中央补助及省级财政资金 32.49 亿元，支持 42 个贫困县（市、区、行委）提升医疗卫生服务能力，全省县乡村三级医疗机构、人员和服务能力均达到贫困人口基本医疗有保障工作标准，全省 437 所社区卫生服务中心和乡镇卫生院建设中藏医馆，覆盖率达 100%，所有行政村全面建成标准化卫生室，全省 53.9 万建档立卡贫困人口中 7.8 万因病致贫返贫人口全部脱贫；坚持保障建档立卡贫困户住房保障，全省住建部门累计安排农牧民危旧房改造 20 万户，4.5 万户建档立卡贫困户通过危房改造实现现行标准下“住房安全有保障”目标，全省农牧民危旧房改造任务全面完成，全省 14.54 万户建档立卡贫困户全部实现住房安全有保障。

（二）乡村振兴战略深入实施

2019 年 11 月，青海省政府提出《关于加快促进乡村产业振兴步伐的实施意见》，明确了加快构建现代乡村产业体系，农村三次产业融合发展取得新进展，高原特色种养业优势凸显，农畜产品加工能力实现大幅提升，乡村产业振兴取得重大进展的目标任务。2020 年青海省按照城乡一体化发展要求，坚持农业农村优先发展，推进农村产业转型升级，强化基础设施建设，聚焦“七项重点工作”，实施“百乡千村”示范工程，扶持建设 25 个省级示范试点村（场），推进农牧区产业融合发展，打造农业产业化联合体、农民合作社联合社和乡土特色产业经济实体发挥示范带动作用。《青海省乡村振兴战略规划（2018—2022 年）》实施以来，全省统筹实施乡村振兴战略十大行动、农村人居环境改善三年行动、乡村振兴百乡千村工程行动等重大工程，先后建设 77 个乡村振兴示范村（场），建成 2100 个高原美丽乡村，实现 5.2 万户、20 万农牧民易地扶贫搬迁，20 万户农牧民危旧房改造完成，30.14 万建档立卡贫困人口的饮水安全水平得到巩固提升，贫困人口饮水安全“清零”目标顺利实现。截至 2020 年 11 月，全省已累计投资 24.8 亿元，全面推进农牧区环境综合整治，实现全省农牧区环境综合整治全覆盖，累计整治村庄和游牧民定居点 4515 个，87.5% 的农牧区村庄生活垃圾和 10% 的行政村生活污水得到治理，改造农村厕所 13.03 万座，户用卫生厕所普及率达到 50.68%。

（三）国家生态安全屏障进一步筑牢

2020 年青海省以筑牢国家生态安全屏障为根本目标，以提高生态产品供给能力为核心，以推动生态文明体制机制定型配套为动力，坚持突出问题导向，聚焦补齐短板缺项，在筑牢生态安全屏障、构建绿色产业体系、加强环境综合整治等七大领域提出了 63 项具体工作任务，全面建成青海省生态文明先行示范区。“十三五”期间，青海省扎实推进实施三江源生态保护和建设二期工程等重大生态保护工程，祁连山山水林田湖生态保护修复试点工

程稳步推进，全省重点生态功能区生态系统退化趋势得到初步遏制，全省蓝绿空间占比超过70%，生态系统服务功能稳定向好。持续开展"绿盾"自然保护区监督检查专项行动，梳理排查出的193个问题已整改165个，总体实现了"减存量、控增量"的目标。扎实推进自然保护区85宗矿业权退出地质环境恢复治理监督检查和验收工作。深入推进生态文明建设示范创建工作，湟源县、贵德县、平安区、河南县创建为国家生态文明示范县（区），4个县、44个乡镇、543个村创建为省级生态文明建设示范县、乡镇、村。举办环保大讲堂、环保法规及配套办法宣讲等，加强生态环境省情和绿色价值观教育。持续开展"美丽中国，我是行动者"六五环境日生态环保主题宣传活动，组织开展"保护青海湖，我是志愿者"行动，积极开展环保科普"五进"、最美基层环保人评选等环保宣传教育活动，有力推动了绿色生产生活方式的形成。

（四）"五个示范省"建设全面推进

2020年青海省全面推进"五个示范省"建设，以创建促进高质量发展，推动形成具有青海特色的产业优势和发展格局。大力推动实施国家公园示范省建设三年行动，从完善空间布局、深化改革创新、加强制度建设等8个方面安排部署42项具体行动，确保自然保护地体系建设按照正确轨道有序推进。清洁能源示范省建设成效初显，全面建成两个千万千瓦级可再生能源基地，集中式光伏和光热装机稳居全国第一，全国最大太阳能发电基地地位继续巩固，全省新能源装机达到50%以上，成为全国首个新能源装机过半的省级行政区。绿色有机农畜产品示范省建设取得良好开局，实施牦牛青稞产业发展三年计划，全力打造"生态青海、绿色农牧"区域品牌，助推青海省绿色有机农畜产品品牌建设，12类78家企业100款产品荣获"2020年青海省绿色有机农畜产品百佳优品"称号；持续推进化肥减量增效，全省化肥农药使用量同比分别减少24.4%和21.3%，走在全国前列。高原美丽城镇示范省建设体制机制初步建立，《高原美丽城镇示范省建设实施方案》和《高原美丽城镇示范省建设试点工作方案》正式印发，《青海高原美丽城镇建设促进条例》颁布，全省分区、分级、分类开展试点工作，全面启动高原美丽城镇示范省建设。民族团结进步示范省建设走向深入，省委、省政府印发《关于创建全国民族团结进步示范省的决定》，以铸牢中华民族共同体意识为主线，以“中华民族一家亲，同心共筑中国梦”为总目标，全面推进民族团结进步示范省建设，2020 年 13 个地区和单位建成全国民族团结进步示范区和单位，全省近 2/3 的县市区跨入全国示范行列。

（五）民生保障水平持续提高

2020 年青海省始终坚持把稳就业保就业作为首要民生工程，努力稳定和扩大就业，全年新增就业 6.1 万人、农牧区劳动力转移就业 111.57 万人次、补贴性职业技能培训 11.6 万人次。[①] 全省聚焦办好人民满意教育，大力深化教育体制改革，实施教育强基工程，新建、改扩建 16 所幼儿园，开工建设 137 所义务教育学校，支持 240 个学校开展校园绿化，助力 32 所职业院校打造特色优势专业，实现 5 万人以上县城高中基本覆盖、30 万人以上县城特教学校全覆盖，全面改善了乡村小规模学校和乡镇寄宿制学校办学条件，全省所有的县（市、区、行委）均达到国家评估认定标准，全面实现义务教育基本均衡。深入实施“健康青海 2030”行动计划，推进医药卫生体制改革向纵深发展，深入推进包虫病综合防治攻坚行动，人群筛查达到 19.12 万人，学生等重点人群查病 6.81 万人，为 10 万名婴幼儿免费提供营养包，儿童营养改善项目覆盖率达 100%，城乡居民医保参保率持续稳定在 95% 以上，2020 年人均筹资标准提高到 940 元。积极推进“幸福养老”工程，加大现有资源整合力度，发展互助式农村养老等措施，下拨省级补助资金 2500 万元，支持建设 10 个社区日间照料中心和 50 个农村互助幸福院。推进政府购买公共文化服务，全年开展“戏曲进乡村”文艺演出 2100 余场；拓宽全民健身活动普及面，为全省 130 多个乡镇、村、社区、寺院等配备全民健身器材。

---

① 《青海日报》2020 年 12 月 14 日，第 1 版。

（六）改革开放创新进一步加强

2020 年青海省加大改革开放和创新力度，重要领域和关键环节改革取得突破性进展，基本确立主要领域改革主体框架。一是持续深化重点领域改革，制定落实国企改革三年行动方案，推进“三供一业”分离移交，加快剥离企业办社会职能等工作；持续深化财税金融领域改革，推进省以下分领域财政事权和支出责任划分，推动升级全国普惠金融综合示范区试点省建设，加快完成农村信用合作社股份制改革；全面落实农村承包地“三权分置”制度，推进承包地确权登记颁证和集体资产清产核资，完善落实第二轮土地承包到期后再延长 30 年的具体政策措施。二是持续优化营商环境，进一步深化“放管服”改革，继续压减行政许可事项，全面推进“证照分离”，积极推行“一网通办、一事通办”和政务服务“好差评”制度，深入推进投资“审批破冰”工程，全面实现审批高效化、科学化和规范化；大力推进诚信体系建设，提升政务诚信、商务诚信、消费诚信、社会诚信和司法公信；排查化解清理各类制度壁垒，营造公平竞争的市场和政策环境。三是持续扩大对内对外开放，积极融入区域发展战略和“一带一路”建设，把握新时代推进西部大开发形成新格局重大机遇，深度融入国际陆海贸易新通道，推进中欧班列、铁海联运班列常态化运营，持续提高青洽会等对内对外交流合作平台的国际化、市场化水平。

二　2020年青海省社会发展中存在的问题及挑战

（一）生态环境治理仍面临巨大挑战

随着生态文明建设的持续推进，青海省在全国的生态安全战略地位日益凸显，加强生态环境保护和治理，筑牢生态安全屏障成为青海省面临的重大政治责任，但是个别企业非法逐利、违规开采煤炭资源导致局部生态被破坏的事件时有发生。因此，强化生态治理责任意识，建立健全长效机制，加大环保投入力度，系统推进三江源、祁连山、柴达木、青海湖等重点区域生态环境保护，加强工矿企业日常环境监管和污染治理，加快城镇污水处理和生活垃圾无害化处理等仍然是全省推进生态文明建设面临的突出问题。

（二）民生领域短板仍然明显

按照脱贫攻坚和全面建成小康社会发展目标要求，青海省重点关注和解决人民群众最关心、最直接、最现实的利益问题，一大批惠民举措和民生政策落地落实。但民生改善是一项长期性的艰巨任务和复杂工程，在经济社会发展与东部发达地区存在较大差距的现实面前，青海省民生领域仍然存在不少短板，比如城乡居民收入水平较低，普惠性学前教育和优质高中教育资源供给不足，人口老龄化与养老及医疗资源供需矛盾加剧，农牧民和大学生就业压力仍然较为明显。

（三）脱贫攻坚与乡村振兴亟须有效衔接

脱贫攻坚的历史任务已经圆满完成，乡村振兴战略全面推进实施，巩固推动脱贫攻坚成果的同时实现决战脱贫攻坚与乡村振兴的有效衔接成为全省经济社会发展亟须应对和解决的难题。由于青海省脱贫攻坚任务重、区域发展不均衡、产业结构较为单一，部分群众脱贫质量不高，发展的内生动力不足，容易产生返贫现象，因此脱贫攻坚和乡村振兴有效衔接必须解决好工作重心转移、政策措施过渡、引导产业发展和补齐基础设施短板等关键问题，逐步实现相对贫困有效治理和城乡融合发展。

（四）科技和人才支撑能力有待提升

青海省深入实施创新驱动发展战略，深化科技体制改革，凝聚科技创新力量，提升科技创新治理能力，着力解决制约全省科技创新的突出问题，切实发挥科技创新在转变经济发展方式和调整经济结构中的支撑引领作用，但是科技创新引领产业和经济发展、重大科技成果转化服务全省经济社会发展的局面有待进一步拓展。科技创新，关键在人才，目前全省各类人才与经济

社会发展的需求仍有较大差距，人才资源开发和人才培养、吸引、使用、激励的体制机制有待进一步完善。

三 2021年青海社会发展态势预测

2021 年是实施“十四五”规划的启动之年，也是第二个百年奋斗目标的开局之年。青海省将以习近平新时代中国特色社会主义思想为指导，全面贯彻党的十九届五中全会和省委十三届九次全会精神，紧紧围绕青海省经济社会发展实际，突出生态环境保护、民生改善、乡村振兴和社会治理等重大事业，协调推进社会各项事业，为开启全面建设社会主义新青海奠定坚实基础。

（一）脱贫攻坚与乡村振兴将有效衔接

习近平总书记强调：“接续推进全面脱贫与乡村振兴有效衔接。脱贫摘帽不是终点，而是新生活、新奋斗的起点。”[①] 这是当前各级党委和政府的时代命题。2021 年，青海省将全面贯彻党中央的乡村振兴战略和第七次西藏工作座谈会精神，积极探索脱贫攻坚与乡村振兴有效衔接的最佳模式，因地制宜落实“产业兴旺、生态宜居、乡风文明、治理有效、生活富裕”总要求，全力完成乡村振兴第一阶段目标任务。一是强化理念衔接。青海省将积极转变观念，调整工作方案，把巩固脱贫攻坚成果列为新任务，继续按照“四个不摘”要求，加强对脱贫人口进行动态管理，接续脱贫攻坚中形成的成熟经验，探索建立解决相对贫困的长效机制和实施乡村振兴战略的青海模式，使解决农村问题成为国家持之以恒的工作。二是强化组织衔接。青海省将继续探索基层治理新模式，突出党建引领和农村基层党组织核心作用，逐步完善社会治理体系和社会治理模式，进一步提高社会治理社会化、法治化、智能化和专业化水平。三是强化产业衔接。青海省将以产业强农思想为

① 习近平：《在决战决胜脱贫攻坚座谈会上的讲话》，2020 年 3 月 6 日。

指导，探索产业兴旺新路径，充分发掘青藏高原特色优势资源，不断延伸产业链，继续培育壮大一批优势特色产业，打造更多产业品牌，用产业带动乡村农牧民增收致富，促进产业减贫，使产业发展逐渐成为群众致富的有效途径；进一步健全带贫减贫机制，接续脱贫攻坚中形成的成熟经验，有效巩固脱贫攻坚成果。

（二）生态文明建设水平将进一步提高

生态文明是人类文明体系的重要组成部分，提升生态文明建设水平将有力促进生态文明事业的发展。2021 年，青海省将扎实抓好中央生态环保督察问题的整改，努力打造生态环境保护铁军，加快构建现代环境治理体系，为筑牢国家生态安全屏障不懈努力。一是青海将进一步推进国家公园建设。青海各级政府将着力推进以国家公园为主体的自然保护地体系制度建设，三江源国家公园、祁连山国家公园总体规划、自然保护地发展总体规划和青海湖等国家公园等规划修订、编制等工作将取得实质性进展。二是黄河流域生态保护和高质量发展问题将提上重要议事日程。青海省将认真贯彻习近平总书记关于黄河流域生态保护和高质量发展的国家战略，进一步统筹推进黄河流域山水林田湖草系统治理，加大黄河流域生态保护和祁连山水源涵养保护力度，继续实施三江源和祁连山生态保护，优化生态安全屏障体系，为推动生态文明建设和绿色高质量发展提供科技支撑。积极挖掘、保护、传承和弘扬黄河流域青海段的优秀传统文化，使黄河流域的生态安全、文化内涵得到更加科学有效的保护和彰显，使中国母亲河永远亮丽和灿烂。三是农村生态环境治理将进一步得到深化。青海省将在深入实施乡村振兴战略中，把乡村生态环境治理问题作为重中之重的工作进行部署落实，强化生态环境保护理念，大力提升农村人居环境质量，进一步完善和加快垃圾处理设施建设，构建生态宜居、整洁美丽的新型乡村模式。

（三）民生保障水平将进一步提升

改善民生始终是各级党委、政府重中之重的任务和目标，它贯穿地方治理工作的全过程。2021 年，青海省将始终坚持以人民为中心的发展思想，持续加大就业、教育、社保、医疗卫生等重要民生领域的投入，不断提升人民群众的获得感、幸福感和安全感。一是采取有效措施切实减轻新冠肺炎疫情压力。青海省将时刻关注疫情防控常态化时期的发展动向，不断建立完善科学预警机制，努力给人民群众创造一个安全的环境，积极营造生活生产的正常秩序，力求避免疫情给人民群众造成更大的压力。二是以稳就业保就业为核心的各项重点工作将持续推进。各级党委、政府将坚持民生第一理念，持续推进就业优先政策以兜牢民生底线，围绕高校毕业生、退役军人、农民工、下岗失业人员等重点就业群体开展就业公共服务，力求消减“零就业”家庭，促就业改善民生，提升人民收入水平。三是教育、医疗、社保、养老、住房保障等基础民生工作将上新台阶。各级党委、政府将进一步坚持普惠性、基础性、兜底性原则，切实解决入学、就医、住房、社保、养老等领域存在的实际问题和困难，使人民群众对美好生活的期望值进一步提升。四是积极谋求实现人民群众高品质生活。各级党委、政府将着力完善公共文化服务体系，提升全民健康水平，加快改善生态环境质量，重点解决损害人民群众身心健康的突出环境问题，持续做好疫情防控工作，提供高质量的文化产品和优质生态产品，使人民群众拥有一个干净舒适的生产生活和工作环境。五是惠民政策的有效性和可持续性将得到进一步增强。各级党委、政府将努力克服疫情影响，力争保障民生资金，探索建立民生资金直达的长效机制，确保民生资金用于民生建设，实现惠民政策的有效性和可持续性。

（四）地方治理现代化水平将迈上新台阶

习近平总书记视察青海时提出“一个尤其，两个事关”的重要论述，强调青海在国家治理全局中具有十分重要的战略地位。2021 年青海省将认真贯彻习近平总书记的论述精神，进一步推动地方治理现代化水平取得新成效。一是深刻领悟党的十九届五中全会和省委十三届九次全会精神。各级党委、政府将学习领悟全会精神贯穿各项工作的全过程，认真落实会议各项部署要求，切实结合各地实际做好制度设计，科学制定精细精美精进的城市农村牧区治理的“三治”方案，为提升地方治理现代化水平奠定制度基础。二是着力打造党建引领地方治理创新样板，推动地方治理的能力水平不断提升。各级党委、政府将根据“三治”方案，以实事求是的科学态度深化对地方治理规律性的认识，抓住主要矛盾，明确重点任务，缜密谋划，着力在城市治理的精细、农村治理的精美和牧区治理的精进等方面狠下功夫，使城市、农村和牧区的地方治理现代化水平取得明显成效。三是探索建立提升地方治理现代化水平的长效机制。各级党委、政府将深刻领会创新治理总体要求，不断探索建立符合“三治”具体方案的地方治理现代化水平的长效机制，为有效提升青海地方治理现代化水平提供制度保障。

（五）社会领域各项改革将持续深化

改革是应对变局、开拓新局、服务大局的关键。深化改革，事关全省经济社会各项工作的创新推进，事关高质量发展。2021 年，青海省将持续深化重点领域和关键环节改革攻坚，坚决破除一切制约高质量发展的体制机制弊端，有效推进社会领域各项改革顺利进行，为顺利实现第二个百年奋斗目标奠定坚实基础。一是统筹部署新的改革方案，改革力度将进一步加大。把牢改革方向，明确改革新目标，努力使社会领域改革取得突破性新进展。二是重点领域和关键环节改革将继续深化。深入推进“放管服”、生态文明、农业农村、司法体制、教育、医疗卫生、文化、社会保障、党的建设等重点领域改革，将进一步加大疾病预防控制体系改革力度，健全完善重大疫情防控体制机制，构建更加科学合理的公共卫生应急管理体系，提高应对重大突发公共卫生事件的能力水平，以重点突破带动全局改革。三是各项改革方案将得到有效落实。进一步提升改革的系统性、整体性、协同性，加快促进改革目标、政策和效果的集成统一，着力各项改革落地落实，推动改革走深走实，有效激发社会发展的动力活力，奋力开辟新时期改革发展的新局面。

（六）党建引领作用将进一步凸显

党的十九大报告中关于“坚持党对一切工作的领导。党政军民学，东西南北中，党是领导一切的”的论述，强调了党的核心地位和党建引领的至关重要性。2021 年，青海省将以党的政治建设为统领，着力推进党的建设高质量发展，充分发挥党建引领作用，为实现第二个百年奋斗目标提供坚强保障。一是党的建设工作新局面将得到持续开创。各级党委、政府将牢固树立抓好党建是最大政绩的理念，把握方向、提高站位、狠抓落实、力促创新、寻求突破，提升党的建设质量，继续提升党建的深度、加大党建的力度和扩大党建的影响力，为更好发挥党建引领作用奠定坚实基础。二是“党建 +”引领模式将得到科学构建和完善。各级党委、政府将结合各地各行业实际，集思广益，科学设计“党建 +”引领模式，注重以党建促各项工作，有效发挥引领全省经济社会健康发展的作用。三是党建与各项工作融合发展的力度将进一步增大。各级党委、政府将积极探索党建与各项工作融合发展的路径，创新工作方式，防止党建与业务工作形成“两张皮”现象。四是储备党建人才的力度将进一步加大。各级党委、政府将通过各种途径培养和储备党建人才，为充分发挥党建引领作用奠定人才基础。

四　促进青海社会发展的对策建议

2020 年青海省精准脱贫工作圆满收官，社会发展基础进一步稳固，在新的一年里，为推动青海省各项社会事业持续发展，应通过实施乡村振兴战略等民生工程，进一步提升全省各族人民生活水平。

（一）有效衔接精准脱贫，着力实施乡村振兴战略

一是青海省应以精准脱贫圆满收官为契机，有效衔接乡村振兴战略任务，结合实际，科学编制“十四五”规划及 2035 年远景目标，推动青海省各族群众生产生活持续改善。二是青海省要加强涉农技术推广，进一步推动

农牧业转型发展。各级政府要推进科技成果转化和实用技术应用，合理确定贫困村产业发展思路，推动产业发展转型升级，着力打造科技扶贫示范点，不断提升农村产业技术水平。农业主管部门要加强农村专业人才队伍培养，打造一支懂农业、爱农村的乡土人才队伍，引导农牧区青年、返乡农民工等群体创办家庭农场、牧场等新兴农业经营组织，推动农牧业转型发展。三是青海省要进一步完善返贫预警机制，增强脱贫内生动力。各级政府部门应利用扶贫开发信息系统等大数据平台，及时甄别脱贫人口返贫相关信息，着重关注因自然灾害、重大疾病等因素返贫的已脱贫人口，实现动态监测。宣传部门要加强惠农利民政策宣传，引导群众破除“等靠要”等消极思想，着力树立其脱贫信心，塑造其自尊自强向上的精神风貌和信心。四是政府要加大投入力度，努力扩大农村学前教育资源。地方各级政府要安排专门资金，重点发展农村学前教育，努力提高农村学前教育普及程度。制定优惠政策，重点建设农村幼儿园。青海省要全面推进乡镇中心园建设任务，实现每个乡镇至少有一所公办幼儿园。积极构建学前教育联盟，推动青海省学前教育城乡一体化发展。

（二）加大财政投入力度，实现公共服务共建共享

一是青海省要加大财政投入力度，建构多元社会救助体系。青海省要坚持社会救助水平与经济发展水平相适应原则，建立社会救助资金同政府财政支出协同增长机制，逐步增加政府财政对社会救助资金的投入。社会救助相关部门要探索出台社会力量参与社会救助相应政策，进一步厘清政府与社会责任边界，完善社会救助多渠道筹资，吸纳社会多渠道资金，促进社会救助体系的多元可持续发展。社会救助工作要立足困难群体实际，灵活运用物品、服务等不同救助方式，实现多样化救助策略。二是青海省要进一步深化医药卫生制度改革。各级医药卫生主管部门要进一步探索社会办医院发展路径，积极引导社会资本向社会办医院投入。医药卫生管理部门要强化监督服务意识，一方面要加强对社会办医院运行的监督和业务指导，另一方面要在医疗机构评审、医务人员职称评定的方面给予平等对待。青海省医药管理部

门要创新思路，鼓励公立医院和社会办医院在医务工作领域展开合作，促进多层次、多元化医疗服务格局的形成，满足人民群众多样化的医疗服务需求。三是青海省要进一步健全公共就业服务体系。青海省要加强基层就业信息化服务平台建设，着力完善统筹城乡公共就业服务体系建设，实现公共就业服务精细化、专业化和标准化，切实提高全省各级公共就业服务机构的能力和水平。青海省要着力健全人力资源市场体系，建立人力资源服务和高级人才寻访奖励机制，完善统筹城乡的人力资源市场管理制度，加强执法监督，强化人力资源市场规范运行。各地方政府要着力发展人力资源服务领域新业态，通过人力资源服务产业园建设等手段，增加人力资源服务有效供给。四是各级政府要进一步完善重点群体就业支持体系。青海省要统筹推进重点群体就业工作，加大对贫困劳动者、去产能职工等人员等就业困难群体的帮扶力度，加强对就业困难人员跟踪动态管理和分类帮扶，鼓励就业困难人员到企业就业、自主创业或灵活就业；确保零就业家庭至少一人就业；坚持市场主导和政府推动相结合，全力做好高校毕业生就业工作。

（三）优化资源供给渠道，提升社会保障能力

一是青海省要进一步加强社会救助制度改革。青海省各级政府要建立社会救助资金与政府财政支出协同增长的机制，逐步提高政府财政对社会救助的投入比例。社会救助相关部门要拓展筹措资金的渠道，提高社会资金在社会救助资金中的筹集比例，促进社会救助体系可持续发展。青海省要创新社会救助的手段，根据贫困者的实际情况，确定不同的救助目标，选择现金给付、代金券等差异化救助方式，对受助者进行分类，采取现金救助与特殊需求救助相结合的救助策略。二是青海省要加强养老制度建设，加大养老人才培育力度。各级政府及相关主管单位要进一步探索养老实现途径，在传统居家养老的基础上发展社区养老、社会养老等新形式，加大培训投入力度，提高养老服务机构在日常护理、健康教育和咨询等方面的服务能力。医院等医疗服务机构推进远程服务和移动医疗，完善服务内容及方式，建构养老服务多元供给格局。青海省要建立健全养老服务人才培养机制，依托高等院校等

教育科研机构及具有代表性的养老机构，着力培养老年学、老年社会工作等专业人才。三是青海省要进一步加快保障性住房等住房制度改革。住房建设及管理部门要进一步加强保障性住房后期分配运营管理，整改闲置公租房问题，加强公租房分配动态管理，提高住房使用效率，确保在最低收入、低收入住房困难家庭实现应保尽保的基础上，加强对新进企业职工、外来务工人员等新市民以及环卫工人等群体的精准保障。青海省要健全完善保障性住房分配管理和运营管理机制，加强公共租赁住房管理信用体系建设，全力推进城镇保障房小区持续、健康、有序发展。各级政府要完善城乡住房功能和品质的制度建设，坚持“美好环境与幸福生活共同缔造”理念，致力于绿色发展和新型城镇化背景下的住房城乡建设，坚持决策共谋、发展共建、建设共管、效果共评、成果共享的原则，持续改善城乡人居环境。

（四）深化教育体制改革，提升全民受教育水平

一是青海省要以制度建设为抓手推进教育现代化。教育主管部门要以《青海教育现代化2035》《青海省加快推进教育现代化三年行动计划（2020—2022年）》为蓝本，科学编制完成青海省“十四五”教育改革和发展规划，完善各类学校规章制度，提高各类学校规范化运转水平。二是各级政府要不断补齐各种教育发展的短板。青海省要千方百计扩充教育资源，着力解决好“能上学”的问题，大力提高各级各类学校的办学水平，着力解决好“上好学”的问题。各级地方政府要努力推进县域义务教育均衡发展，扩大学位供给，化解城镇学校大班额，消除“超大班额”。着力保障民族教育和特殊群体教育，持续抓好控辍保学工作。加快推进中职学校基本办学条件达到国家标准，不断优化职业教育结构与布局，建成中高职衔接、职业教育与普通教育相互融通的现代职业教育体系。三是青海省要进一步健全完善教育质量标准体系。教育教学主管部门要制定覆盖全学段、体现青海省教育水平、符合不同层次和类型教育特点的教育质量标准，建立以师资配备、生均拨款、教学设施设备配备等资源要素为核心的标准体系。各级政府建立健全办学条件标准动态调整机制，要较快制订义务教育质量提升计划，健全中小学各学

科学业质量标准，逐步完善高等学校质量评估制度，着力开展义务教育学校管理标准评价与监督工作，促进全省中小学教育质量不断提升。青海省教育领域要构建德智体美劳全面发展的教育体系，健全全面发展素质教育的工作机制，提升学业标准质量，落实体育课程标准，执行学生体质健康标准，健全学生视力健康综合干预体系，加强健康知识和心理健康教育。四是青海省要进一步加强基础教育建设。教育主管部门要鼓励多元主体进入教育领域，提升基础教育供给水平，探索公建民办、民办公助、多元主体混合所有制办学模式。各级政府要进一步探索民办学校与公办学校在教学方法、质量管理等方面的合作机制，通过民办教育分类管理等改革措施，进一步规范社会力量办学行为，完善民办学校内部治理结构，促进民办教育持续健康发展。青海省要加大对民族地区和贫困地区扶持力度，建立学前教育资助制度，资助家庭经济困难儿童、孤儿和残疾儿童接受普惠性学前教育。增加残疾适龄儿童的入园机会，让普惠性学前教育服务覆盖全体适龄幼儿，实现学前教育全覆盖。

参考文献

贺雪峰：《论后扶贫时代的反贫困战略》，《西北师大学报》（哲学社会科学版）2020 年第 6 期。

吴奇修：《推进“三农”工作重心历史性转移——做好巩固拓展脱贫攻坚成果同乡村振兴有效衔接》，《人民日报》2021 年 2 月 1 日。

《2021 年青海省政府工作报告》，《青海日报》2021 年 2 月 9 日。

《中共青海省委十三届八次全会召开》，《青海日报》2020 年 8 月 1 日。

经济篇

Economic Chapters

B.3

“十三五”时期青海税收收入特点与“十四五”展望

王传宝　张宏娟　韩　迟*

摘　要：　“十三五”时期，青海经济持续发展，税基、税源存量增量不断扩大，支柱行业、民营经济、特色产业税收收入随之“水涨船高”，经济税源结构不断优化。“十四五”时期，面对依然复杂的外部环境和资源倚重型、投资拉动型、区域单一型经济税源结构的内生性问题，青海税收收入增幅回落的预期增大。在新发展阶段，应加速摆脱青海对传统发展模式的“路径依赖”，培植壮大消费型、创新型经济税源，加快推动新旧动能的转换，进而实现税收经济的高质量发展。

* 王传宝，国家税务总局青海省税务局党委委员、总审计师，研究方向为税收与经济学；张宏娟，国家税务总局青海省税务局收入规划核算处处长，研究方向为税收与宏观经济；韩迟，国家税务总局青海省税务局收入规划核算处三级主任科员、助理研究员，研究方向为产业经济学、税收学。

关键词： 经济 税收 税源结构 "十三五"时期 青海

"十三五"时期，面对复杂多变的内外部发展环境和不确定性因素带来的诸多挑战，青海省积极对接国家发展战略、奋力推进"一优两高"建设，使青海税收经济经受住了多重考验，保持了平稳增长的良好态势，稳住了发展基本盘，为"十四五"开好局、起好步奠定了坚实的基础。但从外部环境和内部结构来看，青海税收经济发展依然面临诸多挑战，发展水平和发展质量需要进一步提升。

一 "十三五"时期青海税收收入变化情况

"十三五"时期，全省累计组织入库税收收入1847亿元，[①] 年均增长2.74%，为"十二五"时期税收收入总量的1.16倍，增收252亿元。

（一）多数税种收入呈现增长态势，增值税占比进一步提高

"十三五"时期，税务部门负责征收的16个税种中有11个税种收入呈现不同程度的增长，其中：增值税、企业所得税、个人所得税、资源税、城市维护建设税、房产税、印花税、土地增值税、车船税、车辆购置税、契税年均分别增长17.58%、6.62%、6.38%、2.45%、2.97%、6.98%、8.09%、18.12%、12.06%、4.78%、14.35%。从税种结构看，"十三五"时期，增值税、企业所得税、消费税、个人所得税、资源税收入占比分别达到44.91%、15.92%、7.57%、5.57%、5.24%，合计占全省税收收入的近八成。因税制改革，营业税逐步退出历史舞台，增值税主体地位进一步增强，2020年收入占比较"十二五"末年提高

① 税收资料来源于青海税收会计统计报表及金税三期税收管理系统，均不含海关代征部分，下同。

22.31 个百分点。2018 年开征环保税，至 2020 年末环保税累计入库 2.28 亿元。

（二）政策调整因素影响显现，中央级增速高于地方级

"十三五"时期，税务部门累计组织入库中央级税收收入 868 亿元，年均增长 6.64%；地方级税收收入 979 亿元，年均减少 0.11%。受"营改增"政策影响，地方级税收收入年均增幅低于中央级税收收入 6.75 个百分点，地方级税收收入占比由"十二五"末年的 60.98% 下降至 2020 年的 52.98%。

（三）第三产业税收收入增幅快于第二产业，税收贡献率不断提升

"十三五"时期，第三产业税收收入保持平稳较快增长，全省税收收入中来源于第三产业的税收收入共计 916 亿元，年均增长 7.53%；来源于第二产业的税收收入共 929 亿元，年均下降 1.38%，低于第三产业税收收入增幅 8.91 个百分点。从税收收入占比来看，"十三五"时期，第三产业税收收入占比呈现逐年上升态势，2018 年起占比超过第二产业，2020 年占比较"十二五"末年提高 10.71 个百分点，五年平均比重达 49.41%，占全省税收收入的"半壁江山"（见图 1）。

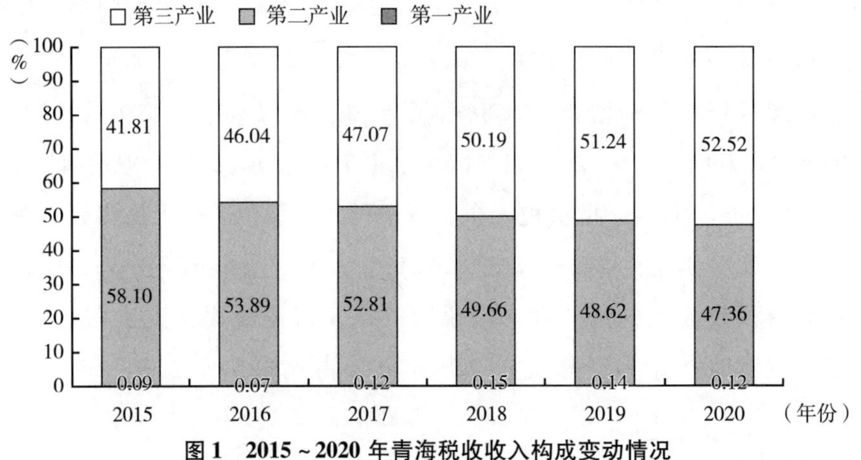

图 1　2015～2020 年青海税收收入构成变动情况

资料来源：青海税收会计统计报表。

（四）区域收入差异有所加剧，省会地区带动效应突出

“十三五”时期，在重点行业和投资、消费的拉动下，西宁、海东、海西、海南、黄南、开发区六个征收单位收入年均增速分别为 1.69%、3.36%、0.18%、5.46%、3.07%、18.75%。因资源能源产品受市场饱和、价格下跌、环保约束趋紧等因素影响，海北、玉树、果洛三个征收单位收入年均分别下降 1.04%、11.04%、12.72%，税收增速有所放缓。从税收占比来看，西宁（含开发区）、海东、海西三个地区税收占比分别达到 50.11%、8.39%、31.63%，合计占到全省税收收入的九成，其中省会西宁税收收入占比由“十二五”末年的 46.38% 提升到 2020 年的 51.98%，对全省税收收入的支撑作用显著。

二　税收视角下“十三五”时期青海经济运行特点

（一）支柱行业支撑作用增强，税源重心由第二产业向第三产业转变

“十三五”时期，全省税收收入占比超过 5% 的支柱行业共有七个，分别是金融业占比 13.34%、建筑业占比 12.25%、石油行业占比 12.07%、批发零售业占比 11.63%、房地产业占比 9.81%、化工行业占比 6.57%、电力行业占比 6.46%，七个行业合计占全部税收收入的 72.14%，较“十二五”时期提高 7.44 个百分点。从支柱行业结构变化来看，“十三五”时期税收收入占比超过 5% 的支柱行业较“十二五”时期减少 1 个，退出的为煤炭、有色金属行业，替补进入的为化工行业，行业集中度进一步提高。同时，呈现支柱行业税收收入由偏重依赖第二产业向第二、第三产业并重转变的特点，石油、电力、建筑业税收收入占比较“十二五”时期分别降低 4.25 个、1.35 个、1.32 个百分点；化工、批发零售、金融、房地产业税收收入占比较“十二五”时期分别提高 2.45 个、2.17 个、6.67 个、3.05 个百分

点，全省产业结构进一步优化，第三产业对税收经济的拉动作用进一步凸显。

（二）新旧动能转换特点明显，新兴产业税源增长势头迅猛

“十三五”时期，全省上下主动适应经济新常态，大力推进供给侧结构性改革，加快转变经济发展方式，积极培育经济发展新动能，部分新动能行业税收收入增长趋势迅猛。如光伏发电行业实现税收收入 20.3 亿元，较“十二五”时期增长 50 多倍；科学研究和技术服务业实现税收收入 25.8 亿元，年均增长 13.51%，收入较“十二五”时期增长 7.48 倍；软件和信息技术服务业实现税收收入 3.61 亿元，年均增长 19.3%，收入是“十二五”时期的 5.81 倍。经济新旧动能转换持续深化，新兴行业逐步成为新的税收增长点。

（三）民营经济获得多重红利，撑起税收收入“半壁江山”

近年来，党中央、省委省政府不断加大对非公经济的支持力度，民营经济发展环境不断改善，特别是 2019 年实施更大规模的减税降费政策后，当年全省民营企业新增减税 26.62 亿元，占全年新增减税额的 51.23%，占民营企业入库税收收入的 15.66%。2020 年 1～11 月，全省民营企业新增减税 15.1 亿元，支持个体工商户复工复业减免增值税 4.06 亿元，合计占新增减税额的 57.2%，占同期民营经济入库税收收入的近 1/10。减税红利让民营经济获得了更多的发展动力与活力，全省民营经济呈现由小到大、由弱变强的发展趋势。“十三五”时期，全省民营经济累计缴纳税收 984 亿元，占税收总额的 53.25%，且税收占比连续 5 年超过 50%，民营经济已撑起青海税收收入的“半边天”。

（四）特色产业发展势头良好，成为应对经济波动的重要力量

“十三五”时期，特色产业成为全省经济发展的一道亮丽风景线，酒制

造业、中成药制造业、电气机械制造业、旅游饭店业入库税收收入分别较“十二五”时期增收12.51亿元、5.1亿元、4.02亿元、2.14亿元，合计拉动“十三五”时期全省税收收入增长1.5个百分点，税源结构的多元化增强了税收应对经济波动风险的能力。同时，自2018年一系列支持鼓励“专业化、精细化、特色化、新颖化”企业发展的意见和政策出台以来，全省涌现出了三批共计49户“专精特新”企业，2018～2020年其累计入库税收收入8.93亿元，占同期中小微企业入库税收收入的1.2%，比重远高于其户数占比，“专精特新”企业的税收贡献率明显高于其他企业，特别是在疫情冲击下表现出了较高的抗风险能力。

三　青海税收经济发展需关注的问题

（一）资源倚重型税源有所萎缩，延长产业链条尤为紧迫

作为全省传统支柱税源的煤炭、石油、有色金属、黑色金属等资源型行业，“十三五”时期入库税收收入分别较“十二五”时期减少42.6亿元、37.2亿元、34.3亿元、5.7亿元，合计拉低全省税收收入增幅7.5个百分点。资源类行业税收收入呈现下滑态势，一方面是受供给侧结构性改革、环保约束趋紧、产品价格下降等多重因素的影响；另一方面也反映出大部分资源型企业研发投入偏少，发展过多依赖产能扩张和生产要素成本优势，产业链条短且十分脆弱，缺乏新产品、新工艺、新技术方面的创新驱动。因此，通过延长产业链条，提高深加工产品的附加值，弱化对资源能源开采和初加工的过度依赖，对青海经济税源可持续发展尤为重要。

（二）投资拉动型税源增长不足，提升产出效率尤为关键

从税源变化情况来看，“十三五”时期，青海投资经济效益系数、投资

税收产出率[①]整体均有所降低（见图2），如与项目投资高度关联的建筑业入库税收收入占比较“十二五”时期下降了1.32个百分点。此外，在大规模投资拉动下，虽然新兴产业发展较为迅速，但因其建设周期长及享受优惠政策等影响，税源接续能力较弱，如新能源发电行业入库税收收入较“十二五”时期增长了76.3%，但其规模仅占全省税收总量的1%，占全省发电行业税收收入的17%，远低于其投资所占比重。与此同时，电力、化工、有色金属、非金属、房地产业等占据较多投资要素，且普遍存在技术含量低、品牌影响力弱等问题，同构化的内部竞争突出，致使竞争优势缺乏，税收实现能力有所下降；而旅游、文化、食品等特色领域和战略性新兴产业领域的投资因缺乏连续性和系统性，税源发展潜力未得到充分发掘。

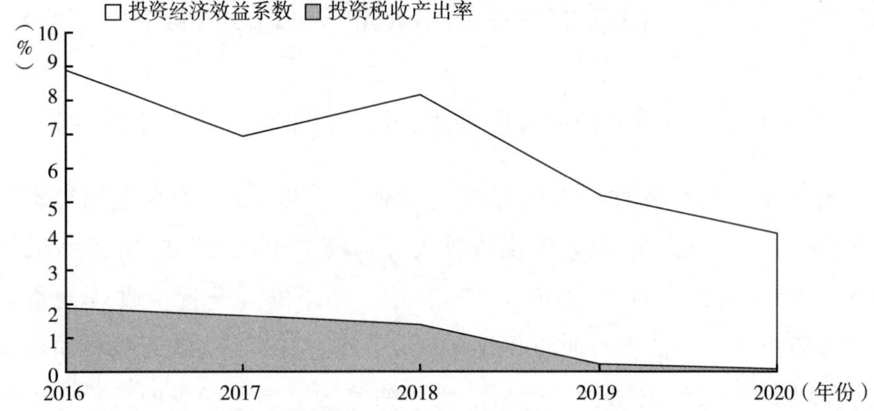

图2　“十三五”时期青海投资经济效益系数与投资税收产出率变化情况

资料来源：根据《青海统计年鉴》与青海税收会计统计报表相关数据加工得到。

① 借鉴投资经济效益系数的概念，本报告投资税收产出率指一定时期内税收收入增加额占同期社会投资额的比重，反映一定时期税收收入增加额占同期社会投资额的比重，表示单位投资增加的税收收入。用公式表示为：投资税收产出率 = 税收收入增加额/同期社会投资额 ×100%。投资对税收收入的拉动作用存在滞后性，同时税收政策的调整变化对投资的影响也存在滞后性，但二者存在长期的均衡关系。因此，本报告采用两者之间的阶段性数据进行分析。为更加直接反映出投资对税收的产出，本报告剔除跨年度税收影响，以当年的应征税款作为税收收入。

（三）消费带动型税源发展迟缓，扩大内部需求尤为重要

“十三五”以来，青海更加注重扩大内部需求，引导消费市场健康发展。但从相关行业税收收入看，全省住宿和餐饮业、居民服务业、文体娱乐业入库税收收入年均分别下降14.73%、28.85%、20.72%；直接反映汽车消费水平的车购税年均增幅低于同期第三产业税收收入增幅2.75个百分点。这在一定程度上反映出全省消费产业发展动力仍然不足，终端消费品供给规模较小、档次较低，适应个性化、多样化消费需求的消费热点尚未形成，消费水平特别是高端消费水平增长乏力，扩大内需、吸引外需将是青海经济税源发展需要补齐的“短板”。

（四）民族地区经济结构较单一，增强内生动力尤为迫切

全省除西宁、海东两个市外，其余六个州均为民族自治州，其经济结构普遍单一的现象较为突出。“十三五”时期，六个民族自治州入库税收收入年均下降0.02%，低于全省税收收入增幅2.76个百分点，化工、石油、电力、建筑四大行业税收收入占六个民族自治州税收收入的七成，而第三产业税收收入占比不足1/5。民族地区对资源能源和工程项目投资的依赖度过高，各类市场主体的发育程度相对较低，经济税收受区域主导产业和重点企业波动影响较大，致使经济发展总体滞后于其他地区。因此，在推动民族地区经济特色化、集群化发展的同时，减少对资源要素和简单承接外部产业转移的过度依赖，积极融入区域经济战略，加快推动制造和服务融合，打造符合当地实际的骨干和配套产业体系，增强民族区域的内生动力和综合竞争力尤为迫切。

四　“十四五”时期青海税收经济形势展望

（一）税收经济发展面临的形势

1. 从全球看，世界经济格局正在深度调整，下行压力依然较大

在百年未有之大变局深度调整、百年未遇之大疫情严重冲击、百年奋斗

目标迈向新阶段的大背景下，受大国博弈、数字经济、治理重构等力量的推动，同时叠加保护主义、单边主义带来的经济逆全球化趋势，全球产业链、供应链因非经济因素面临的冲击将有增无减，世界经济格局将加速演变、深刻调整。从后期经济走势来看，疫情短暂冲击可能演变成对世界经济的持久性影响，全球产业链、供应链的重新接续将面临多重困难与挑战，全球经济陷入中长期“L”形或者“W”形衰退的可能性进一步增大。世界银行最新发布的全球宏观经济预测显示，未来五年世界宏观经济增速将在2021年出现反弹后继续放缓。

2. 从国内看，高质量发展主题更鲜明，经济增速逐步回调

“十四五”时期是我国实现第一个百年奋斗目标后，向下一个百年奋斗目标继续前进的首个五年。国家层面已勾勒出“十四五”时期经济社会发展的宏伟蓝图，制定了一系列长远规划，提出了一系列重大举措，其中明确指出以推动高质量发展为主题，着力构建“双循环”新发展格局等，这些均为未来发展什么、怎么发展指明了方向和路径。从疫情后的国内经济运行情况看，全国经济加速恢复，新旧动能转换的节奏加快，这些都为未来经济的稳中向好奠定了基础。但值得注意的是，新冠肺炎疫情带来的深层次影响仍在继续，势必加快后期我国经济增长向中低速调整的进程，国内研究机构预计“十四五”时期GDP年均增速将下调至5%～5.5%，但经济结构进一步优化的趋势不会改变，消费需求将是带动经济增长的主要力量，绿色发展将成为提升经济发展效益的重要力量，数字经济将成为引领经济发展的主阵地，创新引领“十四五”经济发展的特征将更趋明显。

3. 从省内看，新旧动能转换不断加速，短期困难依然较多

随着国家层面促进“双循环”新发展格局形成的措施及乡村振兴、新基建措施的落地，省级层面推进“一优两高”战略以及三江源国家公园、民生基础设施等建设力度的加大，全省经济增长新旧动能阶段性转换的特征将更加明显，经济增长的动力、活力将进一步增强，市场信心将进一步恢复和提振。但当前全省经济仍在消化疫情带来的不利影响，且仍处于经济结构调整、转型升级的关键期和“阵痛期”，加之环保约束进一步趋紧、资源能

源类产品价格低位运行、创新驱动支撑较弱等因素的影响，实体经济税源发展面临的困难仍然较多，如企业生产成本仍然较高、企业融资仍然较为困难、国内外市场需求仍旧不足等，经济税收进一步复苏向好的基础仍需巩固。

（二）“十四五”时期经济税收预测

依据2004～2020年税收收入绝对量（Y）与全省生产总值绝对量（X）两列数据，由SPSS16.0分析软件得出税收收入绝对量和全省生产总值绝对量之间的关系如下：

$$Y = -286.7 + 0.124X$$
$$\text{判定系数 } R^2 = 0.948 \qquad (1)$$
$$\text{相关系数 } r = 0.974$$

计算表明，全省税收收入绝对量和全省生产总值绝对量之间呈强正相关关系。即全省生产总值绝对量每增加1亿元，全省税收收入就将增加0.124亿元。根据关系式（1），按照以下步骤对全省“十四五”时期税收收入和年均增幅进行预测。

1. 测算“十四五”时期全省生产总值绝对量

“十三五”时期全省生产总值现价年均增幅为9.35%，较“十二五”时期低2.58个百分点，若按“十四五”时期全省生产总值现价年均增幅较“十三五”时期低2.58个百分点测算，“十四五”时期全省生产总值现价年均增幅约为6.77%。根据2020年前三季度全省生产总值和现价增幅测算，预计2020年全省生产总值绝对量约为3145亿元。根据上述各项数据测算，则“十四五”时期全省生产总值绝对量预计达到19223亿元，较“十三五”时期增收5640亿元。

2. 测算“十四五”时期税收收入绝对量

将“十四五”时期全省生产总值绝对量19223亿元代入关系式（1），则得出$Y=2097$亿元，即“十四五”时期全省税收收入预计为2097亿元，较“十三五”时期增收250亿元。

3. 测算“十四五”时期税收收入年均增幅

假定“十四五”时期全省税收收入保持均速χ增长，则可得出：2021年税收收入为2020年税收收入乘以（$1+\chi$）……2025年为2020年税收收入乘以（$1+\chi)^5$。据此可得到如下方程式：

$$391.6\times[(1+\chi)+(1+\chi)^2+(1+\chi)^3+(1+\chi)^4+(1+\chi)^5]=2097 \qquad (2)$$

解方程（2）得出，$\chi=0.023$，即“十四五”时期全省税收收入年均增速约为2.3%，较“十三五”时期下降0.44个百分点。

五 “十四五”时期推动青海税收经济高质量发展的对策建议

（一）抢占新兴产业、数字经济发展制高点

引导企业用足用好研发费用加计扣除、符合条件的技术转让免征增值税等科技创新税费优惠政策，推动企业自主创新、集成创新，突破关键技术、关键环节的“卡脖子”问题，瞄准锂电新能源、新材料、水光互补发电等新兴产业的终端市场，推动上下游产业统筹融合发展，巩固和拓展市场份额。依托气候、能源、区位等有利因素，超前部署具有青海特色优势的数字经济产业体系，加快推动新一代信息技术在重点领域的应用推广，积聚数字经济“弯道超车”新动能。

（二）提高资源产业、传统产业发展质量

结合盐湖、石油、水电资源开发等产业发展的新趋势、新特点和新要求，立足补强薄弱链条，提升关键链条，分行业制定技术突破、产品升级、链条配套等技术行动方案，增强对区域特别是民族地区企业的辐射带动能力。对准产业关联度大、科技含量高、市场前景好的重大项目，吸引世界和国内500强、大型中央企业和民营企业落户重点产业集聚区并进行投资，大

力发展循环经济产业及园区经济，尽快形成规模、聚集效应。加快推进有色金属、盐湖化工、装备制造等重点行业向高端化、智能化生产迈进，有效拓展产业价值链，提高产业附加值。

（三）挖掘生态产业、文旅产业的品牌价值

依托青海生态资源富集、生态地位出众等优势，推动生态产业化、产业生态化，培育壮大高原生态农牧业、环境友好型工业和绿色低碳服务业，更好将资源优势、生态优势转化为发展优势，让绿色生态成为青海的硬招牌和软实力。发挥生态、文化、旅游产业政策的叠加效应，以差异化发展理念和系统化思维，优化文旅特色产业布局，不断调整充实青海文旅产业项目库，实现对旅游项目的动态管理，加强对区域品牌的重点扶持和宣传推广，打造青海文旅经济全产业链。

（四）推动投资效益、消费潜力的充分释放

在进一步加大基础设施、生态环境、民生领域投资的同时，大力支持和引导更多的社会资金投向新技术、新产品、新业态和新模式，支持和鼓励具有市场竞争力的投资项目尽快投产见效，提高对税收收入的有效供给能力。聚焦信息、绿色、文化、房地产等重点领域，加大对新兴消费和新型服务业态的支持力度，建立健全质量监管体系，改善市场信用环境，破除制约消费的隐性壁垒，满足品质化、多层次的各类消费要求，进一步激发消费潜力，带动经济税收持续增长。

（五）增强税收优惠、其他政策的联动效应

在财税、金融、外贸、信用担保等领域建立综合性的发展保障机制，推出一揽子政策措施，与国家出台的减税降费政策形成协同联动效应。建立规范、统一、系统的产业政策辅导平台、集成政策网上查询平台，使省内外各类企业能全面享受青海在优化新兴产业、特色产业经营管理中的各项优惠支持政策，从而激发各类市场主体创新创业热情。

B.4

“五位一体”谱写新篇章 “一优两高”奠定新基础

——“十三五”时期青海省经济社会发展综述

赵昌琼　吴玉伟*

摘　要：“十三五”时期，青海省委、省政府坚定地以习近平新时代中国特色社会主义思想为指引，团结带领全省各族人民深入践行“四个扎扎实实”重大要求，坚持稳中求进工作总基调，全面贯彻新发展理念，紧盯决战脱贫攻坚、决胜全面建成小康社会目标任务，奋力推进“一优两高”。五年来，富裕青海建设取得新成效，经济发展迈上新台阶，生态文明建设迈出新步伐，社会事业取得新进步，人民获得感幸福感实现新提升，为顺利开启现代化建设新征程奠定了坚实的发展基础。

关键词：“十三五”时期　稳中求进　生态文明建设　青海省

“十三五”时期，青海省经济社会发展极不平凡，面对外部环境错综复杂、风险挑战上升明显、经济下行压力加大的严峻形势，全省上下深入学习全面贯彻落实习近平新时代中国特色社会主义思想、党中央各项决策部署，

* 赵昌琼，青海省统计局综合处处长，研究方向为统计与经济；吴玉伟，青海省统计局三级主任科员，研究方向为统计与经济。

紧盯决战脱贫攻坚、决胜全面建成小康社会目标任务，奋力推进“一优两高”，全省社会经济实现新的发展，生态建设迈出新步伐，社会事业取得新进步，人民获得感幸福感得到新提升。

一 经济发展基础更加稳固

“十三五”以来，在国内外经济形势复杂多变的情况下，改革发展稳定任务繁重，省委、省政府主动适应和引领经济发展新常态，积极应对、果断决策，出台一系列政策措施，使全省经济实力迈上了新台阶。

（一）经济总量提前实现翻番

2019 年，全省生产总值达 2965.95 亿元（见图 1），按可比价格计算，比 2015 年增长 31.6%，“十三五”前四年年均增长 7.1%，高于全国同期平均水平（6.5%）0.6 个百分点。比 2010 年增长了 115.5%，提前实现了党的十八大提出的经济总量到 2020 年比 2010 年翻一番的目标。人均生产总值接近 5 万元，由 2015 年的 34322 元增加至 2019 年的 48981 元，按可比价格计算，“十三五”前四年累计增长 27.4%，年均增长 6.2%。

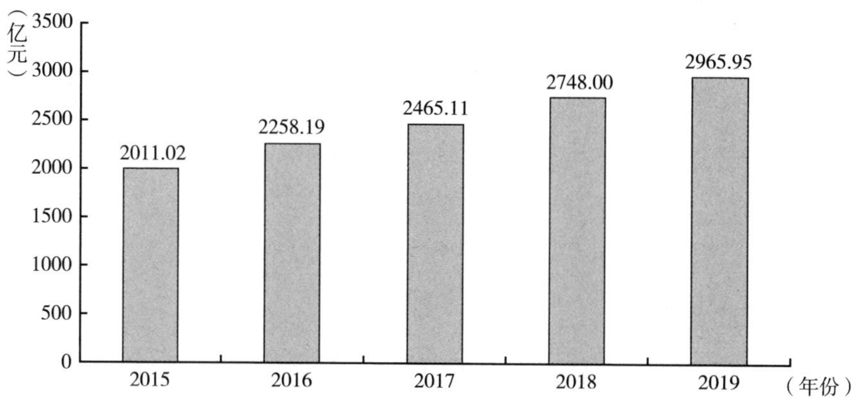

图 1 2015～2019 年青海省生产总值

资料来源：《青海统计年鉴 2020》，余同，不再赘述。

（二）财政实力增强

“十三五”期间，全省积极贯彻国家“减税降费”政策措施，开源节流，财政收支均保持增长态势。全省一般公共预算收入由2015年的381.14亿元增加到2019年的456.95亿元，四年累计收入达1674.28亿元，其中地方一般公共预算收入累计1039.83亿元。一般公共预算支出由2015年的1515.16亿元增加至2019年的1863.67亿元，四年累计支出6566.33亿元。人均地方财政支出由2015年的25859元提高到2019年的30778元。

二　转型升级向高质量发展迈进

“十三五”期间，全省坚持绿色、循环、低碳发展方向，深入推进国家循环经济发展先行区建设，稳步推进供给侧结构性改革，加快新旧动能转换，积极淘汰落后产能，不断培育新动能，新产业、新业态不断涌现，经济结构不断优化，发展质量和效益持续提高。

（一）第三产业贡献率提高

服务业加快发展，第三产业增加值占全省生产总值的比重保持在50%以上，2019年第三产业对经济增长的贡献率达54.2%，比2015年提高2.4个百分点。三次产业就业人员结构由2015年的35.8∶23.0∶41.2调整为31.9∶20.4∶47.7，第三产业吸纳就业人员能力不断增强，2019年第三产业就业人员为157.46万人，比2015年增加25.07万人，第三产业就业人员占全省就业人员比重比2015年提高6.5个百分点。

（二）高原特色农牧产品品质逐年提升

全省积极推进农业供给侧结构性改革，着力推进绿色有机农畜产品示范省建设，积极培育药材、藜麦种植和冷水鱼养殖等高原特色农业经济。

青海三文鱼、有机牛羊肉、柴达木枸杞、海西藜麦、富硒富锗农畜产品等成为市场新宠，冷水养殖成为新的发展亮点。“十三五”前四年全省农、林、牧、渔业增加值累计完成 1044.72 亿元，年均增长 4.8%，农、林、牧、渔业增加值比例由 2015 年的 40.3∶2.1∶54.9∶1.0 调整为 2019 年的 34.9∶2.2∶60.5∶1.0，其中牧业增加值占比比 2015 年提高 5.6 个百分点。全省积极调整种植结构，构建粮经饲三元结构，全力打造粮油种植、果蔬和枸杞沙棘“百亿元”产业。2019 年农作物总播种面积达 553.54 千公顷，其中经济作物面积占比为 49.4%。粮食产量连续 12 年突破百万吨。“十三五”期间，全省认真落实国家粮食安全战略，粮食产量逐年增加，2019 年粮食产量达到 105.54 万吨，比 2015 年提高 1.5 万吨。单产为 251.11 公斤/亩，比 2015 年提高 3.74 公斤/亩。特色农产品产量逐年增加。“十三五”期间，全省绿色、优势、特色化农牧业产品产量增长较快。蔬菜及食用菌产量由 2015 年的 144.80 万吨增加至 2019 年的 151.86 万吨，2019 年以枸杞、黄芪、当归、柴胡等为主的药材产量达 22.93 万吨，其中枸杞产量由 2015 年的 5.85 万吨增加至 9.23 万吨，增长 57.8%。全省着力打造沿黄冷水养殖适度开发带，发展冷水鱼网箱养殖，已建成国内最大的网箱养殖基地。水产品产量由 2015 年的 1.06 万吨增加至 2019 年的 1.85 万吨，年均增长 15.0%。畜牧业逐步向规模化转变。全省以规模经营、标准化养殖、绿色化发展为导向，大力发展草食畜牧业，打造畜禽养殖“百亿元”产业。2017 年玉树牦牛被列为中国特色农产品优势区，“环湖牦牛”“雪多牦牛”被列入国家畜禽遗传资源名录，牛羊肉已成为青海省的亮丽名片。“十三五”前四年，全省肉类、奶类总产量呈逐年增长态势。肉类产量由 2015 年的 32.45 万吨增加到 2019 年的 37.41 万吨（见图 2），其中，牛肉、羊肉产量分别由 2015 年的 11.49 万吨、11.22 万吨增加至 14.63 万吨、13.93 万吨。奶类产量由 2015 年的 31.43 万吨增加至 35.45 万吨。

（三）工业新兴产业逐步壮大

“十三五”以来，全省工业坚持低碳、循环、生态、绿色发展方向，工

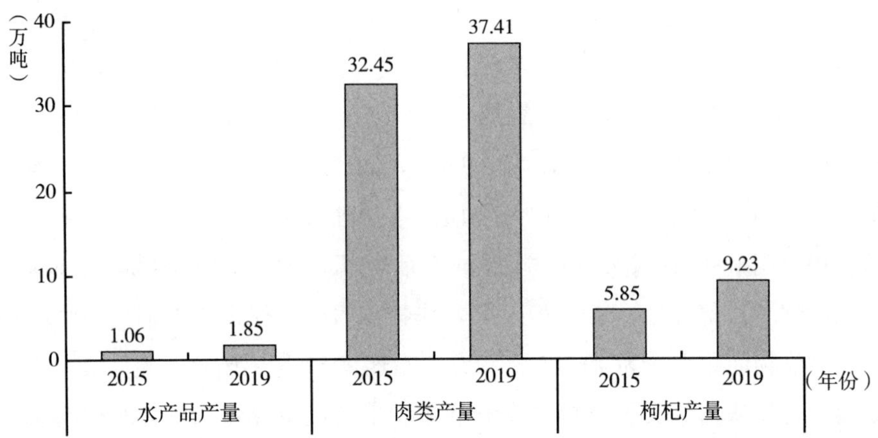

图 2　2015 年、2019 年青海省水产品、肉类、枸杞产量

业结构和产业布局不断优化。“十三五”前四年，全省规模以上工业增加值增速始终保持在 7.0% 以上，2019 年规模以上工业增加值比 2015 年增长 33.7%，四年年均增长 7.5%。工业循环经济十个重点行业增加值年均增速为7.8%，高于全省规模以上工业增加值年均增速 0.3 个百分点。传统产业转型升级加快。全省坚持走新型工业化道路，高耗能行业结构不断优化，产业链不断延伸，电力生产逐步向耗能低的清洁能源生产转变。发电量中火力发电量占比由 2015 年的 22.7% 下降到 13.5%，石油煤炭加工、化工、黑色冶金、有色冶金、非金属矿物制品生产五个高耗能行业占规模以上工业增加值的比重由 46.8% 下降到 43.2%。四年间十种有色金属产量达 972 万吨，铝材产量达 483 万吨；2017 ~ 2019 年铜箔产量达 5.56 万吨，铝箔产量达 285 万平方米，光纤产量达 1173 万千米。四年间铁合金产量累计下降 38.6%，水泥下降 23.2%，平板玻璃下降 67.6%，火力发电量下降 12.5%。制造业稳步发展。2019 年，全省规模以上工业中制造业增加值占规模以上工业增加值的比重为56.1%，“十三五”前四年间累计增长 37.8%，年均增长 8.3%，高于规模以上工业增加值年均增速 0.8 个百分点。消费品制造业发展较快。“十三五”前四年，全省酒饮料和精制茶制造业、农副食品加工业、医药制造业增加值年均分别增长 9.7%、0.8% 和 9.7%。新兴优势产业

蓬勃发展。全省工业战略性新兴产业[①]企业由2015年的98个增加至2019年的161个，实现工业增加值占规模以上工业增加值的比重由2015年的6.7%提高至2019年的18.4%。装备制造业[②]和高技术制造业[③]增加值四年年均分别增长24.5%和25.9%，占规模以上工业增加值的比重比2015年分别提高2.3个和1.0个百分点（见图3）。“十三五”前四年全省新材料、生物产业增加值年均分别增长21.5%、15.6%。锂离子电池、太阳能电池产量分别由2015年的711万只、28.19万千瓦增加至2019年的1128万只、58.05万千瓦。2019年多晶硅产量达2.06万吨，比2015年增长85.6%。全省不断培育壮大新能源产业，新能源产业逐渐形成规模优势，两个千万千瓦级新能源基地建设加快，全省规模以上工业新能源产业增加值年均增长7.1%。2019年规模以上工业太阳能和风能发电量占规模以上工业发电量的比重达20.7%，占比较2015年提高7.5个百分点，其中太阳能发电量年均增长14.6%，2018年、2019年连续两年居全国第一。

（四）现代服务业发展加快

“十三五”以来，全省把加快发展服务业作为经济转型升级的战略支点，高起点谋划现代服务业布局、传统服务业改造升级、现代服务业发展壮大，服务业在国民经济中的比重不断提高。第三产业增加值由2015年的1040.96

① 根据《国务院关于加快培育和发展战略性新兴产业的决定》（国发〔2010〕32号）的精神和国家统计局制定的《战略性新兴产业分类（2018）》确定。战略性新兴产业是以重大技术突破和重大发展需求为基础，对经济社会全局和长远发展具有重大引领带动作用，知识技术密集、物质资源消耗少、成长潜力大、综合效益好的产业，包括：新一代信息技术产业、高端装备制造产业、新材料产业、生物产业、新能源汽车产业、新能源产业、节能环保产业、数字创意产业、相关服务业等九大领域。

② 装备制造业包括金属制品业，通用设备制造业，专用设备制造业，汽车制造业，铁路、船舶、航空航天和其他运输设备制造业，电气机械及器材制造业，通信设备计算机及其他电子设备制造业，仪器仪表制造业。

③ 按照《高技术产业（制造业）分类（2017）》，高技术制造业是指国民经济行业中R&D投入强度相对高的制造业行业，包括：医药制造，航空、航天器及设备制造，电子及通信设备制造，计算机及办公设备制造，医疗仪器设备及仪器仪表制造，信息化学品制造等六大类。

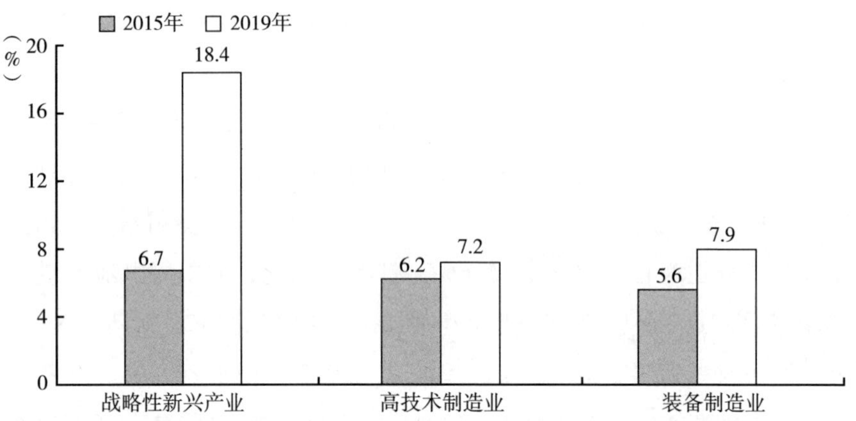

图3　2015 年、2019 年青海省工业战略性新兴产业、高技术制造业、装备制造业占规模以上工业增加值的比重

亿元增加至 2019 年的 1504.30 亿元，年均增长 7.4%，占全省生产总值的比重过半（见图 4）。现代服务业发展壮大。2019 年，金融业增加值占第三产业增加值的比重为 17.5%，2016～2019 年年均增长 3.8%。2016～2019 年信息传输、软件和信息技术服务业增加值年均增长 11.4%，增速高于第三产业增加值增速 4.0 个百分点。全省电信业务总量、邮政业务量分别由 2015 年的 101.71 亿元、3.73 亿元增加到 2019 年的 636.98 亿元、8.10 亿元，年均分别增长 58.2%、21.4%。移动电话用户、固定互联网用户比 2015 年分别增长 30.1% 和 1.1 倍。互联网和服务业的深度融合促进新兴服务业成倍增长。2019 年全省快递业务量为 1896.06 万件，比 2015 年增长 1.6 倍，快递业务收入为 5.98 亿元，比 2015 年增长 2.3 倍。传统服务业稳定发展。全省交通运输仓储和邮政业、批发和零售业、住宿和餐饮业增加值四年年均分别增长 4.7%、3.9%、4.6%。

（五）区域发展统筹推进

“十三五”期间，全省积极推进城乡一体化进程，城乡面貌焕然一新，区域格局不断优化。海东撤地设市，湟中撤县设区，茫崖、冷湖行委撤销并设市，同仁撤县设市，西宁—海东都市圈建设提速，连接甘青两省的川海大

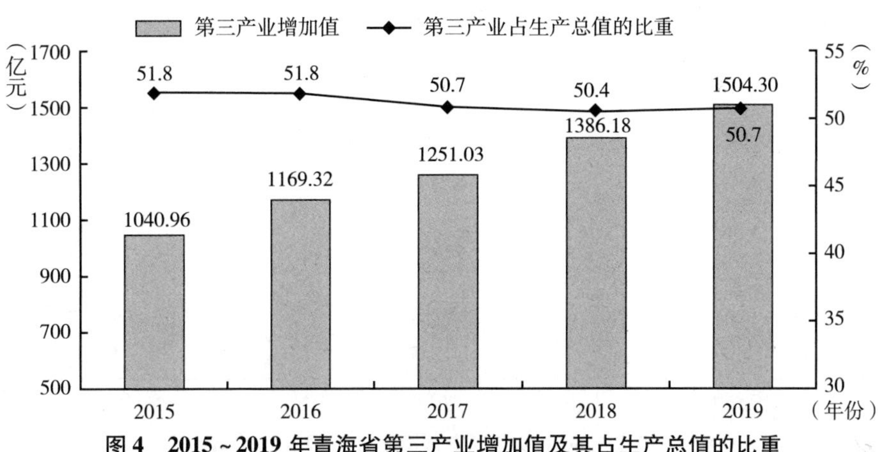

图 4　2015～2019 年青海省第三产业增加值及其占生产总值的比重

桥建成通车，兰西城市群建设加快推进。实施美丽城镇和高原美丽乡村建设，着力提升高原特色城镇的"颜值"和"气质"。至 2019 年末，全省有 2 市 6 州（地级）4 个县级市 144 个镇，全省城镇常住人口由 2015 年的 295.98 万人增加到 337.48 万人，常住人口城镇化率由 2015 年的 50.30% 提高到 55.52%（见图 5）。全省农村常住居民人均可支配收入四年年均增速高于城镇常住居民 1.3 个百分点。2019 年全省城乡居民人均收入比为 2.94，比 2015 年降低 0.15。东部城市提质扩容，带动辐射作用不断增强，"十三五"前四年西宁市和海东市生产总值年均分别增长 8.8%、8.2%，均高于全省年均增速（7.1%）。海西州充分发挥柴达木盆地资源优势，加快盐湖资源开发和循环经济发展，四年间规模以上工业增加值年均增长 8.1%，高于全省规模以上工业年均增速 0.6 个百分点。海南州、海北州积极利用环湖地区特色优势，海北州第三产业逐步壮大，占生产总值的比重由 2015 年的 40.9% 提高到 2019 年的 52.8%；海南州着力发展风能、太阳能发电，新能源发电量占全省的 49.8%，带动规模以上工业增加值年均增长 11.9%，高于全省平均水平 4.4 个百分点。青南地区基础设施、公共服务以及生态保护和建设力度持续加大，2017～2019 年基础设施投资年均增长 28.9%，2016～2019 年节能环保方面的财政累计支出 50.38 亿元，其中 2019 年节能环保支出占全省的比重为 25.5%，比重较 2015 年提高 12.2 个百分点。

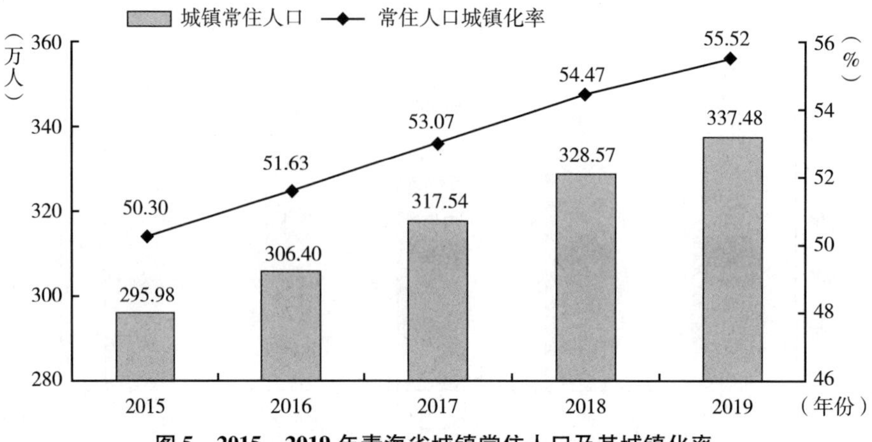

图5　2015～2019年青海省城镇常住人口及其城镇化率

三　投资引领经济展现新面貌

“十三五”期间，全省不断扩大投资规模，优化投资结构，基础设施投资快速增长，新兴产业投资崭露头角，投资对经济增长起到主要支撑作用并引导经济逐步转向提质增效的发展新阶段。

（一）第三产业投资比重提高

“十三五”前四年，全省固定资产投资年均增长8.3%。三次产业投资结构由2015年的4.8∶44.9∶50.3调整为2.3∶34.4∶63.3，第一、第二产业投资占比回落（见图6、图7），第三产业投资占比逐年提高，形成“三二一”的产业投资格局，第三产业投资占比比2015年提高13个百分点，年均提高3.25个百分点。

（二）基础设施建设实现新突破

“十三五”以来，全省补短板强弱项，加大基础设施投资力度，信息网络、水利、电力等基础设施建设步伐全面加快，着力实施了一批重点项目、重大工程，为全省经济社会发展提供了有力支撑。“十三五”前四年，全省

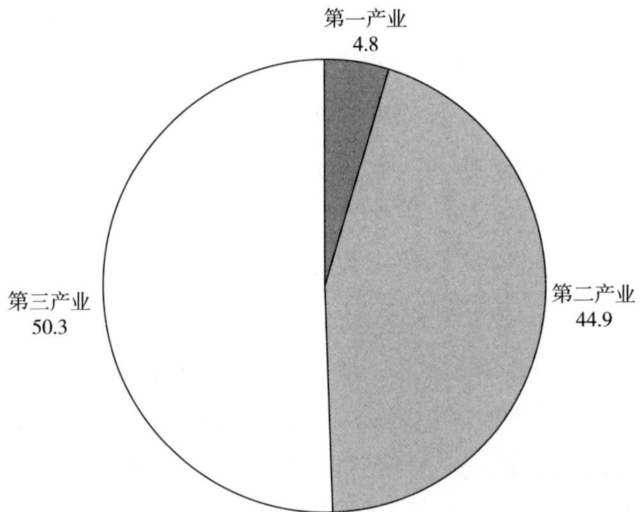

图 6 2015 年青海省三次产业投资结构

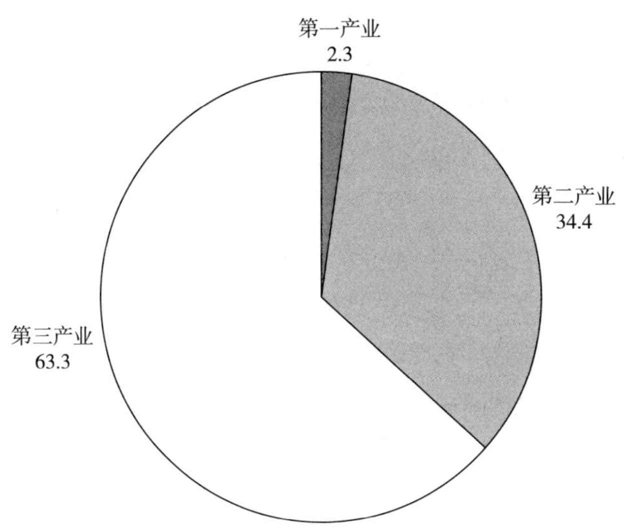

图 7 2019 年青海省三次产业投资结构

基础设施投资年均增长 13.0%，高于全省固定资产投资年均增速 4.7 个百分点，2016～2018 年基础设施增速始终保持在两位数，2016 年增速达到 21.3%。2019 年全省基础设施投资占全社会固定资产投资比重为 47.7%，

比重较2015年提高11.9个百分点。综合立体交通运输网络基本形成。"十三五"期间，西宁机场三期试验段、玉树机场改扩建工程开工，共和机场完成可研行业审查，果洛、祁连机场通航。海西三机场短途运输双向环飞，实现国内高高原机场通航短途运输零的突破。2019年末全省民航通航里程达16.71万千米，比2015年末增加7.44万千米。实现高速公路市州全覆盖，所有县城通二级公路，2019年末公路通车里程达到8.38万千米，其中高速公路（含一级）4040千米，二级公路8717千米。格敦铁路全线运营，格库铁路省内段具备通车条件，2019年末铁路营业里程达2354千米，其中高铁营业里程为218千米。电力水利设施建设稳步推进。"青电入豫"工程贯通，引大济湟西干渠、黄河干流防洪等工程稳步推进。"十三五"前四年，全省电力热力生产和供应业、水利管理业投资年均分别增长9.8%和30.5%。信息化建设明显提速。"十三五"期间，全省信息化建设水平大力提升，国家电子商务进农村示范县实现全覆盖，农村电商物流网络体系不断完善，高原云计算大数据、青海新能源大数据中心投入使用，5G建设强力推进。"十三五"前四年全省信息传输服务业投资年均增长6.2%，其中，互联网和相关服务业、电信广播电视和卫星传输服务业投资年均分别增长33.5%和5.2%。2019年实现4G网络县（市）、乡（镇）全覆盖，（固定）互联网宽带接入普及率达28.7%，比2015年提高14.5个百分点，互联网宽带接入通达的行政村个数由2015年的3825个增加到2019年的4124个。房地产开发投资转向高质量发展阶段。"十三五"期间，全省房地产开发由高速发展转向坚持"房住不炒"定位的调整阶段，其也是推动房地产行业高质量发展的转型阶段。碧桂园、万科、中海等全国知名房地产企业入驻西宁，全省房地产开发以西宁为中心向四周辐射带动作用增强，大通、湟中、湟源、平安、乐都、民和、互助等建成了一批高品质、高人气楼盘，整体功能得到提升。全省房地产开发投资占固定资产投资的比重由2015年的10.3%升至2019年的18.3%。2015～2019年商品房销售面积达1860万平方米，其中住宅销售面积比重为83.7%。2019年末，全省全体居民人均自有现住房面积达29.2平方米，比2015年末增加1.5平方米。

（三）特色优势产业投资年均两位数增长

“十三五”前四年，全省固定资产投资中，工业优势产业投资累计增长38.3%，年均增长8.4%，其中新能源、新材料、生物产业投资年均分别增长14.8%、12.9%和10.5%。2018年、2019年，战略性新兴产业投资分别增长9.7%、26.0%，高技术制造业投资分别增长6.7%、15.0%，高技术服务业①投资分别增长13.9%和16.1%（2019年互联网和相关服务业投资增速高达57.8%）。

四　市场消费新业态新模式日新月异

“十三五”期间，全省出台一系列政策措施，大力推进线上与线下互动、传统商贸与电子商务融合，扩大市场规模，同时积极融入“一带一路”建设，开行国际陆海贸易新通道铁海联运班列，不断提升出口能力，提高开放型经济发展水平，内外市场欣欣向荣。

（一）消费市场蓬勃发展

全省社会消费品零售额由2015年的694.56亿元增加到2019年的948.55亿元，年均增长8.1%（见图8）。全省城镇零售额由2015年的603.33亿元增加到2019年的775.91亿元，年均增长6.5%；乡村零售额由2015年的91.23亿元增加到2019年的172.64亿元，年均增长17.3%；2019年，乡村零售额占社会消费品零售总额的比重为18.2%，比2015年提高5.1个百分点。消费新业态增势强劲。“十三五”时期，网络购物进入快速增长期，网购人群不断扩大，网购已成为常态化的居民消费方式。2019年，全省限额以上批发和零售业通过公共网络实现商品销售的企业达23家，

① 高技术服务业是采用高技术手段为社会提供服务活动的集合，包括信息服务、电子商务服务、检验检测服务、专业技术服务业的高技术服务、研发与设计服务、科技成果转化服务、知识产权及相关法律服务、环境监测及治理服务和其他高技术服务等九大类。

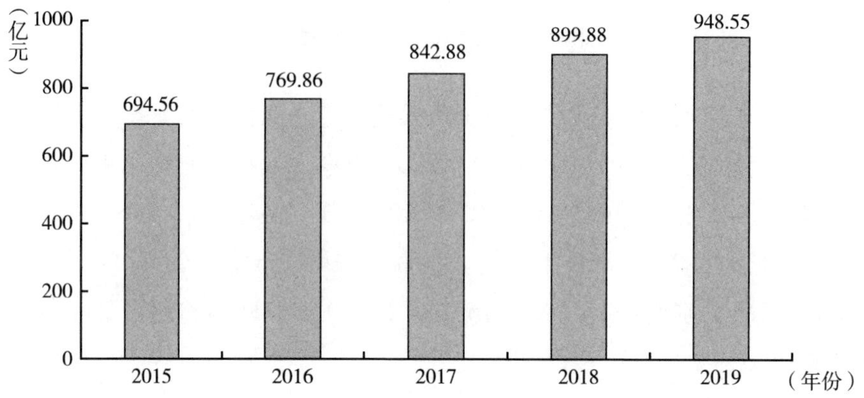

图 8　2015～2019 年青海省社会消费品零售额

通过公共网络实现的零售额达 2.66 亿元，为“十三五”以来增长最快的一年；限额以上住宿餐饮业通过公共网络实现客房收入及餐饮收入的企业共 55 家，实现的客房收入和餐饮收入分别为 6069 万元和 1694 万元，较 2015 年分别增长 2.8 倍和 6.0 倍。消费新模式快速发展。2019 年末，全省城市商业综合体共 9 家，比 2015 年末增加 6 家。全部可出租（使用）的商业面积达 48.57 万平方米，较 2015 年末增长 69.8%；出租使用率为 82.5%，较 2015 年末提高 28.9 个百分点。拥有商户数由 2015 年末的 498 家发展到 2019 年末的 926 家，增长 85.9%。全年总客流量达 1.74 亿人次，较 2015 年增长 3.6 倍。商户实现商品销售额（营业额）28.4 亿元，较 2015 年增长 2.7 倍，年均增长 38.7%。电子商务取得长足发展。2019 年，全省有自营电子商务交易平台的企业共 14 家，平台交易额达 90.9 亿元，比 2015 年增长 2.5 倍，年均增长 36.9%。消费新热点不断涌现。随着大数据、移动支付的飞速发展，无纸化消费已经成为常态，线下支付空间不断压缩，微信、支付宝等线上支付方式逐渐多元化，同时消费方式逐步向智能化、高端化迈进。2019 年在全省限额以上批发零售业中，智能手机零售额比上年增长 2.1 倍，可穿戴智能设备零售额增长 2.4 倍，“十三五”前四年通信器材类、计算机及其配套产品零售额年均分别增长 14.9%、172.3%。

（二）对外贸易水平不断提升

“十三五”期间，全省依托资源优势，积极引进外资，支持企业技术创新、加快技术改造步伐，进一步提高对外贸易国际市场的竞争力。2019 年全省实际使用外商直接投资额 0.68 亿美元，比 2015 年增长 23.1%。对外承包工程业务完成营业额 3.88 亿美元，比 2015 年增长 2.1 倍。“十三五”前四年，全省累计实现进出口总额 34.37 亿美元，其中，进口总额 8.84 亿美元，出口总额 25.53 亿美元。出口商品结构不断优化，全省优势产品逐渐成为出口的主要产品，如纺织纱线织物及制品、中药材及中式成药出口值占出口总值的比重分别比 2015 年提高 5.9 个和 3.6 个百分点。

（三）旅游市场加速发展

通过举办文化旅游节、环湖赛、国际冰壶赛、拳击争霸赛等活动和赛事，不断提高青海知名度，同时继青海湖、茶卡盐湖等重点景区享誉国内外之后，西宁熊猫馆、袁家村河湟印象等成为游客热门打卡地，青海旅游市场发展提速。2019 年末，全省有 5A 级景区 3 个，比 2015 年末增加 1 个。旅行社由 2015 年的 238 个增加到 2019 年的 522 个，星级饭店总数由 2015 年的 313 个增加到 2019 年的 322 个。2019 年全省接待国内外游客突破 5000 万人次大关，达到 5080.17 万人次，比 2015 年增长 1.2 倍，四年年均增长 21.7%；实现旅游总收入 561.33 亿元，比 2015 年增长 1.3 倍，年均增长 22.7%。

五 人民获得感和幸福感明显增强

“十三五”期间，全省始终坚持以人民为中心，坚持小财政办大民生的理念不动摇，着力补短板，惠民生，不断加大民生投入力度，城乡居民收入持续增加，人民生活水平跨上新台阶，获得感和幸福感明显增强。

（一）民生领域投入持续加大

“十三五”前四年，全省惠民生投资年均增长 14.4%。其中，居民服务和其他服务业、教育、文化体育和娱乐业方面的投资年均分别增长 28.3%、31.5%、56.1%。财政投入力度的加大有效保障和改善了民生，全省财政用于教育、卫生健康、社会保障和就业、文化旅游体育与传媒的累计支出分别为 779 亿元、518 亿元、904 亿元和 149 亿元，年均分别增长 7.9%、10.5%、9.0%和 6.0%。

（二）城乡居民收入稳步增加

全省全体居民人均可支配收入由 2015 年的 15813 元增加到 2019 年的 22618 元（见图 9），比 2010 年的 8661 元增加了 161.1%，提前实现党的十八大提出的翻番目标。“十三五”前四年年均增长 9.4%，高于全国平均水平 0.6 个百分点。其中，城镇居民人均可支配收入由 2015 年的 24542 元增加到 2019 年的 33830 元，年均增长 8.4%；农村常住居民人均可支配收入由 2015 年的 7933 元增加到 2019 年的 11499 元，年均增长 9.7%。

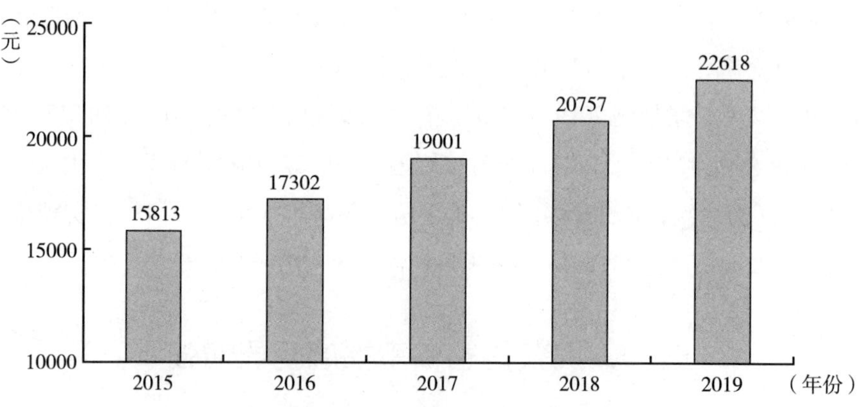

图 9　2015 ~ 2019 年青海省全体居民人均可支配收入

（三）居民生活水平明显提升

全省全体居民人均生活消费支出由 2015 年的 13611 元增加到 2019 年的 17545 元，年均增长 6.6%。其中，城镇居民人均生活消费支出由 2015 年的 19201 元增加到 2019 年的 23799 元，年均增长 5.5%；农村居民人均生活消

费支出由2015年的8566元增加到2019年的11343元，年均增长7.3%。全省城镇居民平均每百户拥有移动电话240.4部、家用汽车42.8辆，比2015年分别增加29.5部、17.8辆；农村居民平均每百户拥有移动电话288.9部、计算机15.6台、家用汽车47辆，比2015年分别增加26.6部、3.7台、23.5辆。

（四）全面建成小康社会成色更足

按照青海省委、省政府全面建成小康社会“一脱贫、两翻番、四实现”的总体要求，2019年全省实现贫困人口基本清零，生产总值和居民收入均实现比2010年翻番，同时在生态环境保护、绿色高质发展、基本公共服务、社会事业进步等四个方面均取得了显著成效，全面建成小康社会成色更足。2019年燃气普及率达93.83%，比2015年提高7.87个百分点；供水普及率达99.24%，比2015年提高0.18个百分点；农村居民接入电力比重达100%。2019年城市、农村互联网宽带接入普及率分别比2015年提高12.3个、14.1个百分点。

（五）社会保障事业蒸蒸日上

2019年末，全省养老保险、医疗保险、失业保险参保人数分别为413.88万人、557.92万人和43.75万人，比2015年末分别增加90.33万人、7.14万人和3.64万人。全省城市和农村最低生活保障标准分别为6960元和4300元，比2015年末分别提高2520元、1900元。享受城镇、农村最低生活保障人数分别达6.44万人和28.07万人。

（六）就业形势保持稳定

“十三五”前四年，每年全省城镇新增就业保持在6.3万人左右，农牧区劳动力转移就业在113万人次左右，城镇登记失业率不断下降，由2015年的3.2%降为2019年的2.3%。

（七）科教文卫体事业全面发展

“十三五”以来，全省着力加强基本公共服务体系建设，科技、教育、医疗卫生、文化体育等各项社会事业取得新进步。2019 年全省科技进步贡献率达 54%，2016～2018 年全省累计投入 R&D 经费 49.2 亿元，2016～2019 年技术市场合同累计成交额达 213 亿元。2018 年，全省文化产业增加值占生产总值的比重为 1.8%。2019 年末，全省有公共图书馆 52 个，比 2015 年末增加 3 个。广播、电视综合人口覆盖率均为 98.8%，比 2015 年末均提高 0.8 个百分点。全省学龄儿童入学率稳定保持在 99.8%；普通初中毛入学率达 112.0%，比 2015 年提高 2.8 个百分点；九年义务教育巩固率达 96.9%。2018 年全省 6 岁及以上人口平均受教育年限为 9.07 年。2019 年末全省有医疗卫生机构 6517 家，病床数 4.01 万张，卫生技术人员 4.66 万人，人均预期寿命达 72.18 岁。2019 年末，全省有等级运动员 75 人，其中，一级运动员 42 人、二级运动员 33 人。2019 年参加国内外比赛 1766 人次，共获得第一名 38 个、第二名 41 个、第三名 51 个。

六　生态强省建设迈出新步伐

“十三五”期间，全省深入贯彻落实习近平总书记视察青海提出的“四个扎扎实实”重大要求，牢固树立和践行“绿水青山就是金山银山”的发展理念，牢牢把握“青海最大的价值在生态，最大的责任在生态，最大的潜力也在生态”这一省情定位，与时俱进探索发展新格局，大力推进“一优两高”战略，坚定不移走绿色发展之路，持续推进高质量发展。“十三五”以来，全省加快生态文明先行示范区建设步伐，以国家公园、清洁能源、绿色有机农畜产品、高原美丽城镇示范省建设为载体，以生态经济为引领，着力打好打赢污染防治攻坚战，全面启动三江源、祁连山等重大生态工程和专项生态修复工程，连续三年在“青洽会”期间实现全清洁供电，北京大兴机场用上了“青海绿电”，全省水环境、

大气环境、生态环境质量持续向好，在生态大省、生态强省建设上迈出坚实步伐。

（一）生态环境持续向好

全省统筹推进三江源、祁连山国家公园体制试点，发布了首份三江源国家公园公报，加快实施三江源、祁连山、青海湖等重点生态工程，生态文明建设成果喜人。2019 年末，全省自然保护区有 11 个，面积达 21.78 万平方千米。森林覆盖率为 7.3%，比 2015 年提高 1.0 个百分点。湿地面积达 814.36 万公顷，居全国首位。2017 年全省绿色发展指数居全国第 14 位，较 2016 年排名前移 11 位。空气质量优良天数比例逐年提高，由 2015 年的 80.9%提高到 2019 年的 96.1%。

（二）环境保护投入力度加大

全省不断加大生态保护投入力度，加快设备更新改造，淘汰落后产能，促进企业节能减排增效。2016～2019 年全省生态保护和环境治理业固定资产投资年均增长 23.9%，公共财政支出中用于节能环保的支出四年累计达 267 亿元。"十三五"以来单位生产总值能源消耗累计降低 22.0%。2019 年全省规模以上工业单位增加值能耗同比下降 9.0%，降幅较 2015 年扩大 3.5 个百分点，降幅是"十三五"以来最高的一年。"十三五"以来主要污染物排放总量中氨氮排放量累计下降 17.9%，二氧化硫排放量下降 15.4%，氮氧化物排放量下降 10.7%。

（三）清洁能源示范省建设初具规模

近年来，全省水光风储多能互补，电池储能的清洁能源发展之路逐步形成。2019 年，全省清洁能源装机容量达 2776 万千瓦，集中式光伏装机容量居全国首位，全省以水、风、太阳能发电为主的清洁能源发电量比 2015 年增长 64.8%，占规模以上工业发电量的 86.5%，比重较 2015 年提高 9.2 个百分点。

（四）城乡人居环境焕然一新

西宁市成功创建全国文明城市，并作为唯一省会城市入选全国“无废城市”建设试点。果洛创建全域无垃圾示范州，贵德当选国家生态文明建设示范县。2019 年，城市生活垃圾无害化处理率达 96.3%，比 2015 年提高 9.1 个百分点。城市人均公园绿地面积为 11.93 平方米，比 2015 年提高 1.45 平方米。城市、县城污水处理率分别达 95.2%、86.6%。

峥嵘五载创佳绩，不忘初心续新篇。“十三五”以来，全省上下砥砺奋进，迎难而上，开拓进取，全省经济社会取得了长足发展，但还存在不少困难和问题，特别是受新冠肺炎疫情和外部环境不确定性不稳定因素增多的影响，经济下行压力依然较大。下一步，全省要以习近平新时代中国特色社会主义思想为指导，坚决贯彻党的基本理论、基本路线、基本方略，增强“四个意识”，坚定“四个自信”，做到“两个维护”，坚持稳中求进工作总基调，坚持新发展理念，坚持以供给侧结构性改革为主线，深入实施“五四战略”，奋力推进“一优两高”，统筹“五个示范省”建设，强化“四种经济形态”引领，与全国同步全面建成小康社会，不断开启时代发展新征程，为把青海建设得更加富裕文明和谐美丽而努力奋斗。

B.5

着眼“双循环”新发展格局，推动青海能源产业高质量发展研究*

杨菱芳　杨素珍　张思发　冯　阳**

摘　要：青海乃至西北五省区能源富集，是我国重要的能源供应保障基地，保障国家能源安全使命重大、作用巨大。从税收经济视角看，“十二五”以来的十年间，青海乃至西北地区能源行业发展成就显著，有力保障了地区乃至全国能源安全、有力促进了经济社会发展。“双循环”新发展格局下，我国能源安全面临的形势更加复杂；高质量发展阶段，致力于实现“碳达峰”、推进“碳中和”战略目标，我国能源行业转型发展的任务更加迫切。本报告通过梳理分析近十年来西北五省区能源行业经济税收发展情况，围绕能源安全战略下的供需平衡状况及低碳发展要求下的能源生产消费转型，提出高质量发展新阶段、“双循环”新发展格局下的促进青海乃至西北五省区能源产业更好发展的建议。

关键词：能源产业　经济税源　碳达峰　高质量发展　青海

* 本报告经济、能源生产消费数据来自《中国统计年鉴》《陕西统计年鉴》《甘肃统计年鉴》《宁夏统计年鉴》《青海统计年鉴》《新疆统计年鉴》；税收收入数据来自全国和西北五省区税务局网站。

** 杨菱芳，国家税务总局青海省税务局一级巡视员，研究方向为财税经济及税制改革；杨素珍，国家税务总局青海省税务局税收科学研究所所长，研究方向为财税经济；张思发，国家税务总局青海省税务局税收经济分析处处长，研究方向为财税经济；冯阳，国家税务总局青海省税务局税收经济分析处三级主任科员，研究方向为财税经济。

能源是国民经济和社会发展的重要基础，能源安全是关系国家经济社会发展的全局性、战略性问题。面对能源供需格局新变化、国际能源发展新趋势，习近平总书记多次从保障国家能源安全的全局高度对能源发展和安全工作做出重要部署。西北地区能源富集，是我国重要的能源供应保障基地，保障国家能源安全使命重大、作用巨大。

2020 年 5 月 17 日，印发《中共中央、国务院关于新时代推进西部大开发形成新格局的指导意见》，其中提出“优化能源供需结构，支持符合环保、能效等标准要求的高载能行业向西部清洁能源优势地区集中”，为西北五省区推进新时代西部大开发赋予新的重大机遇。基于新发展理念、新发展阶段、新发展格局的战略大背景，西北五省区着眼发展大局、立足能源禀赋，深入推进实施“四个革命、一个合作”能源安全新战略，促进能源产业高质量发展，维护保障国家能源安全，既具使命又有机遇、既促发展又显价值。

一　纵横对比，西北五省区对全国能源生产供应具有重要作用

（一）全国能源生产消费总体状况

目前，我国已成为世界上最大的能源生产国和消费国，形成了煤炭、电力、石油、天然气、新能源、可再生能源全面发展的能源供给体系，生产生活用能条件显著改善。近十年来，全国能源生产供应能力稳步提升，一次能源生产总量从 2010 年的 31.21 亿吨标准煤增加至 2019 年的 39.7 亿吨标准煤，年均增长 2.7%。

同时，随着生产扩大、经济增长、人民生活水平提高，能源消费规模逐渐扩大，全国能源消费总量从 2011 年的 34.02 亿吨标准煤增加至 2020 年的 40.8 亿吨标准煤。在此时期，全国经济规模从 48.79 万亿元增长至 101.6 万亿元，国内生产总值年均现价增速达到 8.5%，我国深入实施“资源节约

和环境保护”的基本国策，有效统筹了能源生产与消费、国内生产与国际利用的关系，以较低的能源消费增速支撑了中高速的经济增长。

（二）西北五省区在全国能源生产格局中占据重要地位

作为全国重要的能源生产供应基地，西北五省区能源生产总量从2010年的5.97亿吨标准煤增加至2017年的8.8亿吨标准煤，年均增长5.7%，高于同期全国平均增速3.7个百分点，占同期全国能源生产总量的22%。同时，西北五省区能源生产总量占全国的比重从2010年的19.12%提高至2017年的24.51%，八年间提高了5.39个百分点，对全国能源生产供应作用越来越大。

分能源品类看，2017年西北五省区生产了全国24.41%的原煤（比重比2010年提高7.22个百分点）、37.41%的原油（比重比2010年提高7.11个百分点）、53.28%的天然气（比重比2010年降低1.16个百分点）、10.37%的一次电力及其他能源（比重比2010年提高1个百分点）。

分省或自治区看，陕西2019年生产了全国14.9%的能源（其中17.08%的原煤、18.45%的原油、27.93%的天然气、1.35%的一次电力及其他能源），青海2019年生产了全国1.14%的能源（其中0.33%的原煤、1.19%的原油、3.76%的天然气、3.29%的一次电力及其他能源），宁夏2018年生产了全国1.44%的能源（其中1.94%的原煤、0.52%的一次电力及其他能源），甘肃2017年生产了全国1.6%的能源（其中1.03%的原煤、4.33%的原油、0.12%的天然气、3.12%的一次电力及其他能源），新疆2017年生产了全国6.19%的能源（其中5%的原煤、13.6%的原油、20.75%的天然气、3.2%的一次电力及其他能源）。西北五省区能源生产量占全国的比重均高于各自2019年地区生产总值占全国的比重（陕西2.6%、甘肃0.88%、青海0.3%、宁夏0.38%、新疆1.37%）。

（三）能源生产供应行业对西北五省区税收支撑作用显著

“十三五”时期，西北五省区能源生产供应行业（煤炭开采和洗选业，石油和天然气开采业，石油、煤炭及其他燃料加工业，电力、热力生产和供应业，燃气生产和供应业）累计产出税收收入 10733.22 亿元，占同时期本区域税收总量的 28.7%，占同时期全国能源生产供应行业税收总量的 15.9%。

分省或自治区看，“十三五”时期，陕西能源生产供应行业产出税收 4985.45 亿元，占同时期全省税收收入的 30.9%，比重从 2016 年的 27.6% 提升至 2020 年的 30%；甘肃能源生产供应行业产出税收 1599.57 亿元，占同时期全省税收收入的 24.9%，比重从 2016 年的 25.7% 降低至 2020 年的 24%；青海能源生产供应行业产出税收 382.85 亿元，占同时期全省税收收入的 20.7%，比重从 2016 年的 17.3% 提升至 2020 年的 17.4%；宁夏能源生产供应行业产出税收 954.99 亿元，占同时期全区税收收入的 34.1%，比重从 2016 年的 32% 降低至 2020 年的 30.6%；新疆能源生产供应行业产出税收 2810.36 亿元，占同时期全区税收收入的 27.7%，比重从 2016 年的 28.4% 提升至 2020 年的 29.3%。

“十三五”时期，陕、甘、青、宁、新五省区能源生产供应行业分别产出了全国能源生产供应行业税收总量的 7.4%、2.38%、0.57%、1.42%、4.17%，均明显高于同时期各自税收总收入占全国税收总量的比重（陕西 2.46%、甘肃 0.98%、青海 0.28%、宁夏 0.43%、新疆 1.55%）。综合来看，西北五省区能源生产供应行业于本区域而言是支柱性税源产业，于全国而言是重要的能源税源产业。

二　着眼全国，西北五省区能源产业发展效能有待进一步提升

（一）能源保障能力有待进一步强化

2010～2019 年的十年间，全国能源消费保障率总体值为 83.24%，从 2010 年的 86.55% 降至 2019 年的 81.52%，随着能源消费量的逐渐攀升及能

源消费增速略快于能源生产增速，能源自给率有所降低。从能源结构看，十年间，煤炭自给率总体值为94.44%，从2010年的95.3%上升至2019年的96.92%；石油自给率总体值为37.52%，从2010年的44.26%下降至2019年的29.76%；天然气自给率总体值为66.98%，从2010年的88.71%下降至2019年的57.37%；一次电力及其他能源自给率总体值为100.24%，从2010年的95.75%上升至2019年的100.17%。

西北五省区能源消费保障率总体值为191.76%，从2010年的209.22%下降至2017年的181.4%（其中陕西、青海2010～2019年能源自给率分别为411.95%、104.18%，十年间陕西提升9.6%、青海下降24.6%；甘肃、宁夏、新疆2010～2017年能源自给率分别为77.32%、101.07%、139.4%，八年间甘肃下降4.3%、宁夏下降37%、新疆下降31.2%）。

（二）能源消费强度有待进一步降低

2010～2019年，单位国内生产总值能源消费量的平均值为0.63吨标准煤/万元，从2010年的0.87吨标准煤/万元降低至2019年的0.49吨标准煤/万元，累计下降43.7%；西北五省区2010～2017年单位地区生产总值能源消费量的平均值为1.14吨标准煤/万元，从2010年的1.27吨标准煤/万元降低至1.06吨标准煤/万元，累计下降16.5%。西北五省区近十年的能源消费强度约为全国同期平均水平的181%，2017年的能源消费强度为全国平均水平的189.3%。

分省或自治区看，陕西、青海2010～2019年单位地区生产总值能源消费量的平均值分别为0.63吨标准煤/万元、1.69吨标准煤/万元，十年间分别累计下降38.1%、31.3%；甘肃、宁夏、新疆2010～2017年单位地区生产总值能源消费量的平均值分别为1.14吨标准煤/万元、2.01吨标准煤/万元和1.60吨标准煤/万元，八年间，甘肃、宁夏累计分别下降28.4%、9.2%，新疆累计上升8.8%。总体上，这一时期陕、甘、青、宁、新五省区能源消费强度平均值分别为全国平均值的100.2%、181%、268.3%、319%、254%，除陕西外，其余4个省区万元地区生产总值能源消费强度均明显高于全国平均水平，这其中的原因主要是区域经济产业结构中重化工业占比较高、耗能较多，地区气温偏低、供暖期较长、生产生活用能较多，再就是区域产业转型升级困难多、压力大、见效较慢、能源综合利用效益较低。

（三）生产消费结构有待进一步优化

2010～2019 年，全国能源生产中原煤占 72.72%、原油占 8.11%、天然气占 4.82%、一次电力及其他能源占 14.35%；能源消费中煤炭占 64.1%、石油占 18%、天然气占 5.99%、一次电力及其他能源占 11.92%。2010～2017 年，西北五省区能源生产中原煤占 69.08%、原油占 13.16%、天然气占 11.9%、一次电力及其他能源占 5.86%；能源消费中煤炭占 66.75%、石油占 12.71%、天然气占 9.18%、一次电力及其他能源占 11.36%。

煤炭、石油、天然气三大化石能源生产比重：全国为 85.65%，西北五省区为 94.2%（其中陕西为 98.82%、甘肃为 74.2%、青海为 59.4%、宁夏为 96.95%、新疆为 94.16%）。三大化石能源消费比重：全国为 88.08%，西北五省区为 88.64%（其中陕西为 95.02%、甘肃为 81.52%、青海为 57.05%、宁夏为 94.42%、新疆为 91.86%）。

（四）生产经营效益有待进一步提升

税收作为经济产出的重要分配产物，在很大程度上可以作为生产经营活跃度及盈利效益的体现。2016～2020 年，全国能源生产供应行业产出税收年均增速为 3.7%，低于同期全国税收年均增速 2.4 个百分点；西北五省区能源生产供应行业产出税收年均增速为 4%（其中陕西为 7.6%、甘肃为 -2.2%、青海为 6.1%、宁夏为 5.5%、新疆为 0.9%），低于同期五省区税收总体年均增速 2.1 个百分点，与本地区税收总收入年均增速相比，陕西低 1.3 个百分点、甘肃低 5 个百分点、青海高 3 个百分点、宁夏高 1.5 个百分点、新疆低 4.1 个百分点。

2020 年，在疫情冲击、复工复产、减税降费等的综合影响下，全国能

源生产供应行业产出税收同比下降13.7%，低于全国同期税收增速10.1个百分点；西北五省区能源生产供应业产出税收同比下降11.9%（其中陕西为-11.7%、甘肃为-1.8%、青海为-29.7%、宁夏为-17.1%、新疆-13%），低于同期五省区总体税收增速4.1个百分点，与本地区税收总收入增速相比，陕西低5.4个百分点、甘肃高1.6个百分点、青海低31个百分点、宁夏低8.7个百分点、新疆低3.3个百分点。

三　顺势作为，提升西北地区能源发展水平，服务好国家能源安全战略

（一）应对“百年未有之大变局”，能源安全形势更加严峻

从国际看，能源领域战略博弈持续深化，能源秩序深刻变化，国际石油、煤炭、天然气价格总体呈攀升态势，我国能源进口成本逐渐升高，全球疫情防控形势依然险峻，人员流动、跨境商贸活动受阻，世界经济深度衰退、国际贸易竞争冲突加剧，能源安全面临的风险因素进一步增加。从国内看，我国面临能源需求压力较大、能源供给制约较多、能源生产和消费对生态环境损害较为严重、能源综合利用技术水平总体不高等挑战，疫情叠加产生的阶段性挑战进一步加剧。

（二）落实“联合国人类可持续发展议程”，能源发展趋势更加低碳化

国际上，为缓解疫情冲击，各国政府或将可再生能源、氢能、储能及碳捕获等清洁能源技术作为经济复苏计划的核心，清洁能源已是新经济增长点，关乎未来发展主动权、产业竞争力和能源安全。从国内看，发展壮大清洁能源产业是“十四五”时期我国能源发展主方向，《中华人民共和国能源法（征求意见稿）》将可再生能源列为优先发展的能源，风能、太阳能、生物质、水电、核电和天然气等清洁能源产量增速将继续领先，未来我国能源

结构将更趋清洁化、低碳化，新型能源的核心关键技术将获得更多突破，新型能源的开发利用将更加经济高效，多能互补、“互联网 +”智慧能源、综合能源服务等能源新业态将加快与云计算、大数据、物联网、人工智能、区块链、5G 等现代信息技术深度融合，不断催生出能源新生业态，能源产业将加速数字化升级。

因此，西北五省区需从国家发展和安全的战略高度，审时度势，借势而为，立足于发挥区域较为优厚的能源禀赋，围绕服务全国能源发展和安全大局，着眼顺应国际国内能源产业发展趋势，提升西北五省区能源产业发展质效，更好服务保障国家能源安全，既“势要作为”，又“势在可为”。为此，建议在以下三方面重点发力以取得更大成效。

一是坚持绿色发展，着力推进能源生产消费清洁化。注重引进新型矿山、智慧矿山、绿色矿山技术模式，加快推进能源矿产集约化、智能化、清洁化开采，调低煤炭直接利用比例，大力推动煤炭清洁高效利用，加快煤改气、煤改电、油改气、油改电推广应用，提升能源综合利用效益；建议五省区加强区域能源融合发展，在更大层面融入国家发展战略，积极争取从国家层面加快完善西北电网外送通道及储能设施、智能电网建设，提高风力、光伏等可再生能源消纳外送能力和配额，有效扩大可再生能源电量消纳范围和外送比重；同时，坚持能源保障和节约利用并举，坚定调整产业结构，善于发挥城镇化节能作用，把绿色发展、节能降耗落实到经济社会发展全过程和各领域，降低能源消费强度。

二是完善创新机制，着力推进能源开发利用科技化。立足我国“富煤、贫油、少气、可再生能源潜力大”的能源特点，紧跟国际能源技术革命新趋势，分类推动技术创新、产业创新、商业模式创新，把能源技术及其关联产业培育成带动西北地区产业升级的新增长点；引导激励区域高校、职业院校加强新型能源技术研发和产业人才培育，在省级高新技术产业、重大装备扶持项目中增加安排能源创新专项，提高能源产业创新能力和服务水平，完善和升级可再生能源产业链；建议国家层面引导和支持西北地区探索规模化应用的可再生能源供热示范工程，建设可再生能源综合技术研发平台，推动

全产业链的原材料、产品制备技术、生产工艺及生产装备创新应用。

三是优化产业政策，着力推动能源产业发展体系化。充分发挥市场配置资源的决定性作用和更好发挥政府作用，遵循产业发展趋势和规律，合理优化配置能源资源，逐步降低风电、光伏发电价格水平和补贴标准，处理好清洁能源充分消纳战略与区域间利益平衡的关系，有效化解弃风、弃光、弃水和部分输电通道闲置等资源浪费问题，全面提升能源系统效率；完善财政投入和税收优惠政策，建议国家层面一方面扩大中央财政对西北地区可再生能源发展专项资金的投入，引导鼓励西北五省区地方财政结合本地区实际，安排必要的财政资金支持可再生能源发展，另一方面研究探索在西北地区建立鼓励支持水能、风能、太阳能等可再生能源开发利用的税收优惠政策试点，对可再生能源技术研发、设备制造等给予适当的增值税、企业所得税等优惠。

B.6
青海省“一优两高”战略实施成效与对策研究*

青海省“一优两高”战略指标体系的构建与评价研究课题组**

摘　要：本报告通过梳理“一优两高”战略实施以来取得的突出成效，发现在践行“一优两高”战略过程中青海省存在环境防控措施落实不严、区域经济发展不均衡、居民收入增速放缓、创新要素投入不足等主要问题，并提出应当通过深化生态环保建设和供给侧结构性改革、完善城镇体系建设、增强科技创新服务能力等措施提升青海省“一优两高”发展质量。

关键词：生态优先　绿色发展　人民生活　青海省

“一优两高”战略是青海深入践行习近平新时代中国特色社会主义思想，全面落实“四个扎扎实实”重大要求的实践探索，政府和理论界围绕“一优两高”战略展开了一系列的研究，已初步取得了一些高质量的

* 本报告为青海省社科规划办年度重点项目“青海各市州实施‘一优两高’战略系列评价报告”（项目号：20001）的阶段性研究成果。

** 课题组成员：孙发平，青海省社会科学院副院长、研究员，研究方向为区域经济；杜青华，青海省社会科学院经济研究所副所长、副研究员，研究方向为区域经济与政策选择；杨军，青海省社会科学院经济研究所副研究员，研究方向为经济史；刘畅，青海省社会科学院经济研究所助理研究员，研究方向为城市经济；王礼宁，青海省社会科学院经济研究所助理研究员，研究方向为区域经济、科技金融；魏珍，青海省社会科学院经济研究所助理研究员，研究方向为区域经济。执笔人为孙发平。

研究成果。随着贯彻落实“一优两高”战略的持续推进，“一优两高”战略评估指标体系研究的迫切性和重要性日益显现，其研究已成为“一优两高”战略研究范畴内的新热点，对科学把握发展趋势、发挥绿色生态优势、推进现代化建设，全面建成富裕文明和谐美丽新青海具有深远且重大的指导作用。

一 青海省践行“一优两高”的主要举措与成效

课题组选取2016～2020年青海“一优两高”战略发展相关指标数据，对青海省“一优两高”战略实施效果进行全面评估。总体来看，“一优两高”战略实施以来，青海省经济社会稳定向好发展，生态文明建设成果丰硕，高质量发展稳步推进，高品质生活进展有序。随着“一优两高”战略的不断深入，青海省经济发展呈现产业结构不断优化、经济发展方式不断丰富、对外开放程度持续提升的良好局面，为改善民生建设打下良好的基础。增进人民福祉是“一优两高”战略实施的最终目的，通过增加居民收入、加大住房保障、丰富文化生活、改善教育和卫生供给等措施，以求切实增强全省各族群众的获得感、幸福感、安全感。

（一）着力推进生态保护优先，生态文明建设成效显著

2016年以来，通过着力推进生态文明建设、积极践行污染防治攻坚、持续推动绿色产业发展、实施重大生态保护工程等举措，青海省生态文明体系稳固构建、人居环境质量不断提升、能源利用效率明显提高、国土绿化工作成效显著、国家公园试点工作稳定推进。

1. 着力推进生态文明建设，生态文明体系稳固构建

近年来，青海省不断践行绿色发展理念，围绕打好盐湖资源、清洁能源、特色农牧业、文化旅游“四张牌”，深入研究、制定方案、谋划项目，促进特色优势充分释放，让生态优势变成经济优势，加快实现百姓富、生态美的有机统一。在建立健全领导干部生态环保考核评价机制的同时，针对不

同群体，通过渠道多、覆盖广、形式丰的宣传活动持续宣传先进的生态价值观和生态审美观，生态文化宣传逐渐发挥了重要的作用。生态文化体系建立健全，生态文明建设基础扎实稳固。

2. 积极推进污染防治攻坚，人居环境质量不断提升

青海省坚持污染防治与生态保护协同并重，全面落实污染防治各项行动计划，地表水、空气等环境指标趋势向好，有效提升了人居环境质量。一是持续深化水污染综合治理。综合整治长江、黄河、青海湖等重要水域，解决湟水流域的水环境问题，提升水源涵养功能、维护水体水质、防治水污染。2020 年，青海省主要河流出省断面水质达到Ⅱ类以上，13 个市州级、40 个县级城市（镇）集中式生活饮用水水源地水质达到Ⅲ类以上，水质状况优良。二是深入推进大气污染防治。积极推进绿色施工和绿色交通建设，有针对性地采取“5 个 100%”控尘措施，对露天焚烧、生活垃圾收集、料堆存储等面源污染实施严格管控。2016 ~ 2020 年，青海省主要城市空气质量优良天数比例超过 85%，2020 年青海省细颗粒物（PM2.5）未达标地级及以上城市浓度与 2015 年相比下降 28.1%，[①] 空气质量稳中向好。三是落实土壤污染防控修复。通过编制土壤污染防治工作方案、制定土壤污染治理与修复规划、开展土壤污染状况详查工作、推进农牧业用地土壤环境保护、健全建设用地环境管理机制、加强土壤污染源头管控、推动土壤污染治理与修复等措施，不断提升土地污染防控修复工作。

3. 持续推动绿色产业发展，能源利用效率明显提高

“一优两高”战略实施以来，青海省着力推动经济发展转型升级，不断推进清洁能源产业发展，持续加强污染排放治理，主要污染物人均排放量和单位生产总值能耗显著下降。截至 2020 年底，青海清洁能源装机总规模达 3638 万千瓦，青海海南、海西地区清洁能源装机规模分别达到 1841 万千瓦和 1043 万千瓦，两个千万千瓦级可再生能源基地全面建成，青海成为国家重要的新型能源产业基地。一是着力推动经济发展转型升级。青海省着力发

① 参见相关年份《青海统计年鉴》《青海省国民经济和社会发展统计公报》。

展循环经济、实施乡村振兴战略、推动服务业发展，打造低耗能经济发展模式。二是不断推进清洁能源产业发展。青海省大力发展清洁能源产业，以科技创新提升能源利用效率，清洁能源多能互补研究成果达到国际领先水平，百兆瓦太阳能光伏发电实证基地、并网发电光热电站、水光互补发电项目建设领跑全国。2016～2020年，青海省清洁能源发电量占比分别为66.7%、71.3%、82.8%、87.6%、89.1%。三是不断加强污染排放治理。青海省严格实行禁燃区管理，对全省重点城镇及其周边工业园区内已有和新建高载能、高耗能行业项目执行大气污染物特别或超低排放限值，倒逼企业减少排放。强化商品煤煤质管控，开展煤炭经营市场规范整治工作，抽查火电企业入炉煤，杜绝使用高灰分高硫分煤炭。不断落实淘汰补贴等政策，减少落后产能，扩大天然气管网覆盖范围并大规模实施集中供热，提高清洁能源使用比率，减少煤炭消费。对钢铁、有色、建材等行业重点工业企业污染物排放情况进行实时监控，限期治理无组织排放、污染物排放达标不稳定的企业。

4. 实施重大生态保护工程，国土绿化工作成效显著

近年来，青海省扎实推进重大生态保护工程，持续开展林草保护整治，遵循天然林演替规律，以自然恢复为主、人工促进为辅，保育并举，国土绿化工作成效显著，生态服务功能不断提升。一是扎实推进重大生态保护工程。对青海湖流域、可可西里世界遗产提名地等重点生态区域开展了生态监测工作，确保环境遥感生态监测体系建设项目正常运行。在扎实推进祁连山区山水林田湖草生态保护修复试点项目等重点生态工程的基础上，全面停止矿业权在自然保护区及相关重点生态功能区、敏感区的投放，稳定推进自然保护区矿业权退出。二是持续推进国土绿化提速行动。努力增绿扩面补齐生态短板，加大森林城镇、森林乡村建设力度，推进河湟绿色屏障、高标准绿色通道建设，推进“四边”绿化，大力开展城市周边、农牧村庄、交通沿线、河道两岸高标准绿化，持续增加绿量、提升品质。统筹规划实施天保、三北、三江源、祁连山等地区退耕还林、防沙治沙、野生动植物保护等重大林业工程，工程区生态

环境整体好转。2016～2020年青海省森林覆盖率从6.3%提升到7.5%。三是不断强化森林草原资源保护。坚持依法治林治草，严守林地和草原红线，进一步强化林地和草原管理职能，积极开展林草地清理排查和违法行为严厉打击专项行动，不断强化森林防火与林业有害生物防治责任制，国家重点公益林管护面积达397.71万公顷，天然林保护面积达367.82万公顷。2020年全民义务植树1500万株，2020年治理水土流失面积2020.03平方千米，造林面积达21.8万公顷。

（二）深入践行绿色发展理念，经济发展质量不断提升

近年来，青海省在“一优两高”战略部署引领下，以供给侧结构性改革为主线，在追求经济平稳增长的同时，更加注重提升经济发展质量，全省经济总量不断扩大，产业结构更加优化，经济活力不断被激活，创新驱动力持续提升。

1. 经济运行稳中趋进，经济总量不断扩大

党的十八大以来，在新发展理念引领下，青海省委、省政府面对新常态、新任务和新要求，坚持改革推动、开放带动、创新驱动，积极主动融入国家战略，在外部环境趋紧、发展压力加大、发展动能转换的新形势下，实现了经济运行由高速增长向中高速增长的平稳转变。全省经济运行稳中有进，保持了平稳健康发展。2020年，地区生产总值达到3005.92亿元，在新冠肺炎疫情压力下，实现增长1.5%。

2. 产业结构持续优化，三次产业协调发展

青海省持续深化供给侧结构性改革，不断优化产业结构，取得了显著成效。全省三次产业比由2016年的8.6∶48.6∶42.8调整为2020年的11.1∶38.1∶50.8，第三产业增加值占据了全省生产总值的半壁江山，成为推进全省经济发展的生力军。

农牧业“四个百亿元”产业加快成长。农作物种植结构呈现“粮稳、经优、饲扩”的趋势，青海有机枸杞产量居全国首位，目前全省特色农作物种植比重达到85%以上，培育特色农牧业品牌30个。农牧业

综合生产能力有效提高，市场化、规模化、集约化经营水平稳步提升。特色优势工业加快壮大。通过实施《中国制造2025青海行动方案》，制造业保持快速发展，青海省积极引导传统产业向高端化、高质化、高新化方向转变，以合金、光电、新型化工、锂电、光伏制造及电子信息新材料为支撑的新材料产业初步构建，生物医药产业与特色装备制造业体系不断完善。

新技术新业态加快培育。数字经济持续快速发展，“互联网+”模式广泛应用，电子商务、移动支付、共享经济发展迅猛。信息消费规模快速扩大，中小企业向专业化、精细化、特色化、新颖化方向转变。在全国率先建立制造业与互联网融合发展水平评估指标体系，实现了全省重点地区、产业、企业的全覆盖，有力助推了制造业与互联网融合发展。服务业创新发展稳步推进。全省服务业发展保持了快速增长的态势，并成为财政增收的主要来源和吸纳就业的重要渠道。2019年，全省旅游业接待总人数和实现旅游总收入均比2015年增长80%以上。金融业发展迅速，增加值占全省生产总值的9.6%，高于全国平均水平1.9个百分点。物流体系不断完善，信息服务业快速发展，电子商务发展迅速。

3. 创新驱动深入推进，新旧动能转换步伐加快

自“一优两高”战略提出以来，青海省初步构建了新能源、新材料、先进制造、现代生物、现代农牧业、生态环保、高原医疗卫生与食品安全、新一代信息等八大绿色产业技术体系。青藏高原特色生物资源和中藏药产业集群、西宁（国家级）经济技术开发区锂电创新型产业集群、西宁东川工业园有色金属精深加工国家新型工业化产业示范基地、海西国家创新型盐湖化工循环经济产业集群等4个国家创新型产业集群已培育形成，工业经济由投资拉动向科技创新驱动加速转变。盐湖资源综合利用、轻金属材料工程化开发、多能源电力协调控制系统开发应用等一批关键核心技术实现突破。推动落实国家创新纲要及青海省实施方案，制定了实施科技计划、科技资源共享等一系列配套政策，完善了多元化科技创新投入方式，基本形成了覆盖科技创新全过程的政策体系。组建了青海省生物医

药、太阳能光伏、锂产业等产业技术创新战略联盟共8家，成立了青海省盐湖镁产业、锂产业技术研究院。新建国家级科技创新平台47个，新认定省级工程技术研究中心9家，组建省级工程技术研究中心64家、省级重点实验室60家。科技创新服务能力持续提升，科技创新投资引导基金规模稳步扩大，国家重点实验室、国家级大学科技园实现零的突破。大众创业万众创新蓬勃发展，着力促进双创服务实体经济，连续三年成功举办全国大众创业万众创新活动周省内活动，双创要素和资源集聚在全国范围内实现对接，创新创业向专业化纵深发展。对非公经济发展的支持力度加大，召开全省非公有制经济发展大会，设立非公经济发展专项资金，青海省中小企业公共服务平台网络建成并上线运营，为推动大众创业万众创新提供了良好支撑。

4. 城乡区域协调发展成效显著，新型城镇化加快推进

青海省着眼于构建人与自然和谐发展的现代化建设新格局，坚定不移实施区域协调发展和新型城镇化战略，着力破解城乡区域发展不平衡不充分问题，新型城镇化质量稳步提升，发展空间进一步拓展，发展协调性不断增强。一是国家生态文明高地已具雏形。三江源国家重点生态功能区、青海湖国家级自然保护区、祁连山国家重点生态功能区保护与发展更加和谐，具备了整体打造、共同构筑国家生态文明高地的基础条件。青南地区作为国家重要绿色生态产品供给地、国家生态安全屏障、特色文化体验旅游目的地，各项功能进一步巩固和发展，环湖和祁连山地区全省生态旅游、现代生态畜牧业示范区建设积极推进，藏区面貌发生显著变化。二是新型城镇化加快推进。研究出台了推动非户籍人口在城镇落户、推进新型城镇化重点任务、深化户籍制度改革等一系列组合性政策文件，有效推动了全省新型城镇化进程。完成8个县撤县设市第三方评估，同仁等县撤县设市以及湟中撤县设区工作有序开展。高原美丽乡村、美丽城镇建设步伐加快，群科镇、茶卡镇、龙羊峡镇等6个镇先后成功入选为国家级特色小镇。全省城市数量达到6个，城镇数量达到143个，城市县城建成区面积达到385.4平方千米。启动了国家森林

城市创建工作，建成了一批生态绿地公园，城市县城建成区绿地率达 31.1%，更多市民感受到城市生态之美。

5. “一带一路”建设持续推进，对外开放水平不断提升

近两年来，青海省高质量推进和融入“一带一路”建设，全省对外开放的深度和广度持续扩大，对外合作空间不断拓展，国际合作和竞争新优势加快培育，全方位、多层次、高水平对外开放新格局正在形成。

围绕互联互通，青海省加大项目投资，加快出省通道建设步伐，铁路、民航、公路全方位对外通道建设取得重大进展，与周边地区的交通在综合运能和便捷性方面实现了新的突破。公路方面，截至 2020 年，公路通车里程达 8.5 万千米，其中高速公路 4069 千米。铁路方面，全省铁路营运里程达 3023 千米，其中高速铁路 218 千米。连南通北、东西相通的格敦铁路和格库铁路建成通车，西成铁路动工建设，曹家堡综合交通枢纽工程正有序展开，青海逐渐成为西北高铁网络中的重要枢纽。航空方面，民航通航里程达 19 万千米，比上年增加 2.3 万千米。[①] 在青海开展运营业务的航空公司达到 20 余家，全省各机场与国内 60 多个城市实现通航，并开通了朝觐包机。成功举办了“青洽会”“环湖赛”“文化旅游节”等赛事展会，圆满完成了能源发展论坛和重点项目推介会，融入南向通道建设工作机制基本建立，友城关系增加至 34 对。累计新批准外商投资项目 30 个，投资总额达 5.95 亿美元，合同外资达 3.02 亿美元，投资项目涉及锂电池上游产业、风电场开发、民族服饰用品、针纺织品等多个领域，实现互利双赢效果。2016～2020 年，全省培育出口超千万美元的企业 14 家，“金骆”等国内外知名品牌 20 个。国际贸易平台、国际营销网络和外贸转型升级示范基地建设持续推进，共建成国际营销网点 18 个、综合性进口商品展销平台 12 个，进一步扩大和提升了大美青海的国际影响力和知名度。

成功举办中国（青海）土库曼斯坦经贸和人文交流合作圆桌会议，高

① 《青海统计年鉴 2020》《青海省 2020 年国民经济和社会发展统计公报》。

中低档消费全覆盖的进口商品销售体系基本形成。青海曹家堡保税物流中心（B型）建成并封关运营，完成了中国国际贸易“单一窗口”青海地方窗口建设工作，西宁综合保税区获批开建。

（三）坚持以共享发展理念为引领，人民生活品质稳步提升

近年来，青海省委、省政府始终将人民放在最高位置，倾力关注民生事业，在教育、医疗、就业、社保、养老、住房等领域不断取得新发展，全省人民的品质生活迈上了新台阶。

1. 扎实推进民生工程，获得感不断增强

住房问题是重要的民生工程，完善住房保障体系，对于促进社会和谐、人民安定团结具有重要的现实意义。青海省坚持把居民一般性住房、保障性住房建设、棚户区改造作为调结构、惠民生的有力抓手，各地各部门倾心尽力、深化改革、倾力推进民生工程建设，逐步建立和完善了与经济发展相适应的住房保障体系。城市棚户区改造、城镇老旧小区综合整治、农牧民危旧房改造、农牧民居住条件综合改善工程等项目加快实施，并且不断提升城乡居民居住水平，优化居民住房户型设计和室内布局，为广大人民群众营造了环境优美、服务完善的居住环境。

2. 社会保障体系日趋完善，服务水平不断提升

社会保障是社会的安全网和稳定器，是事关群众切身利益的重大民生问题。建立健全同经济社会发展水平相适应的社会保障体系是实现为人民创造高品质生活的重要保障。社会保障体系日趋完善，社会保障水平不断提升，社保服务更加便利，基本形成了体系完备、架构科学的社会保障制度框架。城乡养老保险、医疗保险实现全覆盖，社会救助体系覆盖全民，社会福利事业走向适度普惠新阶段，养老育幼服务体系不断完善。城市、农村领取居民最低生活保障的人数不断下降，农村五保供养人数逐年降低（见表1）。随着民政救助人员就医“一站式”结算服务功能的启动，已累计为参保群众直接报销医疗费近11805.11万元。

表1　2016～2019年青海省城市、农村低保基本情况

单位：人

项目	2016年	2017年	2018年	2019年
城市居民最低生活保障人数	163219	133875	76572	64355
农村居民最低生活保障人数	515877	426492	308911	280675
农村五保供养人数	23906	20576	17925	16326

资料来源：《青海统计年鉴》。

3. 大力发展社会事业，幸福感明显提升

一是教育事业蓬勃发展，交出满意的民生答卷。2020年，全省公共财政预算支出中教育支出增长7.2%，较2016年上涨2.2%。全省学龄儿童入学率稳定在99.8%，初中毛入学率达120.2%，较2016年上涨9.6个百分点。九年义务教育巩固率达97.0%，较2017年上涨了1.8个百分点。劳动年龄人口平均受教育年限达到8年。全省高中阶段毛入学率达91.8%，较2017年上涨了7.8个百分点。教育领域投入经费275.32亿元，教育项目投资38.19亿元，教育固定资产投资完成25亿元以上，实施新建改扩建项目418个。[①] 二是医疗卫生领域成绩斐然，医疗服务水平大幅提升。医疗卫生事业关乎千家万户，是重大的民生问题，在经济飞速发展的时代，人民群众对健康的要求和对医疗服务的需求也越来越高。青海省始终坚持把人民健康放在优先发展的战略地位，贯彻落实国家和全省卫生健康大会精神。聚焦“健康青海2030”行动计划目标任务，全力部署健康青海建设工作，开创了卫生健康事业改革发展新局面。三是撬动社会力量，健康养老工作扎实推进。近年来，青海省不断完善老年民生保障制度，加大对养老机构的建设和优化，提高老年人健康水平。全省每千名老人拥有的养老机构数由2016年的0.4个，增加至2019年的1.59个。出台《关于推进医疗卫生与养老服务相结合实施意见》《关于深入推进医养结合发展的若干意见》，鼓励养老机构与周边医疗机构签订服务协议，建立协作机制，为机构老年人提供便捷医

① 《青海统计年鉴2020》《青海省2020年国民经济和社会发展统计公报》。

疗服务。全省107所县级以上医疗机构中有93所设立老年病科、老年病门诊或老年病床，141所医疗机构与188所养老机构建立合作关系。民政局、卫计委等相关部门联合推出“社区老年人日间照料服务中心+社区护理站”的社区“双证双营”服务，全省老年人的生活质量得到持续改善。四是全面提升社会治理现代化水平，安全感更有保障。2016年以来，全省每万人口公安机关立案刑事案件数有效下降，每万人拥有律师数稳步增加，法治标准不断提升。针对近年来电信网络诈骗问题，青海省多措并举筑牢了防范电信网络诈骗的高墙，各级公安机关反诈中心注重源头遏制，深入推进公安、银行、通信运营商、互联网公司的协同办公。2019年破获电信网络诈骗案件164起，同比上升27.13%。

二　青海省践行“一优两高”战略存在的主要问题

近年来，青海省坚持生态保护优先毫不动摇，生态环境质量总体保持稳定，但随着国际国内经济发展形势不确定性增强，城镇化速度不断加快，以生态保护促发展、以发展助生态保护的压力越来越大，青海省在践行“一优两高”战略过程中仍存在一些短板和瓶颈问题。

（一）新旧动力转换缓慢，保持经济平稳增长压力仍较大

转型缓慢是青海省经济发展的重要瓶颈。新旧动能仍难有效转换，能源高耗型和资源依赖型企业占比高，产业链条偏短、技术水平不高、发展方式粗放，新经济新动能体量有限。投资增长乏力仍难有效破解，资金保障压力加大、制造业投资疲软、重大项目储备不足、投融资体制不完善等问题日益突出。进出口形势仍难有效逆转，地处高原是青海省的区位短板，市场化水平和开放度低、产业发展对市场变化的反应滞后，使得青海省在外贸主体和自主品牌培育、企业营销服务体系建设、贸易便利化水平提升等方面与外贸强省仍存在较大差距。近年来，随着供给侧结构性改革的不断深入，青海省

加快落后产能淘汰步伐，培育壮大一批特色优势产业，有效带动了经济持续发展。但重化工业和高耗能工业占比依然较大，新兴产业发展仍然缓慢，高新技术产业发展在规模、层次、效益和平台建设方面仍需进一步强化。青海省规模以上工业高耗能行业占比仍然较高，新能源、新材料产业占比有待提升，工业转型升级任务仍然艰巨。

（二）环境防控措施落实不严，人居环境质量存在短板

青海省近几年人居环境质量不断提升，在大气、水、土壤、噪声、辐射污染防治方面采取了许多重要措施，取得了一定成效，但环境防控措施落实不严、协同整治联动性不强、环境治理管理水平不高等现象仍然存在。在大气污染防治方面，部分地区颗粒物浓度背景值较高，空气质量易出现波动；水污染防治方面，部门协同推动流域治污联动性不强，尚未形成系统治理的工作合力，农村饮用水水源地保护基础工作仍需加强；农村环境综合整治方面，农村环保设施运维经费落实不到位，设施运转困难，日常保洁管理机制不健全，存在就地就近堆放掩埋和露天焚烧垃圾现象，污水处理设施运行水平不高，垃圾分类和减量推进难度大。

（三）区域经济发展不均衡，城乡发展差距仍然偏大

发展条件迥异导致的区域发展差距是青海经济发展的重大难题。由于青南地区生态刚性约束力强，发展基础薄弱，转型发展困难，导致区域竞争优势尚未有效形成，青南地区与省内东部地区和柴达木盆地区域间整体组织性差，产业密集度低，各项指标分化，民族地区发展落后，县域经济发展缓慢，省内不同地区、不同功能区和城乡之间发展不均衡的问题还在加深，低水平和重复建设仍然存在，产业同质化、结构趋同化问题亟待解决，区城生态保护、民生改善与经济发展深层次矛盾仍需进一步破解。城乡收入差距依然偏大，2020 年全省城乡居民收入倍差为 2.88 倍，虽逐年下降，但与全国同期平均水平（2.56 倍）相比，仍处于较高水平。从收入绝对数差距看，

城乡收入绝对数差距呈现逐年上升趋势，由2011年的11481元上升为2020年的23164元。[①] 从城乡公共服务水平看，受城乡发展基础、发展条件、投资倾向等因素的影响，城乡之间公共服务均等化水平整体不高，城乡居民享有的教育、医疗、养老、就业、社会保障等公共服务仍有一定的差距。

（四）居民收入增速放缓，消费拉动能力同步减弱

随着消费受居民杠杆率提升、收入增长放缓等因素影响，消费对经济的拉动作用持续走弱，全省社会消费品零售总额连续多个季度呈波动下降的态势。由于青海省产业结构单一、自身生产能力不足，消费品大部分来自外地，消费对经济增长的贡献率相对较低。居民消费内部结构不合理，城乡差距逐步扩大。青海省农牧区人口比重大，居民传统消费占比大，文化娱乐、体育健身、智能家电、生态旅游等新兴消费水平不高。而传统消费市场日趋饱和，汽车类零售额连续呈负增长，网络消费分流影响持续扩大，消费拉动效应逐步减弱。同时，新产品和新服务的供给能力仍难以满足人民群众个性化、多样化、服务化的需求。

（五）创新要素投入不足，人才队伍缺口较大

在“一优两高”战略部署的引领下，青海省创新发展取得了一些成效，但与经济发展的需求和周边省份相比，青海省创新发展的动力还有待提振，全省研究与试验发展经费（R&D）投入强度低，连续多年排名全国后五位，与全国平均水平的差距还在不断扩大，全省有R&D活动的企业占比低。企业科技创新人才短缺，产业升级过程中企业高级经营管理人才和专业技术、设计、技术研发人才，高技能人才短缺以及人难留、人难进的问题仍较突出。与发达省份相比，青海省创新企业主体、公共技术研发平台仍显不足。企业研发主体基数小，整体研发能力弱。新能源、节能环保等高新技术产业虽然发展迅速，但具有较大规模和较强实力的龙头骨干企业仍然偏少。

---

① 《青海统计年鉴2012》《青海省2020年国民经济和社会发展统计公报》。

三 持续深入推进“一优两高”战略的对策建议

根据上述分析研判，课题组认为，“十四五”及今后一段时期内，相关部门需要在进一步结合青海省情实际的基础上，不断深化对经济发展规律的认识，注重生态、经济和社会等工作的统筹推进，由此才能确保“一优两高”战略的不断深化并取得较好的实施效果。

（一）深化生态环保领域改革，稳定提升生态保护成效

强化水环境监督管理，重点关注黄河上游地区和湟水流域，提升污水处理厂排污处理能力，推广提标改造技术，以关键断面水质标准为核心控制节点，着力解决水环境问题。加快与国家和相关省份合作进行湟水、黄河干流等流域的生态补偿机制研究，力争尽早建立“上下游共治、左右岸同治”的水环境保护新体系。推动“煤改电、煤改气”等清洁供暖工作，继续加大力度综合整治城市建筑和道路施工扬尘，全面推行建筑施工“六个百分百”控尘措施。西宁市、海东市等地加快建成大中型建筑施工场地扬尘自动监测及视频监控系统，实现监控数据互通共享、提升科学控尘水平。持续监管高载能、高耗能行业企业排放指标，对污染物排放存在问题的企业严格执行限期治理，深入开展工业污染源排放达标管理。加快土壤污染存量调查，通过农用地土壤污染状况详查，分析污染地块分布及环境风险，建立相关企业土地发开利用负面清单。将综合土壤环境质量作为城市土地供给的重要标准，建立污染地块联动管理机制，土地用途变更、出让、开发时需考虑污染情况，切实保障人居环境安全。大力推进污染源头控制，对重点行业实施综合治理和多污染物协同控制，确保实现环境质量和总量双管控目标。

（二）深化供给侧结构性改革，高质量布局现代化产业体系

从青海省的资源禀赋及其在国家战略中所处的地位出发，紧紧抓住国家

新时代推进西部大开发形成新格局的政策机遇，以创建国家公园示范省、国家清洁能源示范省、绿色有机农畜产品示范省为契机，深入实施“一优两高”战略部署，着力发展特色经济、循环经济、生态经济和“平台经济”，逐步形成具有市场竞争力的产业链。一是着力发展循环经济。以盐湖化工、金属冶金、新能源、新材料等为主，培育产业集群，构建多产业纵向延伸、横向融合的循环经济产业体系。二是加快发展清洁能源。抢抓国家推行高比例可再生能源发展战略、可再生能源电力消纳责任权重等机遇，加快建成海西、海南两个千万千瓦级可再生能源基地，优化开发水、光、风、地热等清洁能源，加快输送通道建设，逐步建成全国重要的新型能源产业基地。三是加快发展特色农牧业。走绿色、高端、品牌、质量的兴农富民之路，重点发展中藏药业、绿色食品业、有机食品加工业和高原生物产业，打造牛羊肉、青稞、枸杞、冷水鱼等特色优势品牌，加快形成全国绿色食品原料标准化生产基地和绿色食品有机农业三次产业融合发展园区，带动农牧业增效、农牧民增收。四是加快发展文化旅游业。积极争取成为国家全域旅游示范省，高起点规划、高标准建设，加快完善旅游基础设施和公共服务体系，构建多层次、特色化、中高端旅游产品体系，提升旅游核心竞争力。着力扶持与农牧民增收直接相关的农家乐、农业观光休闲旅游等乡村旅游项目，使更多农牧业人口从旅游开发中收益。五是加快发展“平台经济”。鼓励和支持三江源、青海湖、祁连山等重点生态功能区州县在西宁、海西、海东等地发展“平台经济”，促进不同区域功能互济、资源互补、协调发展。

（三）加快完善全省城镇体系，推动新型城镇化高质量发展

大力推进“产城融合”，持续提升玉树、德令哈、格尔木等区域城市的影响力，加快推进泛共和盆地相关城镇有序设市，着力培育一批新兴城市，补足青海省中小城市数量偏少的短板。强化制度创新，丰富制度供给，大力推进农牧区人口市民化工作，科学合理设置并放宽落户条件，提升公共服务水平，推动基本公共服务均等化。加大“人地钱”挂钩配套政策实施力度，推进农牧区产权确权登记，维护进城农牧民土地承包权、土地经营权、宅基

地使用权和集体收益分配权，让进城农牧民“带权带资”，无后顾之忧。开展全省特色小镇创建工作，打造一批特色鲜明、优势突出的特色小镇，重点在沿湟水河、沿黄河区域形成若干特色小镇群落，合理布局柴达木、环湖、三江源地区特色小镇，特色小镇和特色小城镇共同推进，使之成为实现乡村振兴和城乡统筹的新平台。以完善产权制度和要素市场化配置为重点，推动城乡规划一体化、要素配置合理化、基础设施联通化、产业发展融合化、公共服务均等化、居民收入均衡化。

（四）增强科技创新服务能力，深入推动创新驱动发展

围绕创新型省份建设，坚持绿色技术创新方向，稳步推进科研体制改革，逐步形成政府引导、企业主导、社会参与、市场运营的投入机制和科研机制。强化知识产权保护，构建科技成果转化平台和机制，促进成果转化。依托科技园区和产业园区，推动在实体经济各行业全面建立共性技术创新平台，支持企业主导建设产业创新中心，继续提升三江源生态与高原农牧业、藏药新药开发等国家重点实验室建设水平。优化以锂开发为主的盐湖资源循环综合高效利用技术，加快建设太阳能、锂电池、特色生物、有色冶金等创新集群，实施“卡脖子”核心关键技术攻关行动，着力突破锂盐高纯化、快充电池、铝镁合金深加工等一批关键技术，扶持一批有发展潜力的中小微企业，招引一批综合效益好的延链、补链项目。开展工业互联网以点扩面行动，促进互联网、大数据、人工智能与实体经济深度融合，推动数字经济发展。进一步加强对人才的引进力度，加强和省外科研机构及高校的合作，联合培养专业技术人才，协调高校相关专业招生向紧缺型人才领域倾斜，制订选拔专业学科人才定向培养计划，加大对高层次专业人才的培训力度，适当放宽艰苦地区医疗、教育、环保等专业技术职务评聘条件。

（五）补齐收入短板，铸就“劳有厚得”的热土

出台各项优惠政策，大力支持企业发展，鼓励创业创新带动就业，努力实现稳定就业，高度重视重点群体就业情况，积极做好全方位就业服务，落

实扩大就业、稳定就业工作，确保老百姓的就业饭碗越端越稳。营造良好的就业环境和就业渠道。促进农民工多渠道就业、引导农村富余劳动力向非农产业转移，通过加强职业技能培训，快速上岗，提高农民工的收入，缩小收入差距。鼓励靠双手勤劳致富，提高劳动收入在初次分配中的比例，逐步提升财产性收入比重。实现经济和居民收入同步增长，劳动生产率、劳动报酬同步提高。吸纳高层次人才，培养一批高技能人才的“排头兵”、提升核心竞争力的“带头人”、产学研用深入融合的“顶梁柱”，使个人价值充分融入时代跳动的脉搏，推动企业进步和国家发展。

B.7
青海矿泉水产业发展现状调查报告

余俭宏　李小赟*

摘　要：近年来，随着青海省委、省政府“一优两高”战略的实施，推动产业绿色高质量发展已经成为工作的主要内容。青海地处长江、黄河、澜沧江的发源地，被誉为“三江之源”“中华水塔”，是世界四大净土区之一，水资源丰富、污染小、品质佳，矿泉水产业发展前景广阔，是可以大力发展的一项重要绿色生态产业。

关键词：矿泉水　产业发展　青海省

省政府研究室会同省工业和信息化厅、省自然资源厅、省市场监管局等相关部门，通过召开座谈会、视频互动、网络查询等形式，调研了青海省矿泉水产业发展现状及存在的问题，提出了相关对策建议。

一　基本情况

根据国际通用标准定义，饮用天然矿泉水是指从地下深处自然涌出的或经钻井采集，含有一定量的矿物质、微量元素或其他成分，在一定区域内未受污染并经采取预防措施避免污染的水。欧洲作为矿泉水的全球发源地，其瓶装水市场以天然矿泉水为主流水种，天然矿泉水已成为瓶装水的第一大选

* 余俭宏，青海省政府研究室一级主任科员；李小赟，青海省政府研究室三级主任科员。

择。随着我国经济社会的发展和人民生活水平的提高，消费者对“健康”的重视程度与日俱增，天然矿泉水正是以其纯净、无糖、低热和有益元素含量丰富成为人们首选饮品之一。

1. 国际市场

近年来，世界矿泉水年产量约3亿吨，其中欧洲有世界上最主要的矿泉水消费国和生产国，也是最成熟的矿泉水市场，年产量高达2.2亿吨。其中，以德国规模最大，其经政府主管部门认定的矿泉水水源有600余处，全国共有250余家矿泉水企业，年生产量达1000万吨以上；法国近年来丢失了欧洲矿泉水产业第一把交椅，仅有50余家矿泉水企业，生产60余个品牌的瓶装矿泉水，市场份额占比较大的有依云（Evian）、佩里埃（Perrier）和维希（Vichy）三大品牌。①

2. 国内市场

截至2018年底，我国共有矿泉水企业670家（大型56家，中型62家，小型及以下552家），从业人员21051人，年生产总规模1250.47万立方米。年产量100万吨以上的大型企业约有10家，② 这些企业构成了我国瓶装矿泉水生产行业的骨干企业。我国矿泉水生产行业已形成以农夫山泉、娃哈哈、乐百氏、养生堂、雀巢为主导的一线品牌，崂山、康师傅、可口可乐、稀世宝、怡力、益宝等有名气的二线品牌及一些实力较差的地方中小企业矿泉水品牌“三足鼎立”的市场格局；其中一线品牌以70%左右的市场份额雄居矿泉水市场的霸主地位。

尽管我国矿泉水市场爆发的时点晚于纯净水、天然水，但根据《中国公众健康饮水蓝皮书》（2018），日常饮用瓶装水的消费群体有75%选择天然矿泉水作为日常饮用水，25%选择纯净水作为日常饮用水。多个第三方资料来源以及调研数据显示，2017年我国矿泉水瓶装与桶装合计市场销售规模约472亿元，约占包装水总体容量的20%，瓶装、桶装矿泉水分别增长

① 《矿泉水行业专题：掘金国民饮水升级趋势，能者为王》，中金公司证券研究报告，2019年8月13日。

② 数据由青海省工业和信息化厅提供。

15%和10%。[①] 在消费者购买力与健康意识不断升级的趋势下，人均矿泉水消费量有明显的提升趋势，矿泉水品类整体呈现更好的成长性。

3. 青海省市场

全省取得矿泉水生产营业执照的企业共有110家，分布在全省8个市、州，其中西宁市26家、海东市31家、海西州19家、海南州8家、海北州7家、黄南州5家、果洛州6家、玉树州8家。注册资本共计26.63亿元，注册资本在2000万元以上的55家。全省110家矿泉水生产企业中已有33家企业注册了72件商标，1家企业获第二届青海省质量奖。2019年全省矿泉水产量约8.6万吨，实现工业总产值6.38亿元。[②]

近年来，以"昆仑山矿泉水有限公司""青海聚能瀞度饮料股份有限公司"等为代表的龙头企业借助中国网球公开赛、APEC会议等高端体育赛事和会议，以及央视"国家品牌计划"等媒体，持续打造青海省矿泉水高端品牌形象，扩大了青海矿泉水影响力，增加了青海矿泉水品牌附加值，促进了青海省矿泉水产业的快速发展。

二　青海省矿泉水产业的发展优势

天然矿泉水是一种稀有宝贵的液态矿产资源，矿泉水资源的开发利用，对生态环境的影响较小并可控。青海是"中华水塔"，水资源丰富，地质环境独特，发展矿泉水产业前景广阔，特别是当前青海省正在大力培育生态、循环、数字、飞地"四种经济形态"，矿泉水产业以其天然、绿色、环保、健康的产品特点引领着消费时尚，发展矿泉水产业既是生态经济的组成部分，又能将青海的资源优势转化为经济优势，使发展成果惠及更多的人民群众。从青海发展矿泉水产业的基础来看，主要有三个方面的优势。

① 《矿泉水行业专题：掘金国民饮水升级趋势，能者为王》，中金公司证券研究报告，2019年8月13日。

② 数据由青海省市场监督管理局提供。

1. 地理优势

青海省是长江、黄河、澜沧江的发源地，被誉为“三江之源”“中华水塔”，水资源丰富，自产水资源总量约629.3亿立方米，每年为下游省区提供近620亿立方米淡水资源，虽然只占全国的2.2%，但这是源头活水，具有不可替代的源头意义和国家象征意义。青海地质构造复杂多样，地层发育较为齐全，岩浆活动频繁、强烈，特别是新生代以来，以强烈隆升为主的新构造运动尤为活跃，各构造带之间存在较大的升降差异，这些地质构造特征，为矿泉水的形成提供了有利条件。截至2019年底，全省已调查（勘查）提交评价储量报告（上储量表）的饮用天然矿泉水矿水源地共24处（大型2处、中型3处、小型19处），允许开采总量为44003立方米/日，理论产值可达到300亿元左右。①

2. 生态优势

青海是世界四大净土区之一。近年来，青海致力于生态环境保护，全力减少经济发展对生态环境的破坏，特别是一些生态保护红线区域，将环境污染控制到了最低限度。省内大多数矿泉水出产地无污染、水质好、水源充足，是天然的绿色饮品，各方对青海省矿泉水资源均给予极高的评价并寄予厚望。同时，青海省有高品质矿泉水生产的良好基础，部分企业采用了严于国家三级防护要求的四级防护体系，引用了具有国际先进水平的德国克朗斯和法国西得乐全自动生产线。在我国水资源日趋紧张、水污染一定程度存在和人们对饮用水标准要求日益提升的情况下，青海省矿泉水具有的独特魅力不言而喻。

3. 品质优势

青海省地处“世界第三极”的青藏高原，千年冰川雪不受外界环境污染，积雪融化渗入岩层，经过数年的深循环，沿着地层断裂带上升，溢出地面，富含大量对人体有益的微量元素和矿物质，且所含元素大都达到并远超国家饮用天然矿泉水标准，呈天然弱碱性。据测定，青海省矿泉水种类多

① 数据由青海省自然资源厅提供。

样，富锶、锌、偏硅酸、游离二氧化碳等类型在省内均有发现，其中以富锶矿泉水居多，主要集中在柴达木盆地及其周边、青南高原、祁连山地区和青海东部地区，是世界上极为少见的优质矿泉，具备开发、利用的先天优势。

三　青海省矿泉水产业发展存在的问题

青海省矿泉水产业虽然优势很突出，但矿泉水资源总体勘查程度偏低，尚不完全清楚“家底”，且自有水资源储量能否支撑产业发展壮大尚不明确，目前允许最大开采量是海西冰峰矿泉水开发有限公司1676立方米/日，其他储存量数据不明，这些都将影响矿泉水产业整体布局和规模化发展。同时产业发展本身也存在许多问题和困难。

1. 生产经营规模偏小

青海省已开发矿泉水矿山生产规模普遍偏低，达不到批准开采规模，矿山开发无序，资源分配散，矿泉水企业规模小、实力差，市场竞争力弱，仍处于发展初级阶段。国内知名品牌娃哈哈1993年注册资本就达5.3亿元，农夫山泉1996年注册资本就达3.6亿元。相对而言，青海矿泉水产业规模小，如西宁新鑫采卤科技有限公司、兴海县温泉天然矿泉水有限公司注册资本仅30万元，果洛州久治水源饮品有限责任公司注册资本仅10万元，产业规模整体偏小，市场份额几乎为零。特别是引领产业发展的龙头企业仍正在培育壮大中，产能10万吨以上的只有2家，规模以上企业3家，全年销售额不到10亿元。即使省内规模最大的昆仑山矿泉水有限公司，设计生产线5条，实际投产仅3条，设计生产规模40万吨/年，2019年开采矿泉水3.3万吨，产值仅2亿元；青海高原特色资源开发有限责任公司（昂思多）设计生产线3条，实际投产3条，设计生产规模5万吨/年，2019年开采矿泉水3.5万吨，产值仅0.6亿元。青海矿泉水企业生产能力总体偏弱，实际生产远未达到设计规模。

2. 产业层次不高

矿泉水产业缺少龙头企业，产品种类单一、缺少特色，高端产品较少，矿泉水市场占有率低，企业抗风险能力弱。目前，市场上的矿泉水知名品牌占据了绝大多数市场份额，包括国内外各大知名品牌，如法国依云、法国巴黎水、百岁山、怡宝、农夫山泉等。2018 年农夫山泉排名第一，市场占有率达 26.40%；怡宝排名第二，市场占有率为 20.90%；百岁山位居第三，市场占有率为 10.10%。而目前青海省相对有名的品牌仅有“昆仑山”一个（隶属于加多宝集团旗下的高档瓶装矿泉水），市场占有率仅 7% 左右，“瀞度”还处于宣传上升阶段，其余都是榜上无名的小品牌，产业发展还处于起步阶段。同时，青海省地处西北高原欠发达地区，矿泉水产业体系不健全，产业链不完整，上游产品供应不足，下游电子商务、公共服务、品牌推广等现代产业服务配套体系发育水平低，制约了矿泉水产业的整体发展。

3. 营销手段滞后

隶属于加多宝集团的“昆仑山”采取了大品牌、大平台、大事件的策略，通过冠名、赞助体育运动赛事、高端知识论坛、娱乐盛典等多种营销方式和手段，实现了品牌知名度的迅速提升。青海聚能瀞度饮料股份有限公司每年营销投入接近 4000 万元，占全年营业收入的 20% ~25%，积极的宣传措施实现了品牌知名度的快速提升。而其他矿泉水品牌，营销意识不强，手段不多，缺乏平台，营销投入有限，如昂思多 2019 年营销投入仅 150 万元，占全年营业收入的 5% 左右。且企业对外发展意愿不强，习惯于“眼睛向内”，在开展对外贸易和吸引外资上，缺乏新思路、新方法和新手段，缺乏走出去的意识、勇气，造成矿泉水产品大部分只能实现内销、很难“走出去”的局面。

4. 企业生产成本高

受青藏高原地区天然地理环境的影响，青海省矿泉水企业分布在不同地域，集中度不高，制约产业集聚效应的有效发挥。水源地基本在偏远地区，包材等主要物料需从华东、华中及西南地区采购，产品外销等物流运输成本偏高，且高海拔气候条件恶劣，人工成本较高，造成企业生产成本整体较平原地区企业偏高。如青海聚能瀞度饮料股份有限公司，企业的包材都从天津、江浙等地采购，仅运输成本就比外省企业高 20% ~25%，总体比本省采购要高出15%左右，产品销售到外省，运输成本又比在省内增加15%～18%，产品在外省销售基本没有优势。

四　下一步产业发展的对策与建议

矿泉水产业是具有生态产业化、产业生态化典型特征的产业，发展矿泉水产业对满足国内外市场对优质矿泉水产品的需求、带动农牧民增收、促进地方经济发展和改善生态环境等都具有重要意义。应该把促进矿泉水产业发展作为培育发展生态经济的一个着力点，制定出台相关政策措施，推动矿泉水产业逐步做大做强。

1. 摸清“家底”，为产业发展做好前期工作

进一步加大矿泉水资源调查（勘查）评价力度，提前做好全省矿泉水资源的点位分布、水质和水量等前期普查工作，并给予资金支持完成物探、钻探等工作，切实查明矿泉水资源的数量和储量，掌握矿泉水资源的“家底”，为青海省做好矿泉水产业的下一步规划和决策、向外推介矿泉水资源、招引国内外大型矿泉水企业投资做好充分准备。

2. 整合资源，集中力量扶持产业做大做强

加强政府引导，做好顶层设计，通过合并、重组、联合等形式，整合小、散、乱的矿泉水企业，塑造品牌形象，统一质量标准，完善溯源体系，建立健全销售监管平台，健全行业自律机制，加强质量监督监管，提高企业经营管理水平，逐步实现资本集中、生产集中、管理集中、营销集中，培育“生态青海、优质矿泉”区域品牌，打造青海“好水”，实现“握指成拳”，推动青海品牌走出高原。同时，加快与国内外大品牌企业洽谈合作，积极引进国内外知名矿泉水企业，借助一线品牌的销售渠道和营销网络，“借梯登高、借船出海”，不断扩大青海省矿泉水品牌的市场影响力。

3. 加强宣传，积极拓宽营销渠道

进一步放宽视野，改进营销手段，加大宣传力度，充分利用网络、电视、报刊等载体，通过赞助APEC会议、冬奥会、CBA、环湖赛、文化旅游

节等重大活动，不断提高青海省矿泉水品牌的知名度和影响力；加强与航空、铁路、加油站、大型连锁酒店、电商平台的商业合作，持续提升青海矿泉水的知晓率和市场占有率；充分利用援青省市的市场资源，多渠道推销矿泉水产品，不断提高市场占有率，把资源优势转化为经济优势。

4. 延伸产业链，鼓励引导企业多元化发展

开发系列产品，充分利用青海天然矿泉水、冰川融水、江河源头的资源和地理优势，优化产品结构，在资源可控的前提下，主攻高端天然饮用水产品；引导企业拓展果蔬汁饮料、功能饮料、茶饮料等产品；鼓励企业在做好自己主营业务的基础上，围绕主业做跨界，利用昆仑山、药水泉等资源优势，推进矿泉水产业与大健康、养生度假、文化旅游产业深度融合，延伸开发功能型产品，通过多元化发展增强企业竞争力和抗风险能力；积极引进矿泉水包材、设备生产等企业，扩大产业集聚效应，推动补链、延链、强链，不断提升产业竞争力。

B.8

疫情背景下的线上经济从“新动力”到“关键动力”对青海电子商务发展的启示

穆　林*

摘　要： 2020年是极其特殊的年份，新冠肺炎疫情在全球多点暴发，给世界经济社会发展带来了前所未有的冲击和影响，部分地区出现了经济“停滞”甚至倒退的现象。与之相反的是，线上经济出现逆势增长，“宅经济”“网络短视频”“无接触服务”等新模式、新业态蓬勃兴起，迎来了发展的“春天”。线上经济正在从拉动经济发展的“新动力”向推动经济高质量发展的“关键动力”转变。习近平总书记在党的十九大报告中明确提出了“网络强国”“数字中国”等发展战略。因此，研究线上经济发展态势，客观分析青海电子商务发展现状和趋势，对于加快推动青海立足新发展阶段、贯彻新发展理念、融入新发展格局，具有十分重要的意义。

关键词： 线上经济　电子商务　青海省

党的十八大以来，以习近平同志为核心的党中央高度重视数字经济的发展，《中共中央关于制定国民经济和社会发展第十四个五年规划和二〇三五年远景目标的建议》中明确要求“加快数字化发展。发展数字经济，推进数字

* 穆林，青海省商务厅办公室副主任，研究方向为开放型经济建设。

产业化和产业数字化，推动数字经济和实体经济深度融合，打造具有国际竞争力的数字产业集群”。习近平总书记在2020年第21期《求是》杂志发表《国家中长期经济社会发展战略若干重大问题》，明确提出“我国线上经济全球领先，在这次疫情防控中发挥了积极作用，线上办公、线上购物、线上教育、线上医疗蓬勃发展并同线下经济深度交融。我们要乘势而上，加快数字经济、数字社会、数字政府建设，推动各领域数字化优化升级，积极参与数字货币、数字税等国际规则制定，塑造新的竞争优势”。由此可见，线上经济发展已经成为构建以国内大循环为主体、国内国际双循环相互促进的新发展格局的重要支撑和关键力量，将对推进“十四五”规划的高质量落实发挥重要作用。

一　中国线上经济发展的总体概况

“线上经济”是电子商务发展的“升级版”，是商家或服务机构基于互联网技术进行的各种商业和服务活动，依托网络平台利用网上营销工具进行产品信息和公司信息推广、远程服务、无接触服务等。近年来，我国线上经济坚持发展与规范并举，依托数字技术加快探索新发展空间，市场规模全球领先，产业结构持续优化，经济社会效益不断提升，对消费、外贸、就业及区域经济发展的促进作用不断显现。

（一）电子商务交易持续增长

国家统计局电子商务交易平台调查显示，2019年，全国电子商务交易额达34.81万亿元，[①] 比上年增长6.7%（见图1）。其中，网络零售额达10.63万亿元，比上年增长16.5%（见图2）；实物商品网络零售额为8.52万亿元，增长19.5%，占社会消费品零售总额的比重为20.7%，对社会消费品零售总额增长的贡献率达45.6%。

① 如无特别说明，本报告全部图表和重要数据均来源于商务部全国电子商务公共服务网站“数据中心”，https：//dzswgf.mofcom.gov.cn。

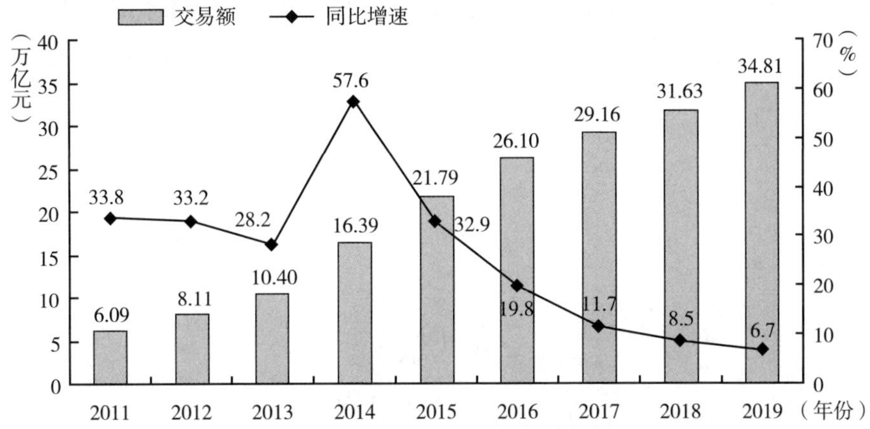

图 1　2011～2019 年中国电子商务交易额及同比增速

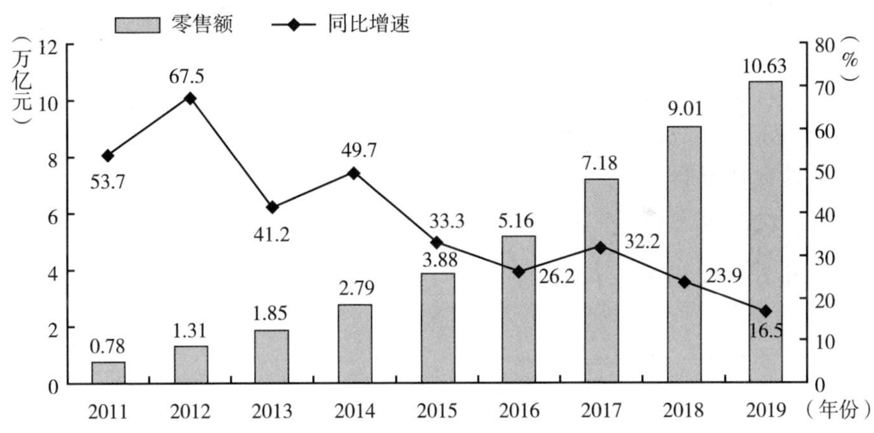

图 2　2011～2019 年中国网络零售额及同比增速

从市场主体看，根据商务大数据监测，重点网络零售平台（含服务类平台）店铺为 1946.9 万家，同比增长 3.4%。其中，实物商品店铺 900.7 万家，占比为 46.2%。

从消费群体看，根据中国互联网络信息中心数据，全国网络购物用户规模已达 7.1 亿人，较 2018 年底增长 1 亿人。

从商品品类看，根据商务大数据监测，服装鞋帽、针纺织品、日用品、家用电器和音像器材网络零售额排名前三，分别占实物商品网络零售额的 24.5%、15.3%和 12.4%。中西医药、化妆品、烟酒、家具等实现较快增长，增速均超过 30%（见图 3）。

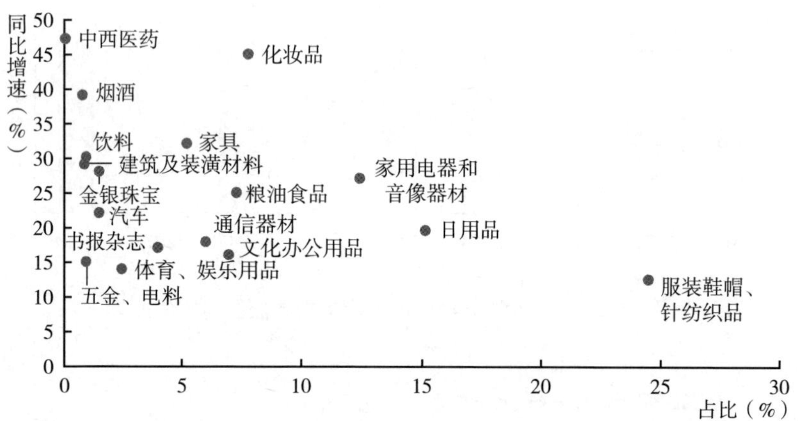

图 3 2019 年中国实物商品各品类网络零售额占比及同比增速

从地区情况看，东部、中部、西部和东北地区网络零售额占全国比重分别为 84.3%、8.8%、5.6%和 1.3%，同比增速分别为 18.5%、23.0%、15.2%和 20.0%（见图 4）。

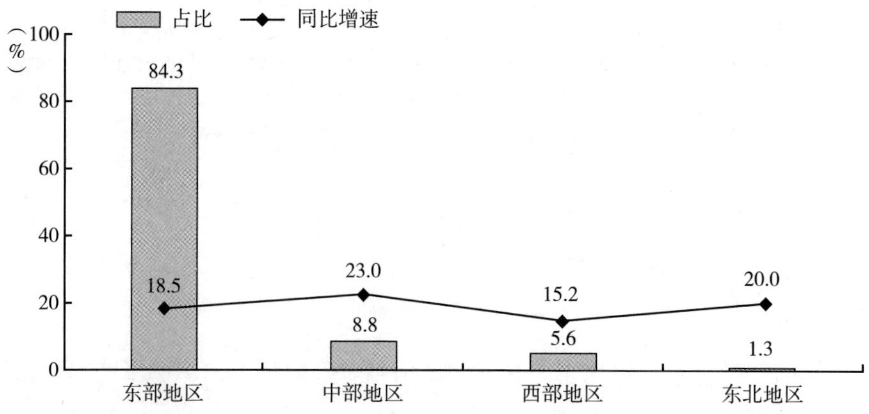

图 4 2019 年中国网络零售市场各区域零售额占比及同比增速

（二）全国农村网络零售额继续保持两位数增长

农村电商步入增长的“快车道”。根据商务大数据监测，2019 年，全国农村网络零售额达 1.70 万亿元，同比增长 19.1%，高于全国网络零售额增速 2.6 个百分点（见图 5）。其中，农村实物商品网络零售额为 1.3 万亿元，占全国农村网络零售额的 78.0%，同比增长 21.2%。全国贫困县网络零售额达 1489.9 亿元，同比增长 18.5%。

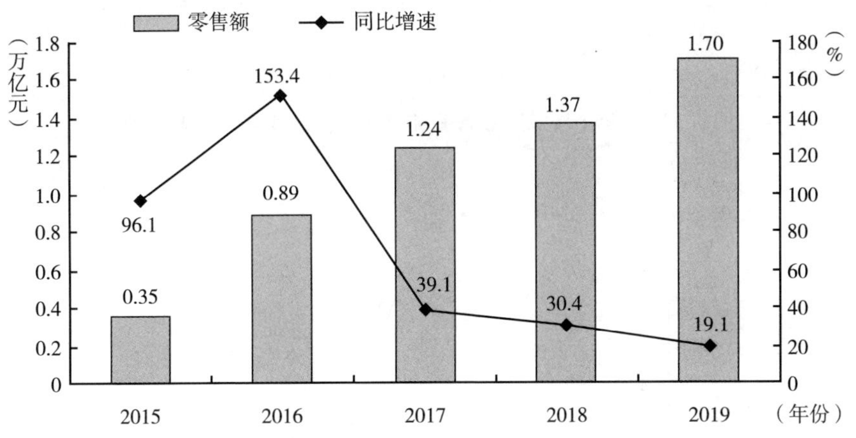

图 5　2015～2019 年中国农村网络零售额及同比增速

全国农产品网络零售额达 3975 亿元，同比增长 27.0%。休闲食品、茶叶和滋补食品销售额排名前三，占比分别为 24.9%、12.0% 和 11.8%；水果、肉禽蛋、奶类和茶叶 4 个品类同比增速均超过 30%（见图 6）。

东部、中部、西部和东北地区农产品网络零售额占全国农村网络零售额的比重分别为 62.6%、19.2%、13.6% 和 4.6%，同比增速分别为 29.6%、23.3%、24.0% 和 21.3%（见图 7）。

（三）跨境电子商务增长势头强劲

跨境电商继续保持增长态势，增长动力、市场结构、发展模式发生积极

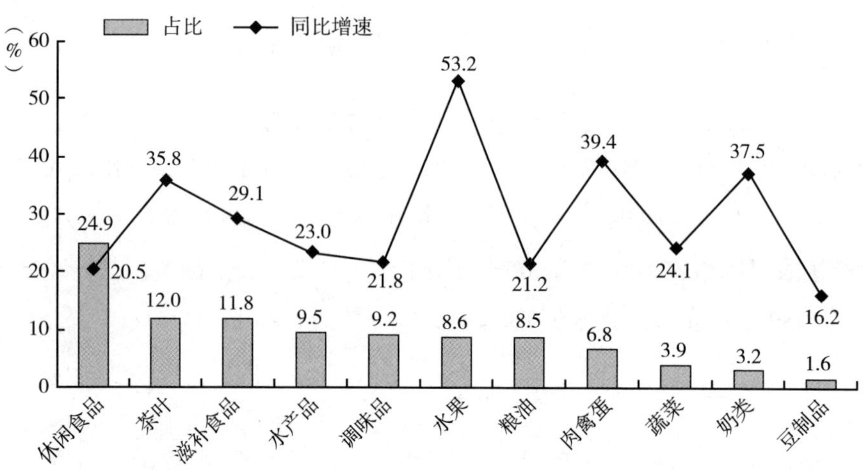

图6　2019年中国农产品各品类网络零售额占比及同比增速

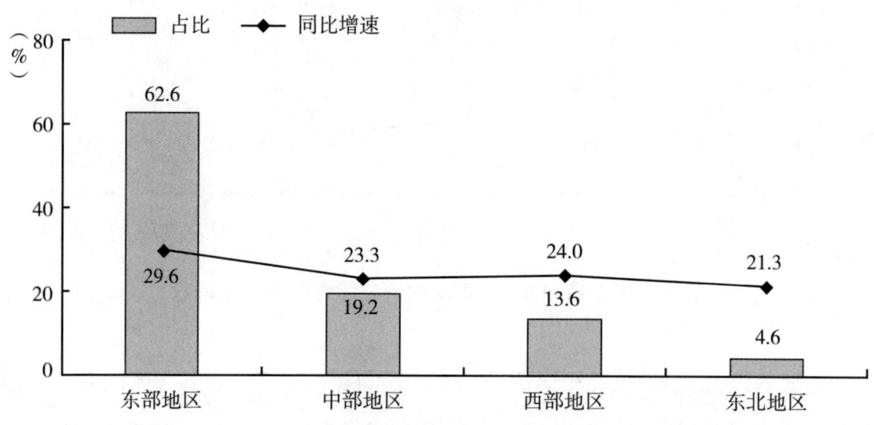

图7　2019年中国农产品网络零售额各区域占比及同比增速

变化，呈现品牌出海、直播营销、社交获客、本土服务等新特征。通过海关跨境电商管理平台交易的的进出口总额从2016年的499.6亿元增长到2019年的1862.1亿元；2019年当年进出口总额同比增速为38.3%（见图8）。

从规模来看，东部沿海地区处于领先地位。2019年，中国跨境电商零售进出口排名前五的省市为广东省、浙江省、河南省、上海市、天津市；从59个跨境电商综合试验区来看，2019年跨境电商零售进出口总额排名前五

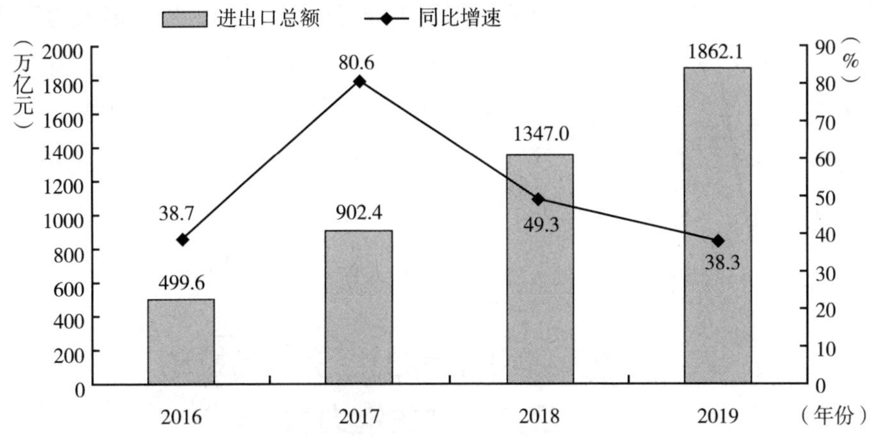

图 8　2016 ~ 2019 年中国跨境电子商务零售进出口总额及同比增速

的城市为东莞市、广州市、深圳市、宁波市、郑州市；从 22 个省会城市来看，2019 年跨境电商零售进出口总额排名前五的城市为广州市、郑州市、杭州市、长沙市、南京市。

从增速来看，中西部地区跨境电商发展迅速。2019 年，中国跨境电商零售进出口总额增速排名前五的省份为河北省、云南省、贵州省、湖南省、海南省，同时内蒙古自治区、辽宁省、黑龙江省、吉林省、广西壮族自治区和甘肃省等都出现成倍增长现象。

（四）电子商务服务业市场规模进一步扩大

电商服务业继续保持稳步增长的趋势，2019 年电商服务业营收额达到 44741 亿元，同比增长 27.2%。其中，电商交易平台服务营收额达 8412 亿元，增速为 27.0%；支撑服务领域的电子支付、电商物流、信息技术服务和信用服务等业务营收额稳步增长，达 17956.9 亿元，增速为 38.1%；衍生服务领域业务营收额进一步增长，达 18372 亿元，增速为 18.3%。同时，电商服务业创新发展不断，涌现出一些新业态、新模式。一是以视频带货服务为主的直播电商快速发展。艾媒咨询数据显示，2019 年，中国直播电商行业的总规模达到 4338 亿元，同比增长 226%。二是电商云服务（云直播、云会议等）已广泛进入各大电商平台。腾讯于2019年12月底推出腾讯会议，为中小企业提供在线会议和协作，其日活跃账户数在两个月内超过1000万。三是人工智能服务已广泛应用于电子商务领域，帮助商家零售和创造更加丰富、高质的产品内容。四是消费应用场景加速融合。2019年，苏宁加速构建线上线下融合消费场景，将全场景零售模式、立体物流配送网络以及供应链的经验能力有机结合，实现线上线下融合的消费场景。

二　疫情背景下，线上经济成为拉动经济的“关键力量”

新冠肺炎疫情暴发初期，很多传统的生活、生产、工作、消费等模式受到制约，人们对生鲜配送、网络医疗、远程办公、在线教育、游戏娱乐等各类线上服务需求激增，生活方式全面走上“云端”，让“线上经济”实现了从“新动力”到“关键动力”的华丽转身。

2020年前三季度，我国网络零售市场形势持续向好，有效减弱了疫情带来的冲击。前三季度全国网络零售额超过8万亿元，同比增长9.7%（见图9），实物商品网络零售额达6.6万亿元，同比增长15.3%，占社会消费品零售总额的比重为24.3%，较上年同期提高4.8个百分点，有力拉动了社会消费品零售总额增长由负转正，数字经济新动能持续发力。

从发展模式来看，商务大数据监测显示，前三季度B2C和C2C交易额分别占网络零售额的75.9%和24.1%；B2C交易额增长11.7%，继续保持规模和增速优势。

从品类来看，前三季度实物商品零售额中，吃类、穿类和用类商品分别增长35.7%、3.3%和16.8%。主要品类已实现同比正增长。其中，中西药品、烟酒和饮料增速排名前三，分别为112.3%、63.1%和35.1%。

从企业营收来看，截至第三季度末，16家在境内外上市的中国网络零售和生活服务电商企业总市值达13.19万亿元。其中，拼多多、阿里巴巴、京东和腾讯控股营业收入增长较快，同比增速分别为58.2%、28.6%、

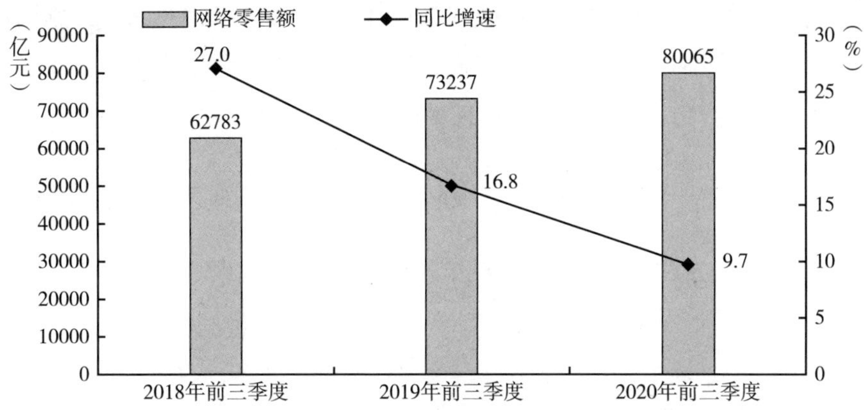

图9　2018～2020年前三季度网络零售额及同比增速

28.0%和27.5%。

从农村电商市场来看，前三季度农村网络零售额达到1.2万亿元，同比增长7.8%，占全国网络零售额的15.1%。农产品网络零售额达2884.1亿元，同比增长34.3%。国家贫困县网络零售额达1128亿元，同比增长15.3%。

（一）以新消费扩内需，线上经济为打通内循环提供动能

疫情冲击下，大量消费需求转向线上，网络市场展现出强大的韧性和活力，成为拉动消费的重要力量。新的商业服务模式和新型消费模式不断拓展，形成了消费市场新的增长点。

1. 无接触配送服务和无人零售兴起

为保证配送环节的“零感染”，多家电商企业先后推出了智能货柜、无人货架、无人机送货等无接触配送服务。

2. 线上买菜等零售业态出现爆发式增长

疫情防控时期消费者足不出户，线上购买生鲜商品的购物习惯加速形成，线上消费在保障居民生活方面发挥了积极作用。

3. “电商节+消费券”有力促进消费回补

商务部门举办第二届“双品网购节”，掀起网购热潮，释放被抑制的消

费需求，带动同期全国网络零售额超4300亿元，其中实物商品销售额同比增长33.3%。多地政府在“双品网购节”“618”期间与电商平台合作，发放消费券，有效拉动线上消费，杠杆率均在10倍以上。

（二）以新模式促发展，在线消费热点不断涌现

健康消费、绿色消费成为消费新趋势，助力“双循环”量质齐升。推动市场主体加快向数字化转型，为更多新业态、新模式发展创造了良好机遇。

1. 直播带货成为破解发展难题的重要手段

为响应疫情防控政策，人们出行受限，大量商铺暂停营业，超市也缩短销售时间，室外活动骤然减少，而直播带货这种线上经济新业态却迎来发展的“春天”。在“万物皆可播、万物皆可带”的理念下，视频直播成为最吸引眼球的事物，重点监测电商平台累计直播场次超2400万场，产品刚上线便被一抢而光，为实体企业发展开辟了一条全新道路。

2. 线上教育成为解决教育压力的重要手段

疫情防控时期，所有相关机构都被迫中止，给线下教育带来了严重冲击。为了实现停课不停学的目标，一大批线上教学应运而生，既涵盖了广泛优质的授课资源，突破了时间和空间上的限制，又丰富了教育形式，把学生的“封闭”时间有效利用起来，对保护师生安全发挥了重要作用。

3. 线上综艺节目用户数量大幅度增长

疫情防控时期，传统综艺形式向新媒体转型发展，视频连线、云录制、云直播等层出不穷，新综艺纷纷上线，极大扩充了疫情防控时期综艺节目的供给，有效缓解了被隔离的心理压力。

4. 游戏行业屡创新高

多家线上游戏产品的下载量和收入流水都呈现高增长态势。疫情防控时期，策略经营游戏、休闲娱乐游戏、动作游戏的用户量不断增加，手游出现百花齐放的局面。

（三）以新动能保市场，线上经济赋能助力稳岗就业

作为经济领域的新动能，线上经济以其自身强大的优势和网络体系，成为保市场、稳就业的重要力量。

1. 线上化转型提高企业经营弹性

疫情防控时期，线上经济成为线下门店、企业和商家获得现金流的重要渠道。通过入驻电商平台、开通直播带货、经营会员微信等数字化方式，企业加快复工复产进程。商务大数据显示，截至 2020 年 4 月底，主要电商平台活跃商家数量就已超过疫情前的水平。

2. 平台破解中小企业发展困境

电商平台通过科技赋能、资源赋能等方式全力支持中小企业生存和发展，为中小企业提供包括区块链电子合同、智能供应链数据服务在内的多项数字化解决方案，特别是在出口转内销的大背景下，电商平台加速推动 C2M 模式与产业带融合，形成了产业带直销线上模式，实现促创新、降成本、补短板。

3. 新模式催生新岗位新职业

网络直播、网络营销、网上外卖等新模式创造了大量就业岗位。据教育部统计，2020 年上半年互联网和电子商务类的岗位总数猛增，比 2019 年增加了近 13 万个。截至同年 6 月 15 日，直播行业的招聘需求同比增长 1.35 倍。

（四）以跨境电商稳外贸，助推消费和产业回流

2020 年，跨境电商在应对复杂外部环境、稳定外贸基本盘方面发挥了突出作用，有效推动了“双循环”相互促进的新发展格局的形成。

1. 跨境电商出口促进国际市场外循环

在跨境电子商务综合试验区扩容和开展 B2B 出口监管试点等利好政策背景下，跨境电商保持良好增长态势。2020 年前三季度跨境电商出口总额逆势上涨，与上年同期增速相当，成为疏通贸易的重要“毛细血管”。

2. 跨境进口电商成为带动消费和产业回流的重要抓手

跨境电商和服务不仅为国际消费品进入中国市场提供了便利条件，还通过供给与需求的对接增强国内市场的黏性。电商平台数据显示，2020 年上半年海外新品牌入驻国内大型电商平台的数量同比增长超 60%，“618”期间海外品牌成交量同比增长 43%，超 4000 个海外品牌同比增长翻倍。

（五）以新流通助扶贫，农村电商为冲刺脱贫攻坚助力

农村电商作为农村流通的新方式，在带动农村农产品上行、创造贫困地区增收等方面发挥着日趋重要的作用。

1. 电商基础服务日益完善打通循环通路

2020 年前三季度，城乡物流日趋完善，快递处理能力提高，承接日趋增长的网购消费。前三季度，农村地区收投快递超 200 亿件，超过 2019 年全年农村地区收投快递数量，2020 年全年农村地区快递处理量增速比城市高 10 个百分点以上，全国 97% 的乡镇有了快递网点。

2. 多措并举推动农产品上行

深入推进电子商务进农村综合示范，在广西、河北、青海等地开展农特产品品牌建设与推介活动，极大激发了农村网络消费潜力。各电商平台通过打造“产地仓 + 销地仓”创新模式，采取产地直播、渠道联动等方式加强农产品数字化流通网络建设，进一步加强农产品产地与用户在互联网两端的联系。

3. 配套产业为脱贫人口提供增收机会

在农村电商的推动下，逐步形成了一系列包括封装、仓配运等在内的农业新物流和新产业基础设施。特别是在中西部农村地区出现的小、快、灵“村级”封装和仓储车间，乡村地区常住人口中包括老人、妇女在内的非技能型人口通过多样性的工作方式，获得更多收入。

三　青海省线上经济继续保持快速增长

疫情防控时期，为有效减少人员接触，青海省及时推出无接触蔬菜配送

和送餐上门等服务，积极组织各类线上促销活动，实现了“线上购物”对“线下购物”的有益补充，线上经济成为满足居家生活需求、保障生活必需品供应、拉动居民消费的重要手段。

（一）组织开展“无接触”配送服务

以“疫情所需、群众所盼、商超所能”为原则，创新保供方式、畅通配送渠道，通过线上下单、线下配送、线上下融合等灵活多样的方式，组织宁食集团等重点商超和连锁便利店，采取“商场/连锁店＋社区＋住户”的形式，开展送货上门服务，配送品类以生活必需品为主，包括米、面、油、蛋、肉、禽、蔬菜、水果、调味品、方便面等，有效减少了群众集中购物带来的交叉感染隐患，方便了群众购物。

（二）推进餐饮后厨网上营业

为推动新冠肺炎疫情防控期间餐饮企业与送餐平台合作，满足项目开工、经营场所营业、学校复课、居民居家等方面用餐需求，商务部门联合省饭店烹饪协会、美团、饿了么、万厨餐饮、东江海鲜等相关单位和企业，推出“网上预订、后厨制作、线下送餐”的用餐方式，积极为疫情防控特殊时期有需求的工地、学校、机关食堂和社区居民等用餐提供便利服务。其中，美团点评集团提供百万补贴，提高餐饮商家的线上交易量，提供免费外卖运营专家服务 2 个月，针对资金紧张的外卖合作商户，提供低利息贷款服务。饿了么推出“企业团餐安心送”服务，解决复工单位用餐需求。在物流方面，对餐饮商户的配送范围、大单配送做针对性优化，给予新上线企业减免佣金、免费进驻“安心专区”、免费享受外卖运营专家服务 1 个月、增加就业岗位等多方面支持。

（三）开展“享网购”系列线上促消费活动

以“百惠齐放享网购、应对疫情促消费”为主题，策划多场各具特色的活动。

1. 组织“双品网购节”促销活动

45 家企业、81 家店铺、200 名网络主播、近 1500 款产品参与，13 天时间销售额超 1700 万元。向西宁市居民（包括外来人员）发放电子消费券，截至 2020 年 10 月底，共核销消费券 28.321 万张，核销金额 484.59 万元，拉动消费 3272.33 万元，杠杆率为 1∶6.75。

2. 举办“首届青海冬虫夏草鲜草节”

利用淘宝、天猫、京东、猪八戒、揽沫沫等电商平台，借助电商平台与新媒体营销方式，通过线上线下联动推广，总销售额高达 7800 多万元，其中线上销售 800 多万元。

3. 举办“享网购·青海美食季”活动

兴业银行西宁分行共发放代金券 2.5 万元，结合媒体宣传及中国银联“云闪付”线上立减优惠活动，开展商户结算手续费减免优惠活动，有效带动顾客消费，提高商户收入。在西宁市香格里拉商圈和力盟商圈分别举办“啤酒节”“火锅节”活动，采用支持啤酒减免、现场抽奖、现金反冲、主持人连线现场互动、网红进店宣传等措施营造活动氛围，提高商户客流及销售额。

4. 联合阿里巴巴集团举办数字生活政企合作座谈会暨“汇聚青海·青货出青”活动

组织百余家企业参与，通过阿里全域营销、供应链链接、金融等多种形态，共建特色产品品牌。截至 2020 年 9 月 24 日，纯牛奶、牛羊肉、酸奶、枸杞、粮油等产品通过阿里平台实现线上销售额 2700 余万元。

（四）引导鼓励发展电商直播带货

1. 组织参与电商直播活动

举办“青清海”全国知名网红公益扶贫节，开展“百名主播助力青海扶贫直播带货活动”，活动当晚直播 5 小时线上销售带货 1217.7 万元，百名主播直播活动及青报商城线上线下促销 978.2 万元。“汇聚青海·青货出青”活动期间，通过达人、网红、明星在淘宝为青海当地特色农产品进行

直播带货，总计线上单链直播带货场次 14 场，吸引 2200 余万人次观看，带动青海特产销售 24 余万元。

2. 积极营造直播带货发展氛围

在青海生态（产业）博览会暨藏毯展期间，举办“首届自媒体创新创业大赛”，省内 80 位选手报名参加，对培育本土网红带货发挥了积极作用。大赛期间，成立青海省第一个新媒体创新研究中心，打造“以自媒体为中心，以产品网为基础”的创业创新孵化平台，为全省自媒体选手输出知识、输出人才、输出好的营销模式。

3. 推进电商进农村直播带货

电商进农村各示范县积极利用网红直播或培育各地农产品生产者直播带货销售本地农特产品。其中，互助县通过“醉美互助”自媒体平台直播带货，每周六举办“互助县农特优产品直播促销活动”，每天直播销售 500 多单。格尔木市在京东等电商平台开展直播活动，推广本地特色产品，孵化本地“爆款”网红品牌；兴海县提出“打造高原电商直播第一村”，逐步完善“电商平台 + 直播带货 + 地区代理 + 专柜营销”的农畜产品营销体系，直播带货销售额实现稳步增长。

（五）加快推进跨境电商发展

2019 年 11 月、2020 年 5 月，青海省海东市、西宁市分别获批成为第四批、第五批全国跨境电子商务综合试验区之一，标志着青海省在促进开放型经济发展方面迈出新的一步。省政府于 2020 年 6 月和 9 月分别印发海东、西宁跨境电商综合试验区建设方案。其中，海东跨境电商综合试验区已建成跨境电商公共服务平台和曹家堡保税物流中心跨境电商业务监管中心等基础设施，并于 2020 年 10 月 29 日正式开通运行首单“1210”业务。西宁跨境电商综试区已开展线上公共服务平台建设项目研究及前期方案设计工作，正积极对接国内知名跨境电商企业和平台，做好优质跨境电商公共综合平台及企业引进工作。

（六）深入推进农村电商快速发展

深入开展电子商务进农村综合示范。围绕健全电商公共服务体系、推动农村商贸流通数字化改造，持续推进 2018 年、2019 年示范县项目建设；争取中央专项资金 6500 万元，新增 3 个新一轮国家电子商务进农村示范县，累计建成 36 个县级电商服务中心，296 个乡镇服务站、2008 个村级服务点，乡村快递服务覆盖率达 91.5%，累计实现网络零售额 9 亿元；会同中国电商扶贫联盟和有关单位，举办“中国（青海）贫困地区特色农产品品牌推介洽谈会暨电商扶贫青海行活动”，借助电商扶贫联盟资源优势，搭建交流合作平台，深挖农特产品生态价值潜力，促进产销衔接，助力青海决战决胜脱贫攻坚，与青海省企业签订采购、战略合作以及平台入驻等多项合作协议，累计涉及金额近 7000 万元。

四　青海电子商务发展面临的主要困难

近年来，青海省的电子商务始终保持较快的发展速度，但受地域条件、产业结构、基础设施、人才等方面的制约，电子商务发展面临诸多现实的困难和棘手的问题。

（一）产业产品结构影响电商发展

从产业发展看，全省第一产业薄弱，第二产业分工不细、缺少精深加工企业。生活必需品等产业严重缺失，这种产业发展的不平衡决定了绝大部分生活必需品等需要从省外购进，尤其是线上消费增长，造成消费额大量外流。从产品结构看，青海省电商销售的主要产品是牛羊肉、虫草、枸杞以及酸奶、手工艺品等，产品结构单一，同质化竞争严重，且受气候等因素影响，产量低、季节性强，难以满足大规模、长时间的线上销售。同时，部分地区的企业产品加工粗略，没有建立标准化生产体系，缺少“三品一标”认证，有知名度的本土品牌较少，品牌打造观念滞后，投入不足，导致很多

农畜产品无法进入大型线上销售平台，出现了“上行少、下行多”“线下直买多、网上外销少”的现象。

（二）电商物流基础设施设备不完善

城市物流配送网络体系相对健全，农村电商虽然已形成“县有服务中心、乡有服务站、村有服务点”的全覆盖模式，但由于青海农牧区气候恶劣、服务半径大，农村电商投入高、效益低，进出村车辆密度小，产品运输较为困难。加之各地冷链物流体系不健全，缺少现代化农产品专用运送车辆，顺丰、申通、中通、韵达等大部分快递公司服务仅到县，乡镇以下只有邮政物流部分覆盖，上行快递服务不畅、物流速度慢。此外，乡镇电商服务站和村级电商服务点功能单一，业务量少，服务意识较弱。

（三）完整供应链和信息系统建设尚不健全

电商缺乏广域的硬件支撑和有效整合，生产商、销售商、电商服务商独立运营，网络通信、金融信贷、网店设计、物流配送等相关配套服务体系有待进一步完善。传统农业生产者和经销商缺乏互联网运营技能和营销经验，对接规模化的农产品电商平台和网络卖家的手段不多，难以维持稳定的网上客源。大部分地区因经济发展基础薄弱，基础配套设施建设滞后，存在产业发展缺乏有效支撑、资源信息共享不畅等问题，极大制约了电商快速健康发展。

（四）物流成本居高不下

青海地广人稀，海拔较高，受农牧区山大沟深特别是乡镇道路条件较差、农牧民居住环境和气候条件恶劣及产品加工能力不强所限，物流基础设施薄弱、运营效率低，物流配送体系建立面对诸多实际困难，适合乡村特点的县至乡村的二级物流网络还未形成，生产、生活资料加工企业数量少、规模小，车辆返程空载率高，导致进出村镇物流成本高，配送效率难以保证。

（五）人才引进储备成为最大难题

当前，各地都在推动电子商务发展，人才竞争异常激烈，北上广深等经济发达地区对电子商务专业人才具有更强吸引力，而青海省由于区域、气候、薪资等条件限制，难以吸引相关人才落地，并且人才引进培养需耗费大量的财力成本，使得企业对于人才培养热情不高。

五　发展机遇

中国电子商务正处于优化结构、提升效益，加快自身高质量发展的关键阶段；正处于与传统产业深入融合、协同发展，加快提升数字经济优势的关键阶段；正处于拓展国际市场、深化国际合作，加快形成互利共赢的国际规则体系的关键阶段。青海作为欠发达地区，既要正视发展过程中自身存在的问题，妥善处理新业态发展的促进与规范、公共服务体系的完善及优化等矛盾，也要充分把握数字经济、消费升级、乡村振兴、区域经济协同发展、更高水平对外开放等国家战略带来的发展机遇。

（一）抢抓创新驱动产业融合发展机遇

融合化、智能化是电子商务的发展趋势，新基础设施将成为电子商务升级发展的阶梯。在技术创新和消费升级的双重作用下，我国电子商务正加速由规模化增长向高质量发展转变。数字技术将更多应用于电子商务场景，电商企业通过数字技术，对产业全链条进行改造和重构，从而创新经营服务模式，增强商品及服务供给，进一步释放消费潜力。在居民消费领域，在线视频、在线教育、在线医疗将迎来更大发展，数字化生活服务平台强势崛起；在企业运营方面，在线办公、资源共享等平台化服务将加速推进，无人技术将迎来更多发展空间。

（二）抢抓区域协调普惠均衡发展机遇

电子商务将进一步向普惠、均衡方向发展，直播电商已步入全面渗透、

高速增长阶段，农产品电商、生鲜电商大有可为，电子商务相关平台将加速走进商品原产地及特色产业带。“下沉市场”的消费潜力将得到进一步释放，中小城市及农村地区电子商务创新创业机会将增多；直播带货、短视频电商、小程序电商、社区拼团、社交分享等新模式加速区域电子商务产业发展；规范经营的网红经济机构、主播达人将成为创业就业新形式。青海应抓住电子商务模式创新带来的机遇，充分学习借鉴发达地区产业及政策经验，深化对电子商务新模式新业态的认知，鼓励线上线下融合发展，培育直播电商等新业态，引进中东部地区功能外迁的电商企业，推动形成符合本土资源禀赋的电商产业。

（三）抢抓国际合作互利共赢发展机遇

随着我国对外开放和“一带一路”建设不断深化，跨境电子商务作为国际贸易新模式，将为全球贸易注入更强大动能，大幅提高贸易便利化水平，形成新型贸易合作关系，加速推动电子商务市场全球化进程。跨境电子商务促成全球卖家将全球商品通过国际化的电子商务交易和服务平台销售给全球各地用户，全球产业在线分工协作渐成大势。中国电商企业将以开放促协同，全方位发挥产业集群优势，打造数字化仓储供应链体系，精细发展跨境物流服务，加快品牌、模式、技术、资本“出海”步伐，推动构建互利共赢、普惠高效、安全可靠、环境友好的全球电子商务产业体系。

六　加快推动青海电子商务发展的几点思考

（一）强化统筹规划，形成工作合力

1. 探索建立一体化发展模式

充分借鉴发达地区的先进经验，结合青海电子商务发展现状，在培育规模化特色产业、平台建设、信息网络、物流快递、道路建设、金融支持、人

才培训等方面，进一步统筹规划、精准施策，科学制定全省电子商务发展规划，明确发展路径，建立数字商务发展领导小组，统筹谋划和推动数字经济重大战略布局、重大政策规划和重大项目建设，建立部门联动、行业协同、地区合作的战略协同机制，细化各部门分工。

2. 充分运用“互联网＋”积极打造新的商业业态和模式

有序发展在线教育，持续推动各类网络教育资源共建共享；积极发展互联网健康医疗服务，持续推动互联网诊疗、药品网络销售等特色服务；进一步支持外卖配送、网约车、即时递送、住宿共享等新业态发展，推动消费线上线下质效提升；支持省内电商企业下沉服务链条，加快传统企业数字化改造和转型升级，引导企业开发更多数字化产品和服务，鼓励线下企业通过线上直播、社交营销开启“云逛街”等新模式；加快推广农产品生鲜冷链配送等服务新模式，组织开展多种形式的线上促销活动，促进品牌提升，扩大品质消费。

3. 加速构建电商与快递物流协同高效的发展体系

鼓励电子商务经营者与快递企业之间加强系统互联和业务联动，探索建立电商企业与快递物流企业大数据中心，利用数据推动电子商务与快递物流企业供应链各主体、各环节设施设备衔接、数据交互舒畅、资源协同共享，实现快递物流提质、增效、降本。

（二）补齐流通基础设施短板，为电商发展提供有力支撑

1. 探索设立物流发展专项资金

充分发挥财政资金的引导和带动作用，加大对快递物流项目的支持力度，通过市场机制带动社会加大对物流业的投入力度，加强对物流业发展薄弱环节建设的支持；将电子商务与快递物流协同发展纳入政策支持范围，加大政策性资金覆盖范围，对资源整合前期盈利存在一定困难但有发展前景的物流企业，给予适当补助，提高其参与服务农村物流的获得感。

2. 抓好乡村服务站点建设

依托现有万村千乡市场工程和农家店，融合邮政、供销、农村淘宝、乐

村淘、京东等现有乡村服务站点，对其进行改造升级，使其具备代购代销、代收代发、金融信贷、缴费充值、信息发布及电子结算等基本服务功能，并拓展叠加其他服务功能，提高其盈利能力，增强可持续性。

3. 提高产品流通化率

配备农产品分级、包装、仓储等产地初加工和商品化预处理设施，完善产、供、销全链条服务，加强鲜活农产品冷链物流、检验检测和安全监控等设施建设，提高本土特色鲜活农产品的物流配送能力；鼓励、支持现有大中型农产品市场加快冷链设施扩容升级，整合农产品市场主体和物流企业冷链资源，通过投资入股等形式，探索在集散地建立冷链物流共同配送联盟。

4. 加强投递末端配套设施建设

推广使用“无接触”配送模式和智慧快件箱等物流终端设备，明确智能快件箱的公共属性，将智能快件箱投放纳入公共服务设施相关规划和老旧小区改造计划；支持和引导电商、快递企业与连锁商业机构、便利店、商务楼宇和小区物业等开展多样化末端配送服务合作，在社区、乡村发展自提柜、冷链储藏柜等配送方式；对“村邮站＋快递超市＋电商服务＋便民服务”模式的寄递企业网点、智能快件箱建设、综合服务站建设，通过给予一次性补贴和年补贴的方式，提高网点、智能快件箱运营企业的存活能力；对建设冷链仓储、配备冷链物流车辆给予适当政策、资金支持。

（三）提升产品质量，打造有影响力的本土品牌

积极推进电子商务与第一、二、三产业深度融合，有针对性地打造适合电商销售的特色产品。支持在省外具有较高认可度的冬虫夏草、蜂产品、乳制品、生物制品等特色农畜产品借助电商平台开拓市场，扩大网销规模。

1. 加速农产品产地标准化建设

依托相关部门、企业和科研机构，制定符合国家标准的农产品产地标准，健全质量安全追溯体系，加强对生产企业的监督管理。

2. 培育本土品牌

从产品标准化、安全、溯源、质量体系建设等方面入手，提升产品质

量，增加产品附加值。注重对现有品牌的保护和对新品牌的培育，探索建立一定区域内农特产品统一品牌，供本地区通过认证的产品共同使用，提高青海农特产品市场价值和品牌影响力。

3. 拓展线上宣传，加大全网销售力度

联合阿里巴巴、京东等知名电商平台，利用多种电商活动进行宣传和促销，达到以点带面的效果。推动农牧区生产、加工、流通企业加快应用电子商务，提高农畜产品的商品化率和电子商务交易比例，进一步拓展特色产品的线上销售。

4. 提高配送效率

支持建设青海省农特产品省外（境外）仓储配送设施，探索成立青海扶贫物流园，提升仓储利用率，减少货物运输路径，降低企业的物流运输快递成本，提高企业的积极性与竞争力；通过大型物流企业已有的运营体系，建设物流监控平台，形成青稞、牦牛肉制品等特色农产品“全程温控、全程监控、绿色安全”的冷链物流服务体系。

（四）搭建合作交流平台，助力产品对接国内国际市场

拥有好的产品是基础，能把好产品“吆喝”卖出去才是关键。应充分借助国内外线上线下大型展会活动的良好平台，组织更多企业参会参展。

1. 扎实办好省内的展会

近年来，随着青海对外开放的不断深入，各类展会活动逐年增多，对于宣传青海、打造品牌、推介产品发挥了积极作用。但总体来看，青海的展会缺少统一规划，举办的层次和水平较低，尚不具备地区知名度和行业影响力。因此，应加强省内展会的统一规划，整合各类资源，集中力量举办1～2个集对外宣传、招商引资、经贸洽谈、产业对接、产品展示等于一体的综合性展会，提升展会的规格、档次，在行业内部树立“风向标”。

2. 积极参与国内外的展会

建立企业参会参展专项补助资金，有计划地组织更多的企业参与“进

博会”“广交会”“西洽会”等国内大型知名展会，为企业搭建展示产品、深化交流的平台，让更多的人了解青海的特色产业产品。

（五）加强人才培育，推动基层人员从事电子商务行业

从现实出发，目前青海的人才引进工作受地域环境、生活环境、待遇环境等多方面的影响，总体并不乐观。因此，在做好外来人才引进工作的同时，应把培育本土电商人才作为推动青海电子商务发展的重中之重。

1. 加强与腾讯、阿里巴巴、京东、华为等优秀的数字型企业合作

加强对电商职业经理人、站点操作人员、村级服务站人员的实操培训，切实提高培训的实效性。依托电子服务中心、省内大专院校和职业教育机构，采取多种形式，培育本土电子商务人才，建立电子商务人才培训长效机制。

2. 积极开展基层（村级）电子商务知识普及培训

加大对大学生、返乡青年、退伍战士、农民电子商务创业培训和农民专业合作社、家庭农场、种养殖大户等新型农民合作组织电子商务技能培训的力度。借力国家实施的“农村电子商务百万英才计划”，重视人才引进，鼓励本土高校毕业生、大学生村官进行电子商务创业，增强基层电子商务骨干力量。

参考文献

商务部电子商务和信息化司：《中国电子商务报告（2019）》。

唐馥希：《浅谈疫情影响下的线上经济模式》，《经济与社会发展研究》2020 年第 21 期。

B.9
疫情背景下青海省稳就业保民生的实践与对策分析

马文慧*

摘　要：　党的十八大以来，有利于更充分更高质量就业的促进机制和保障制度体系建设在青海省委、省政府的领导下不断健全和完善。2020年，青海出台一系列政策措施，把稳就业保就业作为首要民生工程，扎实有序有力推进。青海省继续坚持就业优先战略和积极的就业政策、健全面向全体劳动者的就业能力提升教育培训制度、发挥新经济新业态吸纳就业的作用，实现更充分更高质量就业，这是高质量发展的基础和应有之义，是人民群众美好生活的重要组成部分。

关键词：　就业　民生　青海省

民生是人民幸福之基、社会和谐之本。民生连着民心，民心凝聚民力，关乎国运。党的十九届五中全会提出“民生福祉达到新水平”，这是“十四五”时期经济社会发展的主要目标之一。新发展阶段，增进民生福祉须多解民生之忧、多谋民生之利。2020 年伊始，新冠肺炎疫情的巨大冲击，使我国面临前所未有的国内外形势和困难挑战，党中央直面困难挑战，决策部署抗疫、落实“六稳”“六保”工作任务。其中，稳就业和保就业位居“六

* 马文慧，青海省社会科学院社会学研究所研究员，研究方向为社会学。

稳”“六保”之首，因为就业是最大的民生，是民生之本，稳就业、保就业的首要目的就是保基本民生。党的十九届五中全会提出“实现更加充分更高质量就业”，《中共中央关于制定国民经济和社会发展第十四个五年规划和二〇三五年远景目标的建议》中明确指出“强化就业优先政策。千方百计稳定和扩大就业，坚持经济发展就业导向，扩大就业容量，提升就业质量，促进充分就业，保障劳动者待遇和权益”。[①]

一　党的十八大以来有利于更充分更高质量就业的青海实践

党的十八大以来，保障和改善民生一直是青海省委、省政府的首要奋斗目标。青海制定出台了一系列政策措施，实施了一大批民生工程，部分民生事业走在了全国前列。民之所盼，政之所向，有利于更充分更高质量就业的促进机制和保障制度体系建设不断健全和完善。

（一）强化顶层设计，突出充分高质量就业

稳就业就是保民生，青海制定出台了《青海省人力资源和社会保障事业发展“十三五”规划》、2016～2019 年《全省城乡劳动力技能培训计划实施方案》、《青海省中长期青年发展规划（2018～2025 年）》等一系列规划方案。一是坚持“劳动者自主就业，市场调节就业，政府促进就业和鼓励创业”的方针，实施就业优先战略和积极的就业政策，发挥市场在促进就业创业中的作用，不断健全人力资源市场体系。二是就业援助的制度化、长效性、精准度逐步加强，多渠道多形式扶持困难群体和高校毕业生等重点群体就业。三是不断完善技能人才培养选拔评价机制，职业技能培训与技能评价相辅相成的职业培训新格局初步形成。四是基层就业服务

① 《中共中央关于制定国民经济和社会发展第十四个五年规划和二〇三五年远景目标的建议》，2020 年 10 月 29 日中国共产党第十九届中央委员会第五次全体会议通过。

平台建设得以加强，公共就业服务全方位推进，进一步完善了公共就业服务体系建设。五是支持农牧区劳动力就地就近向第二、第三产业转移就业，规范完善农民工工资保证金制度，促进农牧区富余劳动力转移就业。六是逐步加大创业政策补贴落实力度，鼓励社会资金、金融资本对创新创业的融资支持，促进以创业带动就业。七是失业、工伤保险制度体系不断健全和完善，失业、工伤保险参保覆盖面逐渐扩大，保障了失业、工伤职工的合法权益。

（二）全面深化改革，全力促进就业

青海省持续实施就业优先战略和积极的就业政策，加大政策改革力度，鼓励以创业带动就业等多渠道多形式就业。一是更加积极的就业政策加快实施。全省不断健全政策体系，逐步形成以省政府文件为政策主导，相关配套文件细化操作确保政策落实，覆盖城乡的一揽子政策框架。二是加大创业政策扶持力度，印发一系列创业就业相关文件，将符合条件的人员全部纳入现行创业政策扶持范围。三是扩大就业援助范围，加大城镇就业困难人员帮扶力度，加强实名制动态管理和分类帮扶。四是统筹推进重点群体就业工作，就业扶持政策不断完善，积极鼓励引导城乡劳动者自主就业，着力推进创业带动就业，并不断改进就业服务。五是加强职业教育培训，分类实施精准培训，提高劳动者创业和经营能力。并全面落实政府购买培训成果招投标、培训券使用管理和培训信息实名登记制度。六是围绕“就地就近就业、支持创业带动就业、开展有组织劳务输出、公益岗位托底安置、开展职业培训”等方面调整充实政策措施。七是创新劳动保障监察执法体制，减少执法层级，积极推进劳动保障监察综合执法建设，推行以随机抽取检查对象和执法检查人员为重点的监督检查制度。

（三）满足不同群体就业需求，提供差异化就业服务与保障

通过完善就业扶持政策、改进就业服务、加强职业教育和培训、提供就业援助等措施，为去产能分流安置职工、就业困难人员、未就业大学生、农

牧区劳动力等各类群体就业提供服务与保障。一是以创业引领、基层成长为方向，拓展高校毕业生多元化就业渠道。2016～2020年，统筹实施多项高校基层服务项目，如“西部计划”“三支一扶”“特岗教师”“青南计划”等，累计招募3933人；全省设立高校毕业生见习基地139家，累计有8407人参加见习；实施高校毕业生“能力提升计划”，累计有3.03万名未就业大中专毕业生参加就业专项培训；为3270名困难应届高校毕业生发放一次性求职创业补贴327万元。① 二是就业援助范围逐年扩大。将城镇零就业家庭成员、城乡低保家庭成员、距退休年龄不足5年登记失业人员、残疾人等纳入援助范围，扶持自主择业军转干部、自主就业退役士兵就业创业，确保零就业家庭至少一人就业，累计安置去产能企业职工4398人；2016～2019年，累计向各地区下达就业补助资金30.9亿元。三是促进农牧区富余劳动力转移。积极推进跨区域转移就业，提高转移就业的组织化程度。截至2020年底，全省累计农牧区劳动力转移就业566万人次，年人均劳务收入达7294元。化隆县、门源县和湟源县被评为国家级农村劳动力转移就业工作示范县。扶持24个省级优秀劳务品牌如“海西采摘枸杞”“化隆牛肉拉面”等带动就业，平均每年带动农牧区劳动力转移就业30万人次以上。四是分类实施精准职业教育培训。组织实施企业去产能，职工转业转岗技能提升、新生代农民工职业技能提升，新市民和巾帼家政服务等10个培训项目，加大“创业+技能”职业培训包的培训力度。截至2019年底，全省共培训各类劳动者47.7万人次；实施职业技能提升补贴政策，累计发放补贴837.25万元，惠及职工5114人次。

（四）拓宽就业创业渠道，民生保障主体范围不断扩大

各级政府努力提高就业服务水平，加快形成政府激励、社会支持、劳动者勇于就业创业的新机制，为劳动者提供更加宽松、更加便利的就业创业环境。一是提升就业创业服务质量。深入推进简政放权，结合商事制度

① 除特殊说明外，本文数据均由青海省人社厅提供。

和“放管服”改革要求，将创业培训、贷款发放等多项行政审批职能下放，提升效率和服务能力。举办青海省创业大赛、成果展、大讲堂等活动，为创业者提供交流展示、转化创业成果平台及政策咨询、融资服务、开业指导跟踪扶持、制订创业计划等“一条龙”创业服务。二是拓宽创业融资渠道，加大创业担保贷款扶持力度。积极鼓励省级新兴产业投资引导基金和社会资本进入新兴经济领域为创业者提供更多融资支持。深入推进大众创业、万众创新，全省每年从失业保险基金滚存结余中提取10%，设立省级创业促就业扶持资金，累计投入3.15亿元促进创业载体和平台发展；海东市推行“青海拉面”经济信贷业务，为在广东、浙江等地青海拉面经营者提供信用卡500张，授信额度达到1.14亿万元。2016～2019年，全省累计为8992人兑现各类创业补贴2654万元，设立创业贷款担保基金3.5亿元，发放创业担保贷款21.55亿元，扶持11199人创业，带动就业31325人。三是失业工伤保险参保覆盖面不断扩大，待遇逐年提高。失业保险率先实现基金省级统筹，持续实施阶段性降低失业保险费率政策，总费率由2%降至1%，失业保险金由最低工资标准的72%提高到90%，并建立了失业保险金标准与最低工资标准联动调整机制，失业保险金较“十二五”末增加了1倍；工伤保险连续5年调整长期待遇，伤残津贴、护理费、供养亲属抚恤从“十二五”末人均每月2388元、1539元、1035元提高至3497元、2264元、1525元；非公有制经济特别是私营、小微企业从业人员参保人数稳步增加，截至2019年底，全省43.75万人参加失业保险，74万人参加工伤保险。四是全方位推进公共就业服务。加强基层就业服务平台建设，推动公共就业实现服务精细化、专业化和标准化；开展“春风行动”“高校毕业生就业服务周”等10项公共就业服务专项活动，促进就业。

（五）狠抓就业民生工程，不断提高保障能力

全省大力推进就业项目建设，为增加城乡居民收入、改善人民群众生活营造良好环境。一是推进乡（镇）就业和民生保障服务站项目建设。鼓励

支持乡（镇）就业保障服务站与当地其他公共服务设施共建共享，积极支持人口较多、工作任务较重的乡（镇）建设就业保障服务站291个。“十三五”期间实现省、市（州）、县三级就业和社会保障服务平台建设全覆盖。二是组织实施创业孵化基地建设项目。截至2019年底，全省共建成29家创业孵化基地，西宁和格尔木被评为“国家级创业孵化基地”，入孵企业442家，实现创业带动就业人数超过1.36万人，新建县级创业孵化基地28个，实现创业孵化基地市（州）级全覆盖、县级重点突破。三是组织实施公共实训基地建设项目。积极支持人口较多、任务较重的县（市、区）建设公共职业技能实训基地34个，实现市（州）级公共职业技能实训基地建设基本覆盖。四是培育壮大就业增长点。密切关注新业态和新型产业的发展，对灵活就业、新的就业形态加强政策支持，鼓励社会需求广、就业容量大的家庭服务业、物流业等吸纳就业。

二　稳就业保就业就是千方百计保障和改善民生

新冠肺炎疫情“是新中国成立以来我国遭遇的传播速度最快、感染范围最广、防控难度最大的重大突发公共卫生事件”。[①] 就业成为世界难题。在此艰难时刻，中央提出“在疫情防控常态化前提下，……加大‘六稳’[②] 工作力度，保居民就业、保基本民生、保市场主体、保粮食能源安全、保产业链供应链稳定、保基层运转”，“‘六保’是今年‘六稳’工作的着力点。守住‘六保’底线，就能稳住经济基本盘；以保促稳、稳中求进，就能为全面建成小康社会夯实基础”。[③] 十九届五中全会指出“沉着有力应对各种风险挑战，统筹新冠肺炎疫情防控和经济社会发展工作，把人民生命安全和身体健康放在第一位，把握扩大内需这个战略基点，深化供给侧结构性改

① 《2020年国务院政府工作报告》，2020年5月22日第十三届全国人民代表大会第三次会议。

② 2018年7月中美经贸摩擦加剧，中央提出“六稳”：稳就业、稳金融、稳外贸、稳外资、稳投资、稳预期。

③ 《2020年国务院政府工作报告》，2020年5月22日第十三届全国人民代表大会第三次会议。

革，加大宏观政策应对力度，扎实做好‘六稳’工作、全面落实‘六保’任务”。①

就业居“六稳”“六保”之首，稳住了就业，就稳住了民生“底盘”。青海坚持以人民为中心的发展思想，全省各地出台一系列政策措施，把稳就业保就业作为重大政治责任和首要民生工程，扎实有序有力推进。

（一）全面强化就业优先政策

疫情发生后，全省落实企业社保费“减、免、缓”、失业保险稳岗返还、减轻税收负担、降低融资约束等政策，支持参保企业不裁员或少裁员；千方百计稳就业惠民生，出台强化形势监测分析、优化公共就业服务、提升职业技能、保障重点群体就业等系列举措；开展用工求职“精准对接行动”、外出务工“就业助力行动”、劳务组织“服务提升行动”、重点群体“专场招聘行动”、贫困劳动力“创业指导行动”、定岗定向“技能扶贫行动”等六大行动，助力复工复产；先后出台《青海省阶段性减免企业社会保险费实施细则》《关于开展全省失业保险服务快办行动的通知》等7项政策措施，积极应对疫情冲击，落实政策稳定就业，并深入落实失业保险金申领“畅通领、安全办”政策；稳定就业岗位优先，2020年1月1日至12月31日，对不裁员、少裁员的小微企业，稳岗返还标准提高至企业及其职工上年度缴纳失业保险费的100%；优化稳岗返还流程，取消企业申请环节，通过数据比对，将稳岗返还资金直接拨付至符合条件的企业，努力提高企业的就业吸纳能力；加大创业扶持政策力度，为符合条件的创业群体落实创业担保贷款、创业补贴等政策，落实人社“一网通办”工作部署；加强社保信息网络共享利用，2020年1～3月为197万人次支付三项社会保险待遇43.16亿元。对以单位方式参加三项社会保险的个体工商户，继续参照企业办法享受减免缓政策，对已参加企业职工基本养老保险的个体工商户和各类

① 《中国共产党第十九届中央委员会第五次全体会议公报》，2020年10月29日中国共产党第十九届中央委员会第五次全体会议通过。

灵活就业人员，2020 年缴费困难的可自愿缓缴，并在 2021 年自主选择当年的缴费标准进行补缴；为中小微企业和个体户减免 6 个月房屋租金约 400 万元，对进口的 37 种防控疫情物资免征进口关税；2020 年 3 ~5 月，将小规模纳税人增值税税率由 3% 降低至 1%，为全省小规模纳税人减税 2 亿元左右；4 月 1 日至 12 月 31 日，调减全省定期定额个体工商户月核定营业额的 90%，减免各项税费累计约 4000 万元，惠及个体工商户 13.8 万户，占全部个体工商户的 95.8%。截至 6 月底，全省城镇新增就业 3.59 万人，农牧区劳动力转移 79.02 万人次，城镇登记失业率为 2.2%；已减免养老、失业、工伤保险费 14.68 亿元，惠及企业 2 万余户，有 27.8 万职工得到惠利，为 5561 家参保企业分批发放 2.32 亿元稳岗返还资金，累计减免企业社会保险费 25.72 亿元。截至 9 月底，全省 190 项重点项目实现开复工 187 项，开复工率达 98.4%。

（二）突出重点群体加大帮扶力度

对高校毕业生、困难家庭毕业生、残疾人、农牧民、零就业家庭成员等重点帮扶群体进一步完善就业支持体系，加大帮扶力度，扩大公益性岗位安置，补齐就业工作短板。对高校毕业生、农民工、贫困劳动力等重点群体开展就业服务，通过开展“百日千万网络招聘”“春风行动暨就业援助月”等专项行动，各类线上平台累计发布 5306 家用工企业 14.58 万个（次）用工岗位信息。通过电话联系、上门走访、发送微短信等方式，对贫困劳动力等重点群体失业状况、就业意愿、职业培训等需求进行全面调查，持续开展稳就业送政策、送岗位、送补贴、送培训的“四送”行动，为有就业意愿和培训需求的城乡劳动者，提供政策宣传、职业指导、岗位推送、技能培训等服务。省人社厅等 7 部门出台了《关于做好高校毕业生就业创业推进行动有关工作的通知》，通过“加快岗位开发、扶持创新创业、提供不断线服务、提升就业能力、加大困难帮扶、保护就业权益”等 7 项推进措施，以及就业大数据、高校毕业生就业平台等，帮助扶持全省未就业高校毕业生尽快实现就业。

（三）不断夯实就业公共服务

疫情防控时期，青海通过线上就业服务平台——“青海人社通”App、青海人才市场网、青海省农村信息化服务平台、就业扶贫直通车等大力宣传援企稳岗政策，开展线上招聘服务。充分依托东西部扶贫协作和对口援青工作机制，持续加强与天津、深圳等地的沟通协作，为在省外各大中城市开办经营的2.64万家拉面店和15.6万名从业人员、7万名贫困群众提供精准帮扶。通过“多渠道”鼓励就近就地转移就业、“一对一”推荐重点企业吸纳就业、“点对点”安全有序组织劳务输送、“多平台”组织线上求职线上培训等务实举措，细化政策措施，开展贫困劳动力优先稳岗就业服务，指导用人单位优先留用，对失业者提供转岗服务，确保贫困劳动力随时求助、随时上岗，并对处于长期失业的就业困难人员开展心理疏导、就业观念转变、公益性岗位过渡等就业援助。加强农民工失业登记和均等化公共就业服务，组织开展农民工劳务对接洽谈活动，拓展返乡留乡农民工就业渠道。利用各地劳务输出服务站，加强就业动态监测和形势分析，有效确保就业招聘“求职用工有保障、网络招聘不停歇”。为易地扶贫搬迁群众和生态移民提供“一站式”就业帮扶，通过对各类劳动力的就业意愿、就业能力和培训需求的调查摸底，建立就业服务体系，举办线上线下招聘活动、组织转移就业等务实举措，“稳得住、有就业，逐步能致富”，结合稳就业“四送”活动，累计组织1595家用人单位提供近42493个岗位，举办245场招聘会（其中线上147场），初步达成就业意向协议8562份。全省800人以上的26个搬迁贫困人口集中安置区，截至2020年8月底均已设立公共就业服务站（窗口），全省易地搬迁安置区实现公共就业服务站全覆盖。

（四）充分发挥失业保险金兜底保障

积极应对疫情冲击保就业，关注失业群体和生活困难人员，全面推进失业保险金申领“畅通领、安全办”，落实扩大失业保险保障范围相关政策，

及时为符合条件的参保失业人员申领失业保险金、失业补助金、一次性生活补助等失业保险，大力推进失业保险服务事项“一网通办”。并将参保不足1年的农民工等失业人员纳入常住地保障，逐渐扩大失业保险保障范围。截至2020年3月底，按照每人每月1530元的新标准向3400名失业人员发放失业保险金1309.47万元；向正在领取失业保险金人员发放价格临时补贴160.72万元，惠及8695人次；向137名失业农民工发放一次性生活补助126.98万元。截至6月底，共发放价格临时补贴423.1万元，发放失业保险金2583.46万元，惠及1.69万人次。截至11月底，就业见习、社会保险、公益性岗位等兑现补贴资金6.07亿元。

三 实现更充分更高质量就业保民生的对策建议

就业是人民群众提高收入水平和改善生活的基本前提和基本途径，是人民群众安身立命之本。促进“更高质量”就业，是让劳动者实现体面劳动、全面发展的重要基础；促进“更充分”就业，就是不断扩大就业、创造更多岗位，这始终是一个重大战略问题。实现更充分更高质量就业，是高质量发展的基础和应有之义，是人民群众美好生活的重要组成部分。

（一）继续坚持就业优先战略和积极的就业政策

继续实施就业优先战略，将稳定和扩大就业作为全省经济社会发展的优先目标，强化就业政策与财税、货币、金融、产业、投资、贸易等宏观经济政策和人才、教育、培训、社保等社会政策的衔接、配套、协调、联动，形成有利于促进就业的宏观政策体系，实现经济社会发展与稳定、扩大就业良性互动。坚持经济发展就业导向，引导劳动者转变就业观念，鼓励多渠道多形式就业，优化就业结构，保持就业局势稳定，支持市场主体发展，鼓励创业带动就业，促进以创业带动就业。同时，在体现高质量就业的政策方面，政府发挥导向和引领作用，如不断优化营商环境，加大对创业环境、社会保险、技术转移等方面的帮扶力度；在职工技能提升培训、工作岗位质量等方

面，政府加大监管和扶持力度，加强劳动监督与检查，防止过度劳动成为一种社会惯性。

（二）健全面向全体劳动者的就业能力提升教育培训制度

通过进一步统筹教育发展优先战略和就业优先战略，高等教育和职业教育的人才培养方向、专业和课程设置、理论教学与实践教学等能更好地提升就业、创业能力；加大对规模以上企业和其他社会力量办学机构的技能培训支持力度，传承、创新企业技校和学徒制等优良技工培育传统。针对各类企业职工、就业重点群体、贫困劳动力等群体，重点围绕全省经济社会发展需要，持续开展生态环保产业发展、盐湖资源开发、清洁能源利用、特色农牧业发展、文化旅游发展等职业技能提升行动，技能劳动者占就业总人数、高技能人才数占技能劳动者总数的比例逐年提高；改革完善技能人才评价制度，开展以职业技能等级认定、资格评价和专项职业能力考核为主要内容的技能人才评价制度改革试点，完善宏观管理、标准构建、组织实施、质量监管、服务保障等工作体系，形成有利于技能人才成长和发挥作用的制度环境；不断提高技术工人的政治、经济、社会待遇，探索建立符合技术工人特点的工资分配制度；实现培训对象普惠化、培训资源市场化、培训载体多元化、培训方式多样化、培训管理规范化，大规模开展高质量的职业技能培训，努力培养高技能人才队伍和高素质劳动者；加强农村富余劳动力转移就业培训，提高他们的就业能力。

（三）发挥新经济新业态吸纳就业能力强的作用

近年来，以众筹经济、共享经济、平台经济、直播电商等为代表的“互联网+”新兴业态改变了传统的就业格局，涌现出外卖骑手、快递服务人员、网约车司机、网约配送员、互联网营销师等新型就业形态，并使灵活就业和零工经济日益走红；大数据、物联网、人工智能、5G 网络、区块链等技术创新与产业应用不断推动产生新的就业方式。新经济新业态的组织方式、工作形式等灵活高效，吸纳能力强劲，可提质扩容，创造更多灵活就业

岗位，吸纳更多就业者；通过免部分收费、免营业执照、实施包容审慎监管等优惠措施，落实以税收优惠、创业补贴、创业担保贷款为主的各项优惠政策，切实降低创业经营成本，优化自主创业、灵活就业环境，支持灵活就业人员自主创业；针对灵活就业人员开展技能、创业培训，创新培训方式，落实培训补贴政策，提升就业、创业能力，并提供各项就业、创业服务，维护劳动者的合法劳动权益，研究、制定、提供新业态劳动就业者的各项社会保障制度。

社会篇

Social Chapters

B.10 青海省人力资源发展调查与研究

王定邦　付天珠　赵玉琴　李　蓉*

摘　要：　为全面了解掌握青海省人力资源现状，摸清制约人力资源发展的原因和未来人力资源开发需求，本文围绕人力资源发展重大任务，提出实施“智汇青海”等12项行动计划，健全完善人力资源培养、吸引、使用和保障机制，全面促进青海省人力资源高质量发展。

关键词：　人力资源　高质量发展　青海省

为全面掌握青海省人力资源现状，健全完善人力资源培养、吸引、使用

* 王定邦，青海省人力资源和社会保障厅原党组书记、厅长，研究方向为人力资源与社会保障；付天珠，青海省人力资源和社会保障厅规划统计处处长，研究方向为人社规划与统计；赵玉琴，青海省人力资源和社会保障厅规划统计处四级调研员，研究方向为人社统计；李蓉，青海省人力资源和社会保障厅规划统计处三级主任科员，研究方向为人社规划。

和保障机制，省人力资源社会保障厅课题组对青海省人力资源开发工作进行了专题调查研究。

一　现状与成效

（一）基本状况

“十三五”时期，青海省采取积极有效的政策措施，大力加强人力资源开发利用，人力资源开发取得积极进展，就业结构更趋合理，人力资源素质显著提高，人力资源发展保障条件逐步改善。

1. 人均受教育年限稳步提高，人口素质持续提升

2020 年，青海全省 15 岁及以上人口的人均受教育年限达到 9.38 年；全省青壮年（15 ~ 50 岁）文盲率为 10.61%，比 2015 年末下降 6.02 个百分点，研究生、普通高等教育与中等职业教育在校生人数显著增长，人口受教育结构向更高水平转变。

2. 就业结构更趋合理，人才总量不断增加

全省就业人员总量由 2015 年的 321.4 万人增加到 2020 年的 330.2 万人，累计增加 8.8 万人。一二三产业的就业人员结构由 2015 年的 36%、23%、41%优化为 2020 年的 32%、20%、48%。非公有制经济从业人员占比达 37.96%，比 2015 年上升了 3.56 个百分点。人才资源总量不断增加，人才素质明显提高，人才结构进一步优化。截至 2020 年，全省人才资源总量达到 54.45 万人。围绕建设创新型青海的战略目标，培养和造就了一批具有青海特色的科技领军人才和科技创业人才。

3. 人力资源保障条件逐步改善，发展环境进一步优化

城镇居民人均可支配收入大幅度提高。截至 2020 年，全省共有卫生机构卫生人员 6.21 万人、卫生技术人员 3.68 万人、医院和卫生院床位 4.06 万张。城镇基本养老保险参保人数达 261.15 万人；城镇职工基本医疗保险、城乡居民基本医疗保险参保人数合计超过 413.88 万人。全面推进脱贫攻坚

的任务目标，全省42个县全部退出贫困县，自2016年以来，建档立卡贫困人口累计脱贫53万人。

（二）工作成效

“十三五”时期，青海省紧密结合经济社会发展需求，大力实施人才强省战略，围绕人力资源引进、培养、评价、流动、激励等环节，加强顶层设计，推动体制机制创新，构建人力资源开发政策体系，培养造就高素质人才，走出一条符合青海省情、富有青海特色的人力资源开发之路。

1. 多渠道引才聚才

积极推动多元化柔性引才，依托对口援青机制和东西部扶贫协作机制，推广“青大—清华”组团式引才模式，聚焦重点急需领域人才需求，制定出台《关于进一步依托援青资源开展引才引智工作的实施意见》，建立可持续的智力帮扶机制。注重发挥本土人才与引进人才叠加优势。组建成立“青海省专家人才联合会”，搭建凝聚青海人才的桥梁纽带，挖掘在外的本土人才资源。积极吸引鼓励在外学生回乡发展，制定实施《青海省选调生管理办法（试行）》《青海省校园引才办法（试行）》，累计招录20批3200余名选调生长期在全省各行各业和基层一线工作并成长成才。

2. 加强人力资源培训

重点围绕生态环保、清洁能源、特色农牧业，实施“青海学者”等7项人才工程。实施“高端创新人才千人计划”，累计支持培养本地高层次人才544名。实施“西部之光”访问学者培养工作，累计支持培养中青年人才353名。实施“中端和初级人才培养计划”，推动实施精品培养项目110余项，为基层和重点领域输送和培训专业人才4000余人次。依托国家“三区”人才支持计划，举办唐卡、银铜器制作等培训班80多期，培训县乡文化和旅游专业技术人员、农牧民文化技能技艺人才等4700余人次。

3. 完善人力资源服务体系

构建线上线下融合的“互联网+人社”新格局，推动人力资源公共服务便民化。建立健全全方位、多层次就业扶贫政策体系。以“就业援助月”

"春风行动""就业扶贫行动日"等大型公共就业活动为牵引，开展多形式的就业帮扶活动，贫困劳动力专场招聘会实现县域全覆盖。出台易地扶贫搬迁就业帮扶若干政策，深化易地搬迁就业帮扶和东西部劳务扶贫协作。持续推进人力资源市场"放管服"改革，大力发展人力资源服务业。发布《青海省急需紧缺人才需求目录》，提升引进培养各领域急需紧缺人才的精准度和实效性。

4. 激发创新创业活力

制定印发《分类推进人才评价机制改革实施方案》，深化职称制度改革，修订33个职称系列评价标准，实行基层职称评审"地方粮票"。制定印发《关于实行以增加知识价值为导向分配政策的实施意见》《促进科技成果转化条例》等政策，精简1/4的科研项目管理程序，科技成果转移转化收益比例提高到70%以上。丰富"双创"活动，组织开展"创客中国"、"互联网+"、"双创周"和"中国创新创业赛—青海赛区"等活动。2015年以来，累计孵化创业企业6700余家，带动就业10万人以上。

5. 引导人才向基层流动

创新编制管理和公开招聘方式。对事业单位引进的高层次、急需紧缺人才，设置特设岗位；在基层生态环保、农业、林业等领域实行岗编适度分离，"县乡一体、乡村一体"管理模式。采用柔性、短期服务形式，通过稳定的人才引育平台引导优秀人才到基层服务。提高"三支一扶"人员生活补贴、一次性安家费，实施艰苦边远地区乡村教师生活补助、乡镇工作补贴、高海拔折算工龄补贴等政策，提高基层工作人员待遇。

6. 不断优化人力资源开发环境

完善党管人才领导体制，把人才工作纳入领导班子和领导干部落实党建工作责任制述职内容。建立分层分类联系服务专家制度、专家学者建言资政座谈会制度。优化人才工作环境，推行关心关爱专家人才10条措施。发挥荣誉表彰的精神引领作用，注重加强政治引领、政治吸纳。依托青海精神资源优势，打造"两弹一星"精神、玉树抗震救灾精神等精品党课，深入开展"弘扬爱国奋斗精神、建功立业新时代"活动，引导广大人才把"个人梦”“团队梦”和“中国梦”“青海梦”有机结合起来，传承红色基因、厚植红色种子，增强政治认同、思想认同、情感认同。

二　问题与需求

（一）人力资源开发存在的问题

一是经济社会发展水平相对滞后，制约人力资源开发进程。青海省 GDP 全国排名倒数第二。产业结构不合理，高科技、创新性、规模以上企业数量较少。加之，自然环境艰苦，具有欠发达、多民族、多宗教的独特省情，以及就业观念保守等众多因素制约了人力资源开发进程。二是劳动适龄人口比重逐渐下降，人口老龄化程度日益加深。社会抚养老年人口的负担加重，全省老年人口抚养比由2015 年的7.37%提高到2020 年的8.31%。劳动适龄人口呈现高龄化，抽样调查数据显示，西宁市 40～64 岁劳动适龄人口占比由 2016 年的 35.78%上升到 2020 年的 36.83%，年均增长 0.26 个百分点。未富先老，经济发展压力加大。三是人力资源与产业结构耦合度低，职业能力不足。人力资源与产业结构的耦合度仅处于勉强协调层次。高素质人力资源短缺，科技创新型人才储备不足，技能人才总量不足和结构不合理问题突出，高技能人才短缺，不能完全适应产业发展需求。四是人才资源占人力资源总量比重低，人才结构不合理。据统计，青海人才资源仅占人力资源总量的 17.08%，占劳动年龄人口的 9.74%。从区域结构看，人才资源主要集中在经济相对发达的西宁与海东；从文化程度看，以大学本科、专科为主，本科以上人才比例明显偏低。五是人力资源发展政策效能未得到有效发挥，激励效果不佳。调查显示，人才获知政策的及时性不强，了解程度有限，政策体系还不能满足部分人才和用人单位的需求。部分政策存在令出多门、差异性不足、可操作性不强、激励效果得不到有效发挥等问题。六是人力资源服务供给不足，市场配置人力资源的决定性作用发挥不够。调查显示，青海省接受过专业人力资源服务的用人单位较少，大多数人才还是通过传统的考录招聘形式到青

海工作，人力资源服务业发展水平靠后，居于全国倒数第7位。七是人才发展环境满意度偏低，有待进一步优化。调查显示，普遍认为青海省经济社会发展对人才需求拉动不足是人力资源短缺和岗位空缺的主要原因。

（二）未来人力资源开发的需求

一是人力资源需求。调查显示，普遍认为青海省人力资源需要进一步扩大劳动适龄人口规模、深度挖掘本土人才资源、避免人才外流，同时急需引进和培养高端专业技术人才、经营管理人才和党政人才，加快推进振兴乡村产业发展人才、基础教育人才和社会治理人才。二是人力资源政策需求。调查显示，提升激励政策的吸引力、加大保障政策的供给、提高高层次人才政策的精准度、提升政府管理服务和政策的针对性、加大人力资源开发政策的引导作用是人才和用人单位普遍反映的人力资源政策需求。三是人才发展环境需求。调查显示，人才对工作环境的需求主要集中在专业对口、工资收入水平和就业率等方面；对生活环境的需求主要集中在消费水平、教育设施、医疗服务、文化设施等方面；对市场环境的需求主要集中在企业所需人才的可获得性、经济增长率、市场开放程度、高等院校与企业合作紧密程度等方面。四是人力资源服务需求。调查发现，人力资源培训服务最为紧迫；专业知识、创新能力和团队能力是培训的重点内容；外部培训和研讨、内部培训和实践项目等是培训的理想方式；社会招聘途径更受用人单位青睐；转变政府职能、引进急需紧缺人才与加强现有人才知识技能培训是人力资源开发重点；员工能力素质提升和职称评定是最主要的人力资源管理挑战。五是人力资源机构需求。调查显示，专业化水平和服务质量是选择服务机构的重点考察因素；人力资源公共服务机构更受欢迎；小型人力资源服务机构更符合市场需求；人力资源服务产业园建设备受期待。

三　策略与建议

“十四五”时期，青海省人力资源发展的基本趋势：一是伴随人口老龄

化加剧，劳动年龄人口持续减少，人力、人才资源“双减少”风险加大；二是劳动年龄人口平均受教育年限有所提高，劳动者健康水平和文明程度都将有新的提升；三是信息技术全面影响人力资源市场，劳动岗位和劳动者素质需求将发生变革；四是第三产业就业比例将持续上升，对稳就业产生积极作用；五是人力资源服务体系日趋完善，市场配置人力资源的决定性作用不断增强等。上述情况表明，青海省转向高质量发展阶段对人力资源的数量、质量、结构、分布和效能都提出了新要求，需要积极应对，切实找到聚合人力资源发展的资源能力和推动人力资源整体性开发的现实路径。

（一）重大任务

1. 加大技能教育投入，提高劳动生产率

青海省要持续保持人力资本投入力度，努力把基础教育、职业教育和终身教育贯穿劳动者整个生命周期；着力解决高中阶段中等职业教育与普通教育结构不合理、城乡教育发展不均衡等“短板”问题；实施高技能人才振兴计划，加快职业教育院校和技工院校建设；促进人才工作与教育工作相结合，在职业教育培训、职业技能等级认定和终身职业技能培训制度等方面打破部门“职能局限”。

2. 持续深化体制机制改革，激发人才创新创业活力

要发挥激发人才创新创业活力的政策优势，实现政策举措的一体部署、一体落实、一体督办，抓好方案统筹、力量统筹、进度统筹；深化人才发展体制改革，整合人才工作机构职能；强化人力资源需求研判，制定人力资源开发专项规划；积极应对数字经济给人力资源市场带来的新问题，实现人力资源按市场需要无障碍流动；健全人才资源开发投入机制，重点加大高层次人才培养、紧缺人才引进以及重大人才开发项目的经费保障力度，鼓励支持各市州、行业主管部门设立人才发展基金。

3. 促进人力资源服务业高质量发展，发挥市场在人力资源配置中的决定性作用

进一步破除人力资源服务业在配置人才方面的体制机制障碍。研究制定

促进人力资源服务业发展和鼓励人力资源服务企业服务人力资源配置工作的政策文件。围绕人力资源与经济转型、科技创新的协同发展，完善涵盖法律政策、组织机构、监督管理、人员队伍、技术支持、集聚平台建设等方面的人力资源服务体系。多措并举培育壮大本土人力资源服务企业。聚合国内外知名人力资源服务机构的力量，提升青海人力资源服务供给能力。发挥人力资源服务行业协会等社会组织作用，引导人力资源服务业与青海生态环保等主导产业集群对接融合。打造本土知名品牌，提高行业知名度。

4. 加强城乡一体化发展，助力乡村人才振兴

在巩固拓展脱贫攻坚成果、推进乡村战略实施中，进一步打破城乡二元体制的壁垒；研究制定鼓励和引导人才向农村流动的政策措施，加大户籍、土地、财政、税收、金融、社会保障等方面的政策供给；实施乡村职业结构跃迁的制度安排，扭转农村职业结构与经济发展不相称的局面；建立农村职业结构动态跟踪机制，分析与预测农村产业结构变化、职业变动趋势、人口迁移规律，定期发布《农村职业结构变动趋势报告》；根据农村产业和社会发展需求，探索农村急需紧缺人才动态监测机制，依据农村产业发展调整人才引育方向和重点。

5. 推进东西部合作和省部共建，建立长效合作机制

充分利用与西部兄弟省份地缘相邻、人文相通、产业相近、人才状况相似的条件，鼓励各行业各领域构建人才联盟，推动人才共享共用。通过与沿黄、沿江省份联合开展技术攻关、共建事业平台等，实现创新链、产业链、人才链、政策链、资金链贯通融合效果。立足青海经济社会发展的需要，积极争取国家有关部委的支持，努力实现国家有关科研项目、重大工程、基础设施建设布局及重点实验室、博士后流动站/工作站等落户青海，带动人才、技术、资金向青海会聚。

（二）重点举措

一是实施人力资源整体性开发行动计划。统筹人力资源开发和人才队伍建设，既重视党政人才、企业经营管理人才、专业技术人才、高技能人才和

社会工作人才开发，又重视技术熟练劳动者、乡村实用人才、文化传承人才以及新就业形态领域人力资源开发；既重视培养引进高层次急需紧缺人才，又重视培养使用本土人才。深化人才发展体制机制改革，激发创新创业活力。完善人才评价机制，落实单位职称评审自主权。完善专业技术人员继续教育管理办法，分类制定继续教育科目指南和学习成果认定标准，促进继续教育“学习成果”与职称评审、职业资格认定标准相互衔接。完善技能人才评价体系，建立职业技能等级制度，建立职业资格、职业技能等级与职称、学历比照认定制度。争取有关部门支持，建设国家级继续教育基地和技工院校建设。完善高层次人才工资分配激励机制，落实事业单位在绩效工资总量和工资总额范围内的分配自主权。支持事业单位通过特设岗位引进急需高层次人才。

二是实施“智汇青海”行动计划。聚焦服务青海高质量发展的核心任务、突出矛盾、热点问题，实施“智汇青海”行动计划。研究制定青海科技创新人才柔性引进管理办法，设立科学家工作站（室），邀请发达地区专家人才顾问，对设站（室）单位给予运营（活动）补贴，对入驻站（室）的专家人才给予津贴补贴。探索建立“智汇青海”人才工作平台，建设面向全国优秀专家人才开放的休假活动站点（基地）。支持各类用人单位设立“智汇青海”人才工作站，加大对柔性引才单位的保障和奖励力度。探索“揭榜挂帅”机制，政府发布“英雄帖”招募科研领军人才，通过科技项目培育紧缺型专业人才。建立共享专家人才库，吸引退休教师、医生、科技人员、文化工作者来青海提供有偿服务或志愿服务。支持各方面人才通过“互联网+咨询”方式为青海提供志愿服务或兼职工作。

三是实施“平台引才联盟”行动计划。发挥全国知名大院大所强大的“引才流量”，联合它们的实验室、研发中心，实施“平台引才联盟”行动计划。开展“名企雇主引才联盟计划”，每年组织企业抱团到国内高校开展巡回招聘会，实现抱团引才。聘请产业领军人物、青海籍海外乡贤担任“引才大使”，充分发挥他们的产业影响力和行业号召力，最大限度地发挥“以才引才、以才聚才”的链式效应。加强与高端猎头等类型的人力资源机

构合作，在全球范围、全国范围和全省范围内寻找优秀人才。聚天下英才而用之，选聘国内外相关领域一流科研院所、咨询机构、行业协会和知名企业的专家人才，形成青海急需紧缺人才数据库——人才云基地，形成基础广泛、联系面广、人才荟萃的独特优势，发挥智囊团、思想库、人才库的作用。

四是实施“青凤归巢”行动计划。以乡情乡愁为纽带，面向青海籍企业家、退役军人、高校毕业生等外流人才，实施“青凤归巢”行动计划。构建本土外流人才信息库，及时精准推送青海人才需求信息。开展“青凤归巢”行动，引导海内外青商回归投资设厂，开展产业投资、商务服务、创新载体平台建设和科技成果产业化转化等方面合作。实施青海籍“双一流”高校毕业生回归计划，借鉴发达省份引才政策举措，对自愿回青毕业生直接考核录用招聘，给予住房、工作补贴等优惠政策。建立省外青年人才实践基地、青海籍大学生返乡创新创业实践基地，实施政府对接企事业单位绿色就业渠道政策。搭建企事业单位与优秀青年人才间的互选平台，面向青海籍应届高校毕业生设立基层服务岗位和工作岗位。建立“青海学子”联系网络，跟踪服务青海籍学子成长，关心关爱青年人才。

五是实施特色职教园区建设行动计划。聚焦青海生态环保、清洁能源、特色农牧业等主导产业人力资源需求，推进职业教育规模化、集团化、连锁化发展，实施特色职教园区建设行动计划。探索建立利益分享机制，吸引国内知名职业院校来青海办学或建立分支机构。整合青海范围内各类人力资源培训资源，统筹人社和教育部门的职业教育资源、各部门的培训和能力建设资源，形成全覆盖的职业教育和职业发展提升体系，面向初高中毕业生、返乡民工、下岗职工、退役军人、技能劳动者和农村劳动力等提供职业教育与发展服务。加强宣传推介，吸引其他地区生源到青海接受职业教育，建立与区内外用人单位的毕业生输送机制。加大财政支持力度，探索建立政府、社会和市场多元参与的职业教育投入机制。

六是实施绿色生态人才园建设行动计划。围绕青海产业布局，加大产业引导、政策扶持和环境营造力度，推进人力资源服务专业化发展。用好

“大美青海”的“金名片”，推进绿色生态人才园建设。依托青海独特的生态环境优势，吸引专业性人力资源服务机构落户青海或在青海设立分支机构。成立青海人才服务集团，探索市场化、专业化、规模化、全链条的人才资源开发运营新模式。加快推进省级人力资源服务产业园建设，搭建专业性人力资源服务平台，引导人力资源服务业与绿色产业集群对接融合，提高生态旅游、休闲度假、文化创意、商务服务和专业服务等领域人才的配置能力。开展“互联网＋人力资源服务”行动，建立“智汇青海”微信公众号，提升人才服务信息化水平。

七是实施“人才绿谷”建设行动计划。立足省级生态文明先行示范区建设，探索建立“反磁力吸引”的“人才绿谷”，实现人才管理服务科学化、规范化、专业化。汇聚发达地区人才配套资源，集齐满足高端人才生活品质的关键要素，建设全国发达地区外溢人才聚集地和高端产业精英人才交会场。营造机遇多、平台高的良好工作环境，打造生态、教育、医疗、网络、购物条件较好的生活环境，提高人才幸福指数。加大教育、文化、医疗、交通、饮食、消费、社交、休闲等方面的精准化公共服务、产业服务和生活服务。运用互联网、云计算和大数据等信息化技术手段，搭建“青海人才安心系统”，建设人才交流驿站，促使不同文化背景的人才找到认同感、归属感，进而进行相互交流、碰撞、共享灵感，激发创新创业活力。

八是实施本土人才能力提升行动计划。强化党政干部人才和社会公共服务领域人才队伍综合素质，支持机关事业单位设立专项经费围绕提升综合治理能力持续开展业务培训。分领域探索实施专业技术和技能人才特色学徒制传承工程，支持名师、名医、文化名家、能工巧匠工作室建设，打造本土人才能力提升主阵地。扶持开展青海企业名家经验交流、早餐会、创业沙龙活动。开展科技振兴农业、人才振兴乡村行动，加大对农业产业项目科技帮扶力度，探索从农村实用人才中培育产业带头人。制定社会基层治理人才继续教育工作方案，发挥党校、农广校、电大等教育资源和平台的作用。建立政府部门、产业单位、职业院校人才培养联动机制，推动人才需求和培养信息的发布与对接，探索用人单位主导的产教融合的职业院校办学方式。

九是实施青年人才托举行动计划。完善青年人才工作的领导机制和工作体系，加大与各支人才队伍联合培养青年英才工作力度。围绕人才基础性培养和战略性开发，建立多层次、分渠道的青年英才培养体系。重视青年人才的思想教育和政治吸纳，加强青年人才的思想引导。健全青年人才的选拔、评估、激励机制，建设优秀青年人才储备库。建立健全对青年人才普惠性支持措施，加大教育、科技和其他各类人才工程项目对青年人才培养支持力度。支持企事业单位结合专业引进高水平人才，对引进高端人才给予一定的补贴。依托科技示范园、众创空间、工程技术研究中心等载体平台，完善青年人才就业创业孵化机制。持续实施优秀青年人才培养资助工作，优化支持资金使用管理方式。

十是实施高层次交流平台打造行动计划。吸引国内外知名企业在青海设立研发中心、创新创业中心和区域总部，引进国内外学术组织团体、顶级学术研讨会议等落户青海。出台支持央属单位人才在青海“柔性”流动，科研设备仪器、分析检测设备等科技资源向青海企业、机构开放，科技成果就地转移转化的专项政策。支持央属单位与青海企事业单位合作开展科技攻关，共建技术服务平台、前沿实验室、产业技术研究院、孵化基地，联合培养人才。围绕青海主导产业发展，加强与先进国家（地区）相关领域人才的专业交流。根据青海产业发展需求，开发急需紧缺人才需求目录。采取全职、柔性引进等方式引进相关专业人才。通过资格互认、标准引进、异地培养和同比认证等方式，培育相关产业急需紧缺人才。

十一是实施区域协同发展平台建设行动计划。完善与西部地区、“一带一路”、长江经济带、黄河生态经济带等区域的人才工作沟通机制，形成日常信息通报和重点工作多边互动。畅通区域间的部门横向沟通渠道，开展经常性的短期工作互访、长期实践锻炼活动。设立科技、教育、医疗卫生、农业等领域互动平台，支撑和服务西部地区、“一带一路”、长江经济带、黄河生态经济带等区域人才协作工作，对平台运营单位给予经费补贴或项目资金支持，对优秀合作平台给予奖励。围绕共性产业联合组织举办干部挂职、人才引进、人才交流、人才评比等活动，在旅游、科技等领域建立产业人才联盟，在教育、医疗卫生、环保气象等方面设立专业人才协会，推动区域人才互认与共享。探索实施区域间科技成果转移转化收益共享政策。

十二是实施人才发展环境优化行动计划。全面提升全省各部门的人才工作意识，强化人才教育理念，更新“人才发展”到“发展人才”、“人力资源发展”到“发展人力资源”理念，主动延伸人才服务由“窗口”到“门口”。鼓励社会资本参与人才发展环境建设工作，对在服务内容、硬件设施、场地空间等方面设立面向人才开设服务单元的企业给予必要支持。在凸显地域特色的场所和地点，建设普惠性人才会客厅、人才活动室、人才图书馆、人才服务站，对于社会单位建设的场所给予活动或运营补贴。支持专业人才服务机构在政策范围内开展人才服务事项的代理、代办，给各服务事项受理、审批部门给予必要协助。加大教育、医疗等人才公共服务供给，提升高端服务供给的数量与人均占有量。

（三）保障措施

一是加强组织领导。成立由青海省委省政府主要领导挂帅，组织、发改、财政、教育、科技、人社、工信等部门参加的人力资源开发工作领导小组，统筹规划和统一领导青海人力资源开发工作。完善青海省人力资源开发工作管理体制，研究建立人力资源开发工作联席会议制度，统筹推动人力资源开发，形成统分结合、纵向联动、横向联合、协调高效、整体推进的人力资源开发工作运行机制。

二是强化责任落实。压实“一把手”抓“第一资源”的责任。分解人力资源开发目标任务，明确各项改革路线图、时间表，明确各项任务的责任主体，评估并配备充足的工作力量，以此作为相关职能部门的考核内容。强化各项任务的追踪和反馈机制，做到各项分解任务“可动态追踪”“可动态调节”，除定期考核外，更需要根据实际情况及时反馈并补足漏洞，为各项人力资源开发工作的落实提供保障。

三是创新管理体制。健全市场化、社会化的人力资源开发体制。建立人力资源服务权力清单和责任清单，清理规范招聘、评价、流动等环节中的行

政审批和收费事项。积极培育人力资源咨询、高端人才猎头等专业化服务机构。推进人力资源服务产业园建设，探索取消高层次人才服务机构行政许可，支持高层次人才服务企业向创投、孵化等环节延伸。创新编制管理方式，建立健全编制动态调整机制。

四是优化财政扶持。设立青海人力资源开发基金会，加强对各领域符合相关考核标准的特殊人才和优秀人才的保障与支持，探索建立人力资源投入绩效评价体系，提高投资效益。按照经济转型升级和创业创新要求，调整财政支出结构，加大人力资源专项资金投入，优先保障人才相关工作实施所需配套财政资金。科学配置政府人力资源投入，满足高层次人才引进计划等重大人才项目实施的需求。建议在重大建设和科研项目经费中，适当提高人力资源开发的投入比例。

五是加强基础建设。建立和完善人力资源年度调查统计制度、预测预警制度、年度发展报告制度。构建涵盖人力资源总量、结构、集聚力、投入和效能等 5 个维度的人力资源发展监测指标体系。建立社会化、开放式的人力资源信息共享机制，加快建设各级各类人力资源信息库。开展人才理论研究，积极探索新时期人力资源开发规律。加强队伍建设，全面提升人力资源开发工作能力素质和专业水平。

六是加大宣传力度。加强人力资源开发工作的重要性、紧迫性宣传，扩大青海人力资源开发工作的影响力和覆盖面。优化建设青海人力资源开发网和人才网，面向社会各界大力宣传青海的人力资源开发政策，及时发布人力资源需求信息，加大政策宣传力度。强化典型示范、突出导向作用，大力宣传人力资源开发中的成功经验和典型案例。创新宣传方式，充分运用各类新闻媒体，采取灵活多样的形式，做好宣传推广工作，努力营造良好的社会氛围。

B.11
推进高原美丽城镇示范省建设体制机制研究

白宗科*

摘　要： 为深入贯彻落实党的十九届四中全会精神，开创治青理政制度创新和治理能力建设，推进高原美丽城镇示范省建设，本文通过详细梳理青海城镇建设发展情况，分析当前城镇建设体制机制中存在的主要问题，并结合青海高原实际，围绕新时期城镇现代化治理体系和治理能力创新工作新要求，借鉴国内推进美丽城镇建设先进经验，就青海推进高原美丽城镇示范省建设体制机制进行了深入研究。

关键词： 高原美丽城镇示范省　现代化治理体系　青海省

党的十八大提出了“美丽中国”战略，党的十九大报告指出加快生态文明建设，建设“美丽中国”。“美丽城镇”是“美丽中国”的重要组成部分，城镇的绿色发展和人居环境的优化是高质量发展的重要表现。为深入贯彻落实习近平新时代中国特色社会主义思想和党的十八大、十九大关于“美丽中国”的相关重大部署要求，以具体行动践行新发展理念和“一优两高”战略，用实际行动加快青海新型城镇化步伐。省委、省政府审时度势，提出以部省共建方式建设高原美丽城镇示范省，以“高原美丽城镇”建设

---

* 白宗科，青海省住房和城乡建设厅副厅长，研究方向为城乡规划与建设。

为抓手，全面推进青海新型城镇化，创新高原城镇发展新模式，实现城镇发展新突破，进一步提高青海城镇发展质量，创造城镇高品质生活。

一　推进高原美丽城镇示范省体制机制建设的意义

建设高原美丽城镇示范省，体制机制是关键。要用改革的思维创新体制机制，完善高原美丽城镇治理体系，充分运用现代化治理能力打破城镇建设发展的壁垒，提升高原美丽城镇治理能力，全面推进高原美丽城镇建设，使城镇成为经济社会发展的重要载体、人民群众安居乐业的和谐家园，实现城镇生态、安全、宜居、人文、活力、开放发展。

（一）践行党和国家对青海工作要求的重要举措

青海最大的价值在生态，最大的责任在生态，最大的潜力也在生态。随着“一带一路”、长江经济带、黄河生态经济带、新时代西部大开发等国家战略的深入推进，支撑青海城镇经济、民生和生态发展的条件已发生深刻变化，“引黄济宁”等国家重大工程正在重塑青海城镇的基础条件、生态格局和空间格局，青海城镇治理的体系化建设正在迈入更加成熟、稳定的阶段。省委、省政府决定创新城镇建设发展方式，开展高原美丽城镇示范省创建工作，在体制机制和治理能力上有所突破，践行落实党和国家对青海工作要求的重要举措。

（二）地方治理制度建设和治理能力提升的重要内容

党的十九届四中全会强调要“把我国制度优势更好转化为国家治理效能”，拓展了国家治理体系和治理能力的广度和深度。城镇规划建设管理作为地方治理的重要内容，主要是着力在城镇建设管理制度体系上补短板、强弱项，构建符合高原城镇发展需要的系统完备、科学有效的体制机制体系，对加强城镇规划建设管理、提升地方治理制度建设和治理能力具有重要意义。

（三）体制机制创新是建设高原美丽城镇示范省的内在要求

在“美丽中国”战略下，高原美丽城镇建设更强调生态美、环境美、人文美、设施美、生活美，建设方式上更强调坚持百年思维、问题导向、目标导向和结果导向，建设途径上更强调通过政府、市场、社会各方力量的参与和协同。高原美丽城镇建设不仅是着眼于当前和今后一个时期青海新型城镇化发展的重要推动力量，更是制度和体制机制创新协同城镇内涵式发展的重要战略举措，是实现城镇创新驱动发展的重要战略选择。

（四）建设高原美丽城镇示范省的根本动力

创新是引领发展的第一动力。推进高原美丽城镇建设，关键在于体制机制的创新。城镇的建设和发展充满强大的韧性，其原因除了城镇巨大的发展潜力外，更重要的是城镇通过面向城市服务乡村的职能，推动经济社会发展，推动民生改善。当前，青海城镇建设已由粗放式阶段转向内涵式高质量发展阶段，处在转变发展方式、优化空间布局、转换增长动力的攻关期，建设现代化城镇体系作为跨越关口的迫切要求和青海发展的战略目标，依然离不开改革的保驾护航。

二　青海城镇建设发展现状

城镇是全省经济社会发展的重要载体，城镇的高质量发展直接关乎青海的高质量发展。进入新时代，省委、省政府面向青海现代化发展全局，做出统筹推进新型城镇化的重大部署，城镇在全省经济社会发展中的支撑作用日益凸显。截至 2019 年，青海省常住人口 607. 82 万人，城镇化率 55. 52%，城镇化处于加速发展时期。全省一半以上人口居住、生活、工作在城镇，城镇正在步入高质量发展的新阶段。

党的十八大以来，青海立足生态立省战略，突出城镇高质量发展，聚焦新时期人民群众对美好生活的新期望，大力实施城乡人居环境改善工程、美丽城镇和高原美丽城乡建设等，一大批城镇基础设施和公共服务设施相继建成，使城镇面貌发生了深刻变化，人民群众的幸福感、获得感、安全感明显提升。

（一）城镇发展现状

1. 城镇体系不断完善

立足全省经济社会发展总体布局，加快建设以西宁为中心的城市群、西部地区柴达木城市带、环青海湖地区城镇圈、三江源地区生态城镇，沿青藏铁（公）路和沿黄城镇发展带的全省“一群两区多点”城镇化格局。以西宁为中心城市，以海东、格尔木为副中心城市，以德令哈、玉树、茫崖小城市和39个州府县城为骨干、143个小城镇为基础的协调发展城镇体系已形成。

2. 城镇经济承载能力不断增强

随着城镇间人流、物流、资金流和信息流的交往加速，城镇成为全省固定资产投资和消费的主阵地，2019年城镇消费品零售额为704.87亿元，城镇常住居民人均可支配收入为3.38万元，城镇占全社会固定资产投资的50%以上，城镇占全省社会消费品零售总额构成的80%，创造了60%以上的GDP，居民生活质量和幸福指数不断提高。城镇投资有力地促进了全省经济稳定增长，全省产业结构比例为10.2∶39.1∶50.7，第三产业增加值增长到1350.07亿元。城镇促进农村富裕劳动力从传统农业生产中解放出来，仅2019年农牧区劳动力转移就业达113.07万人次，农村常住居民人均可支配收入为11499元。

3. 城镇市政基础设施水平显著提升

青海城市县城市政公用基础设施建设更加完善，全省城市市政公用设施建设固定资产投资由2014年的47.11亿元增长至2018年的125.52亿元。截至2019年底，全省城市县城建成区面积由356.78平方公里提升到406.82平方公里，以不足1%的国土承载了55%的人口。城镇建成区路网密度由5.71公里/平方公里提升到6.56公里/平方公里，供水普及率由97.5%提升

到98.22%、生活污水处理率从53.58%提升到89.23%、生活垃圾无害化处理率从73.11%提升到93.75%、燃气普及率从71.49%提升到82.44%、建成区绿化覆盖率从22.06%提升到29.69%。

4. 城镇文化特色不断彰显

结合交通枢纽、商贸集散地、旅游景区、资源开发区等建设，一批具有高原民族特色、地域风貌和时代特征特色的城镇相继建成，刚察措温波藏城、天境祁连、门源百里花海、贵德清清黄河、茶卡柴达木门户、新玉树等小城镇（市）独具魅力。西宁唐道、力盟商业街等"网红"街区聚集人气，不断刺激市井经济发展。全省现有1个国家历史文化名城、1个中国历史文化名镇和5个中国历史文化名村、123个国家级传统村落，共划定4条历史文化街区，确定83处历史建筑，"历史文化名城—历史文化街区—历史文化名镇名村—历史建筑"的保护体系初步构建。

（二）城镇建设管理体制机制现状

1. 建立健全组织领导机构

全省相继成立了由省级领导挂帅的城乡规划领导小组、高原美丽城镇建设领导小组、西宁—海东都市圈协调推进工作领导小组等组织机构，建立了新型城镇化建设领导联席会议制度、城市管理体制改革联席会议制度，形成了党委统一领导、政府牵头负责、部门合力推动的城乡建设工作推进机制，构建了部门协作、上下联动、齐抓共管的工作格局。

2. 健全政策法规体系

省委、省政府印发了《关于贯彻新发展理念统筹推进新型城镇化的实施纲要（2019—2035年）》《关于坚持生态保护优先推动高质量发展创造高品质生活若干意见》《关于进一步加强城市规划建设管理工作的实施意见》《关于深入推进城市执法体制改革改进城市管理工作的实施意见》。省政府印发了《关于青海省美丽城镇建设的指导意见》《关于加快推进城镇基础设施建设的意见》等一系列政策性指导文件，省人大常委会和省政府颁布实施了《青海省实施〈中华人民共和国城乡规划法〉办法》《青海省促进绿色

建筑发展办法》《青海省燃气管理条例》等地方法规和规章，为城乡规划建设管理提供了强有力的政策支撑和法制保障。

3. 完善建设资金投入机制

形成了中央资金支持、省级财政稳定投入和地方政府配套投入的城乡建设资金保障机制。健全金融支持机制，积极发挥开发性、政策性金融对住房建设和市政基础设施建设的支持作用，各地利用国家开发银行青海分行、农业发展银行青海分行等的金融贷款实施了一批市政基础设施重点项目。探索推进政府与社会资本合作（PPP）模式，海东市地下综合管廊项目以1.36亿元的财政资金撬动34.13亿元管廊项目投资的做法，2016年被国务院列为“督查发现的典型经验做法”。创新完善供水、供热和污水、垃圾等行业绿色价格形成机制，发挥价格杠杆引导资源优化配置作用，激发社会力量参与市政基础设施建设管理活力，全省37座污水处理厂通过政府购买服务实现社会化委托经营，占到总数的70%。

4. 完善规划引领机制

编制了《青海省城镇体系规划（2015—2030年）》《青海省城乡一体化规划》《青海省东部城市群城镇体系规划》《兰州—西宁城市群发展规划青海省实施方案》等重点规划以及城市、县城总体规划和县域村镇体系规划。发挥行业规划和专项规划在行业发展和项目生成方面的管控和引领作用。通过持续开展“住房城乡建设行业发展五年规划”，“城乡生活垃圾、污水处理等市政基础设施建设专项规划”，进一步完善了城市、县城供水排水、园林绿化、市政交通等市政基础设施专项规划体系，科学确定了发展目标和实施路径。

5. 健全城镇安全保障机制

创新城乡建设领域安全监管方式，推行“双随机、一公开”和“四不两直”制度，加快信用体系建设，不断加大不良行为信息公开和惩戒力度。建立健全隐患排查治理常态化制度，不断完善安全风险分级管控和隐患排查治理双重预防机制，推行“清单式”管理。加强应急能力建设，编制了住房城乡建设领域安全生产应急手册和重点行业应急预案，市政公用设施管理企业专（兼）职应急队伍逐步建立。

6. 深化城镇管理体制改革

理顺管理体制，整合管理职能，下移执法中心，推行网格化管理，推动城市管理走向城市治理，省级和市（州）层面陆续成立城市管理综合执法局，进一步规范和加强了城市执法行为。强化市政公用设施运行管理，建立了生活污水、垃圾设施评估通报制度和城镇供水水质抽样检测制度、水质信息公开制度。

（三）城镇建设体制机制存在的问题

1. 城镇规划建设管理体制机制不健全

城镇规划体制亟待改革，现行规划体系改革推进还未与生态立省和环境保护要求密切结合，规划并联审批制度尚未形成，规划社会监督和公众参与机制不健全。“多规合一”管控效能不强，规划统筹建设体制不顺，行业专项规划编制力度不足。城镇建设体制不健全，城镇建设效能评价体系缺失，建设项目生成机制不完善，造成城镇建设项目靶向性、精准性不强。对高原地区建设标准和规范的系统性研究不够，城镇建设标准和规范体系不完善。特别是城镇绿色建造体系尚未建立，致使建设标准低、品质不高，绿色城镇（区）推进缓慢。城镇建设投融资体系不够健全，城镇建设资金主要靠政府财政投入，社会多元投资体系尚未成熟，社会资本参与城镇建设投资运营渠道不畅，融资渠道和手段少，建设资金短缺现象普遍存在。一方面建设资金不足，另一方面“撒胡椒面”重复投资。城镇建设管理制度体系不完善，城镇公共安全防控机制不健全，动态监测、隐患排查、有效治理的防控格局尚未形成。城镇建设管理制度体系不完善，没有建立起与现代化治理能力相适应、相匹配的城镇建设管理体系架构。城镇风貌有效管控机制尚未建立，历史文化保护体系有待完善。城乡统筹机制尚未完全建立，城、镇、村良好互动格局尚未形成。

2. 城镇治理能力和治理水平亟待提升

治理思维尚需更新。因长期以农牧业发展为主，一些地区领导意识、群

众观念受农牧业社会发展的影响，观念跟不上新要求，城镇管理水平不高。在城乡建设管理上还有缺失，比如，乡镇生活垃圾、污水管理缺失，标准不健全，城镇建设中一些专项规划和相关标准编制缺失，一些城镇“发育不足”，大部分城镇市政设施指标低于全国平均水平。缺乏对城镇文化内涵的研究和对生态、文化特色的系统思考，历史文化遗存保护不到位，一些城镇建筑“贪大、媚洋、求怪”，城镇形象雷同，缺乏个性风格和文化品位。城镇设施运行水平偏低，系统解决办法不多，手段不新，被动应付。基础设施运营成本居高不下，服务价格定价标准和收缴率低的矛盾突出。城镇安全风险防范能力还需加强，城镇安全防控、应对紧急风险能力不足，城镇安全隐患尚未根治，应急能力和设施建设亟待加强。城镇社会治理创新能力不足，机构不全、编制少、缺少专职人员等问题普遍存在，层级联动不多，多元主体参与城镇建设积极性不高，技术支撑力量不够。

三　建立和完善推进高原美丽城镇示范省建设体制机制

建立和完善高原美丽城镇示范省建设体制机制总体设计思路是：围绕合力推动建设，建立统筹协调工作机制；围绕建设不精准现象，建立项目生成机制；围绕塑造人文城镇建设，建立文化特色风貌创建机制；围绕城镇安全防范工作，建立城镇安全格局机制；围绕“一优两高”战略，建立城镇绿色发展机制；围绕乡村振兴战略，建立城乡融合发展机制；围绕建设资金来源，建立城镇投融资机制；围绕法治、标准和考核工作，建立健全保障体系；围绕城镇管理，建立现代化城镇管理机制。

（一）探索建立高原美丽城镇绿色建设发展机制

建立生态保护与城镇发展协同制度，突出城镇和资源环境空间均衡发展，制定国土空间规划和空间管控机制，协同自然保护地体系构建并优化全省城镇化格局，分地区建立一体化协同机制。建立和完善“城市生态修复和功能修补”机制，有计划、有步骤地修复被破坏的城镇自然生态环境。完善城镇基础设施绿色发展机制，综合开发利用城镇地下空间资源，统筹地下管廊建设和各类市政管线敷设。因地制宜建立城镇废物绿色处理体系，建立健全城乡市政公用基础设施一体化发展机制。建立健全城乡绿色建造机制，建立覆盖规划、设计、施工、竣工及运营管理的整套绿色标准体系。大力推广“装配式建筑+低能耗+清洁能源建筑”绿色建造方式，实现由传统建造方式到高品质建造方式的转变。

（二）探索建立高原美丽城镇安全格局机制

建立城镇建设治理一体化的长效管理机制，强化城镇市政设施源头防控，排查城镇市政公用基础设施的运营安全隐患，形成管理台账。建立城镇基础设施动态更新改造制度，梯次改造使用年限超龄的城镇市政设施管网。建立和完善城镇减灾防灾体系和安全综合防控网络，加快城镇应急指挥体系和应急保障体系建设。加强城镇安全监管信息化建设，建立数字化管理平台，完善多部门协同预警和响应处置机制。建立健全应急保障体系，按标准配套建设防灾应急物资保障储备设施和防灾应急避难场所，满足应急避难要求。建立省级重大事故应急指挥体系，统筹协调地方政府和相关部门开展事故救援、应急处置和恢复等工作。强化日常巡查制度，加强部门协同联动，加大对人员密集、问题多发场所和区域的巡查频率，保障城市（镇）运行安全有序。

（三）探索建立高原美丽城镇文化特色风貌创建机制

健全城乡历史文化保护传承和利用制度，完善保护标准，建立国家级、省级城乡历史文化保护体系。城市、县政府建立城乡历史文化资源普查、申报、测绘、建档、挂牌、监督和修缮制度，提高历史文化城区和街区的宜居性。加强城市（镇）风貌管控工作，分地区制定的《城镇风貌导则》，将城市设计管控要求纳入城镇建设项目规划审批全过程。建立城镇更新发展机制，采用“绣花”“织补”的微改造、微更新方式，实施城镇有机更新。

（四）探索建立城乡融合发展机制

全面落实乡村振兴战略，制定《青海省高原美丽乡村建设标准》，按照村庄自然环境禀赋、发展现状和建设规模，分类建设高原美丽乡村。精准定位村庄优势，打造一批各具特色的村庄，提升村庄品位和档次。持续开展农牧民居住条件改善工程，提升农牧民住房设施配套水平和舒适程度。协同大中小城镇高标准建设特色小镇和特色小城镇，充分发挥小城镇面向城市服务乡村的职能，促进农牧民向小城镇聚集转移，有效配置基础设施和公共服务设施，培育乡村特色产业，提升生产、生活保障能力，辐射带动周边村庄整体协同发展。

（五）探索建立高原美丽城镇项目建设机制

系统制定市政公用基础设施普查技术导则、既有建筑普查技术导则、老旧小区及危旧住房普查技术导则等普查标准体系。建立城镇建成区市政公用基础设施领域定期普查制度，全面摸清城镇底数。建立和完善“一年一体检、五年一评估”的常态化工作机制，找准城市“病灶”，实现对城镇规划建设管理过程的动态评估和能效评价，科学评判城镇运行水平。结合城镇体检评估、设施能效评价和安全隐患大排查结果，科学编制城镇规划，科学引导生成高原美丽城镇建设项目储备库。要充分运用平台，建立健全建设项目并联审批制度。

（六）探索健全高原美丽城镇投融资机制

完善开发性和政策性金融支持制度，鼓励政策性、开发性、商业性金融机构适度参与高原美丽城镇建设，构建多层次金融供给体系，吸引各类社会资本和金融机构聚集投入，降低民间资本进入城镇基础设施建设领域投资的门槛。建立健全资金管理使用责任制和风险管控机制，定期开展资金使用管理监督检查，考核资金到位及利用成效，督导资金使用责任主体加强资金风险管理，充分保障资金安全和风险可控。

（七）探索完善高原美丽城镇示范省建设保障体系

出台《青海省高原美丽城镇建设促进条例》及其配套法规，分区分级搭建高原美丽城镇建设标准体系框架，有效支撑和规范城镇健康发展。科学制定绩效考核目标，重点评价各部门、各地区推动高原美丽城镇示范建设工作的总体情况。加强过程管理，注重对评价指标的日常监测。

（八）探索高原美丽城镇示范省建设统筹协调工作机制

积极融入“一带一路”、黄河流域生态保护和高质量发展、兰西城市群建设等国家倡议和重大战略，不断深化省部合作内容，协调住房和城乡建设部等国家相关部委，协同推进国家公园示范省、民族团结示范省、清洁能源示范省、有机农畜产品示范省、高原美丽城镇示范省建设。充分运用对口援青和东西部扶贫协作工作机制，探索建立与周边省区城镇高质量发展之路。建立技术专家服务机制和专家库，大力开展“技术下乡”。以政府、社会和公众为城镇治理的多元主体，探索决策共谋、发展共建、建设共管、效果共评、成果共享的治理模式。

B.12

“十四五”青海农村牧区产业融合发展形势分析与预测

邵春益　邵林山*

摘　要：党的十九大报告指出,实施乡村振兴战略,促进农村一二三产业融合发展,支持和鼓励农民就业创业,拓宽增收渠道。这既是新时代做好“三农”工作的总方略,也是乡村振兴的思路与路径。本报告在深入分析农牧区产业融合发展现状的基础上,提出了“十四五”时期的发展思路、实现路径和重点举措。

关键词：农牧区　产业融合　乡村振兴　青海省

“十三五”以来，青海省先后出台了一系列支持政策，开展试点示范，大力推进农村牧区一二三产业融合发展，取得明显成效。但相较于发达省区，青海省农牧业与二三产业融合程度低、层次浅，产业融合发展受土地、资金、人才等资源要素约束较为显著。本报告在深入分析农牧区产业融合发展现状的基础上，提出了“十四五”时期的发展思路、实现路径和重点举措。

一　农村牧区产业融合发展现状

农村牧区一二三产业融合发展，是以农牧业为基本依托，通过产业链条

* 邵春益，青海省社会科学院生态环境研究中心特聘研究员，青海省农业农村厅工程咨询师，青海荒原农牧乡村振兴研究中心研究员，研究方向为区域经济与“三农”问题；邵林山，青海荒原农牧乡村振兴研究中心执行董事。

延伸、产业融合、技术渗透、体制创新等方式，将资本、技术以及资源要素进行跨界集约化配置，拓宽农民增收渠道、构建现代农业产业体系，加快转变农牧业发展方式，达到一产、二产和三产的全面融合发展。截至2019年底，全省主要农畜产品加工转化率达57.9%，比“十二五”末增长7.7%。农业与休闲旅游、教育文化等深度融合，休闲农业和乡村旅游，实现营业收入24.7亿元，创造利润10亿元。2018年，全省农村常住居民人均可支配收入10393元，首次突破万元大关，2019年同比增长10.6%，达到11499元。①

（一）探索多种产业融合模式，为农村牧区发展注入新活力

1.大农业“内向”融合模式

新型经营主体以土地流转、农业特色优势资源为依托，种植与养殖相结合，大力推进草地生态畜牧业、农牧交错区循环农业和农区规模养殖业，启动草牧业和粮改饲发展草食畜牧业试点，以体系创新、技术创新、推广方式创新为主要内容的农业生产方式在全省各地得到快速发展，一些传统资源被唤醒、农业潜力被激发，有力推动了农业特色产业发展，调整优化了区域布局和产业结构，构建起农业发展新格局。如海晏县以政策引导、金融扶持、项目整合等措施为抓手，大力支持和引导龙头企业建基地、拓市场、带农户，发挥引领辐射和示范带动作用。夏华公司通过“公司+基地+专业合作社+农户”的经营模式，每年与农牧户建立万亩饲草料订单，与农牧民专业合作社签订3000头犊牛订单协议，带动农牧户1270户。海晏县以畜牧业转型升级为突破口，加快规模养殖小区建设，积极打造标准化养殖场27家，畜禽规模化养殖比重提高到30%。通过两年多的创建，全县农村产业融合程度不断提高，经济发展步伐加快，涌现出以夏华公司为代表的从饲草料种植到餐饮的“八位一体”生态产业模式。

① 本报告引用数据均由青海省农业农村厅乡村产业处提供并核实。

2. 产加销“顺向”融合模式

将全产业链、全价值链等现代产业运营方式引入农业，加快农业与加工业、流通业融合发展，催生主食工厂化、中央厨房、农商直供和农村电子商务等多种新业态。加快区域特色优势产业发展，重点打造牦牛、青稞特色产业集群，着力培育藏羊、枸杞、冷水鱼、油菜、马铃薯、饲草、有机肥等优势产业，引导各产业逐步走上规范化、标准化、规模化轨道，发展壮大产业集群，打造高原特色和绿色有机农畜产品品牌。实施《牦牛和青稞产业发展三年行动计划（2018—2020 年）》，青海省牦牛产业集群已列入国家重点扶持的农业产业集群行列。依托农业优势资源，把建设现代农业产业园作为转方式、提质量的重要平台。出台推进全省现代农业产业园发展意见和总体规划。省政府先后批准认定了海东富硒现代农业产业园、门源县“百里花海”产业园、贵南县过马营草产业园等 16 家省级产业园区；创建了乐都区（富硒蔬果产业）、湟源县（草产业）、玉树市（牦牛产业）、互助县（蔬菜产业）共 4 个县为农村一二三产业融合发展先导区试点县。都兰县枸杞产业园、泽库县生态畜牧业示范园区被农业农村部、财政部认定为国家现代农业产业园；2019 ~ 2020 年，青海省三江集团贵南草业公司、海晏县、河南县、乌兰县莫河骆驼场、湟源县先后被国家发展和改革委员会、农业农村部等 7 部委认定为国家农村产业融合发展示范园。重点支持大通县景阳镇农业产业强镇、湟源县大华镇饲草产业强镇、祁连县扎麻什乡农业产业强镇等 9 个产业强镇建设。各地积极发展牛羊肉等农畜产品精深加工，加快打造西宁南川工业园藏毯、绒毛、牛羊肉加工产业集群，生物园区乳制品、枸杞、沙棘加工产业集群，德令哈、诺木洪枸杞加工产业集群，湟中区、互助县油菜籽加工产业集群，门源县食用菌、蜂蜜产业集群，逐步提升产业集群规模和发展质量。加快“菜篮子”工程建设，推行蔬菜贮运保鲜、原料预处理、净菜配送、“农超对接”以及综合利用等功能拓展业态创新，农畜产品加工由数量型增长向质量提升转变，初步形成了规范化、标准化、精细化、规模化、系列化生产。建立了农畜产品流通体系，全省建成保鲜库 90 余处，库容达 32 万吨；农畜产品批发市场发展到 390 多家，年销售收入超过 2000 万元的农畜产品交易市场达

193 家，其中农业农村部认定为定点批发市场 14 家，有 75 个合作社开展“农社对接”“农校对接”服务，产销对接更加顺畅。从事农畜产品流通、科技咨询、信息交流等中介服务活动的农村经纪人达 1 万余人。主要农畜产品在宏观层面上的“产、加、销”产业“顺向”融合模式基本形成。

3. 农文旅“横向”融合模式

在政府带动、市场拉动、政策推动、创新驱动下，农村产业横向融合发展步伐加快，力推传统农耕文化、草原游牧文化、民族风情文化与现代农牧业、科技、教育、生态、旅游、康养等产业深度融合发展，支持休闲农牧业和乡村旅游业等新业态创新发展。抓住“国家公园示范省”建设机遇和农文旅融合发展新机遇，创新乡村农文旅融合发展方式，推动农文旅融合走“新”路；创新发展思路，推动农文旅融合谋“深”意。在文化内涵挖掘与旅游资源品位提升、文化遗产保护与旅游产品开发等方面创新思路、勇于实践，推动农文旅融合做“实”事。应用现代科学技术和经营机制，着力提升融合发展质量，推进农文旅融合见“实”效，促进农村生态效益、经济效益、社会效益协调发展，参与农村产业融合发展的新型经营主体和广大农牧民分享到了产业创新振兴的增值红利。经过几年创新发展，陆续涌现出门源县东旭村华热藏族民俗风情休闲观光旅游景区、大通县边麻沟村花海景区等一大批各具特色的乡村休闲旅游景区景点和农文旅融合新业态，丰富了乡村旅游产品，拓展了服务功能，提高了服务水平。支持发展了鲁沙尔银铜器加工产业，同仁县唐卡等非遗文化产品，西宁、海东各县区青绣和各地独特的制陶、石刻等乡村民间工艺产业和丰富多彩的传统民族用品及民族工艺品，成为充满地域民族文化特色的乡村旅游商品，扩大了乡村特色文化产业影响力。利用互联网技术建设智慧乡村，拓展了乡村产业横向融合空间，提升了乡村休闲旅游业经营管理服务水平和网络营销能力。

截至 2020 年，经国家相关部委遴选，青海省入选全国乡村旅游重点村 28 个、中国美丽休闲乡村 28 个、全国休闲农牧业与乡村旅游示范点 15 个、中国美丽田园 3 个，2020 年 11 月，刚察县入选第二批国家全域旅游示范区创建名单；省级休闲农牧业示范点 135 个。全省共有各类休闲农业经营主体

2210 家，休闲农业从业人员 3.32 万人，年接待游客量达 1533.35 万人次，实现营业收入 17.84 亿元，创利润 5.58 亿元。

4. 新技术渗透“逆向”融合模式

促进农业与信息产业融合，催生数字农业、直播农业、农业众筹等智慧型农业。充分利用高新技术特别是信息技术的渗透性和倍增性，提高传统农业的效率。实施“互联网 + 现代农业”行动，完善综合服务网络，全省首个农业信息化数据资源云计算平台正式启动上线，构建起了农牧智慧化“一站式”服务平台与 42 个已有农业信息系统完成数据对接，实现了种植业、畜牧业、渔业、草原等板块的 1755 家生产主体 GPS 定位上图，已有 60 家农业产业龙头企业和农牧民专业合作社入驻电子商务平台。农业信息化新业态模式不断涌现，“电商 + 龙头企业”“电商 + 合作社 + 农户”“互联网 + 农户 + 旅游”等产业融合发展模式逐步形成，电商企业同龙头企业、合作社和种养大户有效对接，建立了生产供销一体的营销网络，缓解了农畜产品销售难问题，促进了农村产业融合发展。如青海省三江集团充分发挥国家级龙头企业、国家农村产业融合发展示范园等国字号招牌，加快农业结构调整，开展高原特色种植养殖和高附加值精深加工，大力发展智慧农业和电子商务，开发“以原生牧、以智求娱”的手机 App 智慧平台，借助互联网手段整合公司种养殖、加工、仓储物流、生态旅游、休闲观光、健康食品直营的农业全产业链，推动生产、生态、生活“三生”融合，为环青海湖地区智慧生态农业产业融合发展提供可复制、可推广的典型经验。各龙头企业积极利用天猫、淘宝、京东等电商平台，开展网上直销。都兰开泰农牧公司邀请知名网络主播直播牛羊肉生产、加工和美食制作等全过程，拓展了农产品的销售渠道，提高了特色农产品知名度，增加了销售收入。

5. 农业与城镇“万向”融合模式

在现有各类乡村和农业产业园中引进城镇元素，催生出特色小城镇、产业强镇、美丽乡村等产城（村、园）融合类型。发展“一村一品”“一乡一业”，目前，青海省有 6 个村被农业农村部认定为全国“一村一品”示范村镇。互助县塘川、湟源县大华、共和县龙羊峡和都兰县香日德等 8 个乡镇被农业农村部认定为全国农业产业强镇，并安排中央资金引导发展特色产业集聚。在大通县率先启动“产城融合”试点工作，推介全国最美乡村9个、中国美丽田园3个、中国最美休闲乡村9个。

（二）培育大批经营主体，为产业融合发展注入新动能

1. 强化农牧民合作社和家庭农牧场基础作用

将培育壮大农村新型经营主体作为推进农村一二三产业融合发展的主要支撑力量，不断强化资金补助、项目扶持、信贷支持、技术培训等措施，重点支持新型经营主体及一二三产业融合发展项目建设。截至2019年6月底，青海省依法登记的农牧民合作社达16181家，正常运行的各类合作社达9944家。其中，种植业合作社达4106家，养殖业合作社达4832家，省级示范社达490家。目前，全省参与农牧民专业合作社经营的成员和带动的非成员已经达到60万户以上，约占全省农牧民总户数的66%以上。农牧民专业合作社流转的土地面积已达到14.33万公顷，占全省土地流转面积的60%以上。全省从事蔬菜、经济作物、中药材、特色果品、冷水养殖的专业合作社占30%。全省4000个种植专业合作社年支付工资达16亿元以上。

2. 培育和支持龙头企业发展

采取贴息奖补方式，扶持农业产业化龙头企业，重点发展农畜产品加工，旅游产品开发、民族特色产业、物流冷链和产品销售系统。采取“龙头企业+科研单位+基地+农户+市场”等产业化经营模式，或企业出资改善合作社生产条件，实现科技技术支撑，并辐射带动周边区域发展、农牧民增收。以龙头企业为承载，不断延伸产业链，研发生产一批高附加值的农产品，逐步形成深度融合的产业链，让龙头企业在产业融合发展中发挥引领示范作用。截至2019年末，全省市、州级以上的龙头企业达到了553家，比“十二五”末增加102家，其中国家级龙头企业为17家、省级龙头企业达130家（省级龙头企业增加39家）、市州级龙头企业达406家；全省围绕农业特色产业，不断壮大龙头企业，充分发挥重点龙头企业在农畜产品加工业中的主导作用，通过推广新设备、新技术，实施重点建设项目工程，有效

解决了因加工设备老化、生产工艺落后导致的能源消耗高、资源浪费严重等问题，有力地推进了龙头企业快速发展和整体实力提升。全省牛羊肉年加工量达12.1万吨，油菜籽年加工量达21.5万吨，马铃薯（鲜薯）年加工量达27.2万吨，乳制品年加工量达8.58万吨，地毯加工量达412万平方米，蔬菜年加工量达28万吨，豆类年加工量达2.8万吨，枸杞年加工量达3.9万吨，饲料加工量达31.6万吨。全省152家省级以上重点龙头企业中，总资产达到1亿元以上的企业有46家，固定资产达到2000万元以上的企业有72家，销售收入达到3000万元以上的企业有73家。从产业结构优化看，青海省在牦牛、藏羊、饲草、蔬菜、沙棘、枸杞、禽蛋和水产等方面的产业化组织发展数量及质量明显上升。从区域分布结构看，各类经营主体大部分集中在青海省的东部农业区，青南牧区和环湖地区的农业产业化经营组织借助牦牛、藏羊、冷水鱼、青稞、饲草等当地特色优势资源，发展势头较为迅猛。

3. 涌现出一大批联合经营主体

青海省大力推进农业产业化龙头企业、合作社、家庭农牧场等新型经营主体之间深度融合，打造一大批联合经营主体，实现抱团发展。围绕牦牛、藏羊、青稞、油料等主导产业，支持培育了20个产业关联度高、辐射带动力强的产业化联合体。通过共同出资、共创品牌、共享利益的方式，组建了85家农牧民专业合作社联合社。积极发展行业协会和产业联盟，发挥行业指导引领作用，助力会员单位“走出去”，积极开展相关的调研、人员培训、对接交流，组织会员单位参加国内外大型展会，进一步宣传推介青海省特色农畜产品，加快特色农畜产品营销体系建设，扩大了青海省品牌农畜产品的知名度。创建产业联盟示范区，全省相继成立了牦牛、三文鱼、有机枸杞、青稞等产业联盟，形成强强联合新格局。海南州率先创建了青海省牦牛产业联盟示范区，打造了全省农牧产业联盟及农牧品牌样板。

4. 社会资本投入增多，激活乡村产业发展

中国青海结构调整暨投资贸易洽谈会、中国（青海）藏毯国际展览会等大型会展活动的成功举办为吸引社会资本投入农村牧区产业发展搭建了广阔的舞台。如海东市通过招商引资，引进青海5369生态牧业科技有限公司

和青海百德投资发展有限公司，发展牦牛、藏羊产业。青海5369生态牧业科技有限公司计划投资20亿元，在河湟新区建设牦牛产业园区；青海百德投资发展有限公司计划投资10.2亿元，在互助县绿色产业园区建设牦牛、藏羊屠宰加工交易基地。社会资本的注入使农村产业融合取得一定成效。同时，省农牧企业还开展了与俄罗斯、以色列、土耳其等国家的农业交流与合作，扶持建设1个境外规模化生产基地、5个特色农畜产品出口基地。

（三）创新和完善利益联结机制，使企农双赢成为新常态

各地总结推广“龙头企业+合作社+农牧户”“龙头企业+基地+农牧户”“公司+村集体+农牧户”等形式，推动农牧业和农牧民组织化程度得到明显提升。同时，积极探索农企利益联结机制，形成了订单合同型、股份合作型、资产收益扶贫联结型、服务协作型和流转聘用型等多种模式，有力助推了贫困人口脱贫增收，盘活了农村牧区资源要素，丰富了乡村治理手段，拓展了农牧业经营模式。

1. 订单农业稳步发展，建立稳定购销关系

企业带动发展订单农业，积极引导加工企业与农户、家庭农牧场、农牧民合作社等建立“订单农业”基地，通过签订收购合同，形成稳定发展的订单农业关系，为农畜产品“补短板、去库存”，带动基地农户增收。如青海可可西里实业开发集团有限公司在兴海县河卡镇高原有机示范园区建立有机产品原料基地，与园区16家农业专业合作社等经营主体签订收购协议，吸引生产经营状况良好，守信用的农牧民专业合作社及种养大户（9家经营组织和2家农业企业）组建了省级农业产业化联合体，共建牦牛原料基地，在兴海县河卡镇3个村联合打造有机青稞种植基地5000亩，年产量达1300吨。在西宁市南川工业园区建成年产7000吨的系列牦牛肉制品加工基地，在西宁市大通县朔北乡建设可可西里青稞扶贫产业园，发挥省级农业产业化联合体的牵头作用，大力发展有机种养业。联合体以高于市场价每公斤2元的保护价格收购各成员牦牛肉，带动1.2万户农牧民增收990万元，户均增收800元。

2. 新型村集体经济组织蓬勃发展，成为产业融合促农牧民增收的重要力量

“十三五”时期，青海省积极开展农村集体产权制度改革，农村土地草场承包经营权流转步伐加快。在此基础上，各地区积极组建村集体经济股份合作社，结合实际，拓宽发展路径，探索建立村级集体经济良性发展的体制机制，不断壮大村级集体经济实力，拓宽农牧民增收渠道。如天峻县将发展较好的新源镇梅陇、江河镇茶果尔、木里镇佐陇等 14 个生态畜牧业合作社跨乡镇联合起来，组建了玉舟生态畜牧业合作社联合社，联合社自成立以来，积极推广“股份合作制模式”，推行牛羊按类专群饲养、草地按群划区轮牧、劳动力按技能重新分工和统一轮牧、统一配种、统一育肥、统一销售、统一防疫和分群养殖的“六统一分”管理模式，加快成员社股份合作制改造。现已完成股份合作制改造的合作社有 10 个。入户的牧户有 460 户，入股牲畜有 5.38 万头，入股草场有 66.64 万亩，进一步提升了合作社规范化运行水平，合作社积极推广二三产业融合发展，兴办了民族皮革加工厂、风干牛肉厂、藏式餐厅、酒店等二三产业，组建了生态畜牧业实验区建设展览馆，2019 年每户社员平均分红 3 万余元。

3. 大力支持贫困地区产业融合发展，带动贫困户脱贫致富

精准扶贫与农村产业融合发展紧密结合。在充分尊重贫困群众发展愿望和自主选择项目的基础上，立足当地资源优势，以实施到户、扶持到人的方式，对有劳动能力和生产发展愿望的贫困人口，重点扶持发展特色种养业。对有劳动能力、有发展愿望，但没有经营能力或产业选择较困难的贫困人口，通过龙头企业、专业合作社等各类经济组织带动方式，将财政专项扶贫资金和其他涉农资金投入形成的资产，在不改变资金用途的情况下，投入设施农业、特色养殖、扶贫产业园、乡村旅游、光伏建设等项目，形成资产，以资产股权为纽带，折股量化给符合条件的贫困村和贫困农户，赋予建档立卡贫困人口更加充分而有保障的财产权，拓宽其持续稳定的增收渠道。鼓励贫困户以订单生产，务工方式参与产业发展，支持贫困户将土地、草场等生产资料折股量化到产业扶贫项目中，按照农区人均 5400 元、牧区人均 6400 元补助标准，共投入达 26.9 亿元扶持贫困群众发展特色产业。提前三年实

现有意愿、有能力的42.63万贫困人口到户产业扶持全覆盖。通过自身发展，产业人均增收1200元以上，以资产收益方式人均增收800元以上，同时14个扶贫产业园、52个乡村旅游项目稳步推进。

（四）有序推进农村牧区创业创新，为产业融合发展注入新动力

2017年，青海省政府办公厅印发《关于支持返乡下乡人员创业创新促进农村一二三产业融合发展的实施意见》，加大了支持农村创业创新的力度。大通县国家现代农业示范区等4个基地被农业部认定为全国农村创业创新园区（基地），尤良山等6名企业家和合作社理事被认定为全国农民创业创新优秀带头人，大通县和互助县被农业部认定为全国创业创新典型县。在第二届全国农村创业创新项目大赛总决赛中，有两个项目分别获得初创组二等奖和成长组三等奖。省农业农村厅每年安排专项资金支持农牧区创业创新工作，计划到2022年创建高质量的创业创新园区（基地）10个、创建农牧业创业创新经营主体500个、培训创业人员300人/次。培训一批创业创新带头人、树立一批创业创新典型、构建一批公共服务体系，形成返乡人员创业创新发展新格局。据统计，全省现有农村创业创新园区（基地）18个，农村牧区创业创新经营主体2242个，人员总数达24108人。

（五）打造一批地方名优品牌，为融合发展注入新名片

随着全省乡村特色产业快速发展，农牧业产业化龙头企业整体实力不断提升，市场竞争意识、产品质量意识、品牌意识进一步增强，坚持“绿色兴农”“品牌强农”“品牌增效”理念，通过品牌创建和培育，创立了一批名特优农畜产品地方品牌，打造了各具乡土特色的农畜产品品牌。发展培育农产品区域公共品牌和知名加工产品品牌，截至2020年底，全省农畜产品注册商标达到6328个，其中省级以上重点加工企业获得中国驰名商标20个、省级以上著名商标98个、省级著名商标56个。2家企业产品获得中国农产品区域公用品牌，8家农畜产品加工企业通过有机畜产品加工认证，培育打造高原、绿色、有机、富硒等特色农业品牌30个。全省有效使用“三品一标”农产品总

数达到935个，比“十二五”末增加514个，其中129个产品获得有机食品认证、407个产品获得绿色产品认证、340个产品获得无公害农产品认证、59个产品获得农产品地理标志认证。青海省名优特农畜产品的知名度不断提升，产品已销往北京等国内大中城市、我国港台地区、欧洲，以及日本、韩国、沙特阿拉伯等国家，展示了青藏高原农畜产品广阔的发展前景。

二　存在的突出问题和困难

从总体上看，青海省农村牧区产业融合发展还处于起步阶段，还存在产业链条短、价值链提升不充分、农牧民利益联结机制不完善、一些地方政策落实不到位等问题。

（一）产业融合度不高

青海省农村牧区一二三产业融合发展整体上取得了一定成效，但相较于发达省（区、市），青海省农牧业与二三产业融合程度低、层次浅。一是一二产融合、二三产融合方面规模小而散，发展水平低，基础设施简陋，服务功能不健全。二是农村牧区三产占比低，二产中农畜产品加工业小而不强，一二三产业之间互联互通性不够。重产前和产中、轻产后倾向比较突出，农畜产品产业链、价值链的优势尚未充分体现，产加销、贸工农脱节，农畜产品卖不掉、储不下、运不走、利不高问题仍然比较突出。三是产业融合发展结构不完整。例如，2015～2018年全省一二三产业融合发展中服务业产值仅占总产值的1.78%、1.72%及1.67%，服务业的发展相较于农业和加工业占比较低。

（二）农村产业融合发展基础薄弱

青海省一二三产业融合发展，在资金投入、政策引导、吸纳社会及民间资本、引导大众创业等方面扶持不足。受传统种养殖方式、地域气候等因素影响，农业主要经营方式仍较为粗放，农畜产品加工技术和装备水平相对偏低，加工企业高投入、低效率的经济结构较为突出，增长方式粗放、休闲农业规模小而散、同质化发展问题突出、服务功能弱。新型经营主体与农牧户利益联结机制还不健全，农牧民在农村产业融合发展中的参与度较低。公共服务平台建设不足，部分地区窗口平台建设条件较差，无法为产业融合发展提供有效的服务。

（三）产业融合发展支撑能力不强

部分企业缺乏自主创新意识，致使产业链条短、科技含量低、加工转化水平低。现有新型合作主体发展规模相对较小，带动能力较弱，缺乏产业融合过程中的人才、资金、技术等要素积累，农村电商发展与省、市网络对接不畅通，农畜产品仍以传统销售方式为主要手段，物流运输在偏远地区的配送体系建设缺乏，导致农畜产品不能及时进入市场。技术落后、服务不足、创新不够造成产业融合发展整体支撑能力不强。

（四）产业融合受制于资源要素

长期以来，土地、资金等各类资源要素由农村牧区单向流入城市，导致农村遭遇严重“失血”的困境，因此资源要素供给失衡和不足已成为农村牧区推进产业融合发展的突出瓶颈。一是在土地层面。非农用地指标紧张、供给不足，多数涉农区存在建设用地指标紧张的严重问题，村庄规划缺失，无法有效指导土地开发利用。国土部门要求农用地转工业用地必须采取“招拍挂”，公开确定土地价格和土地使用权人，这直接造成土地使用审批手续难、环节多、耗时长、费用高。一方面，农村产业发展用地缺乏政策通道，当前工业用地的标准界定范围过宽。除养殖棚被列为农业用地外，地面硬化、经营性农畜产品的仓储和加工场地须按照建设用地管理规定，而未纳入设施农用地。另一方面，工厂化种植、设施农业、收购储存农户农产品的仓库、厂房、修路等均被视为工业用地和建设用地，而农业经营主体在建设加工厂房、饲料房、农畜产品收购站点、仓库、冷库、餐馆等必备设施时，面临审批手续难、申请费用高等困难。利益驱动使个别地方为城市化、工业化过度置换乡村建设用地指标，甚至连5%用于农村基础设施建设用地的规

划指标亦无法落地。二是在资金层面，囿于“一产只能种、二产不能动、三产空对空”，部分乡镇产业发展受限明显，而目前政府财政投入力度不足、扶农机制不健全、农村金融服务体系不完善等，无法为其可持续健康发展提供有力支撑。首先是融资结构单一。抵押物少，大多数农业产业化龙头企业一次性收购原料常年加工，受原料占用资金限制，导致产业融合发展基础设施及公共服务平台建设资金投入不足。其次是农村金融机构无法提供满足多种农业发展需求的信贷服务，贷款难已经成为制约新型经营主体发展的“瓶颈”。最后是农牧民在农业生产过程中没有形成农业信贷意识，而农业经营主体进行产权抵押贷款往往会受制于信用等级等。

（五）产业融合发展面临体制机制障碍

一是管理体制僵化。振兴乡村要发展产业，就是要实现一二三产业融合发展，但省级牵头部门无法统筹产业和县一级的发展，统筹管理权限相对有限。省市（州）两级政府各委办局从自身职能出发，在制定促进乡村振兴的地方性法规、地方政府规章时，未从乡村及其产业发展的实际需要出发，构建多部门协同推进工作机制以及建立健全城乡融合发展体制机制和政策体系，进而加剧了农村产业融合发展面临的用地难、资金难、环评难等问题。二是规划方向和工作重点不到位。当前，乡村发展的规划和工作方向均围绕一产、县级展开，而缺乏以一产引领特色二三产业融合并进和深度发展的专项规划，旨在破除产业分割独立发展的传统模式，打通第一产业和第二三产业的空间承载体，从而实现产业联动发展。三是农业政策导向尚未正确处理好政府和市场的关系，农业全要素生产率提升受阻。当前青海省的农业指导主流模式仍停留在计划经济时代，如对于种养殖何种农畜产品，往往由政府通过行政手段加以干预，而非市场机制的自发调节，导致农牧民和农村村集体经济组织在农业生产经营上缺乏独立性和自主选择权，抑制了其能动性和积极性的发挥。现有农业政策仅侧重于扶持生产和加工环节，以及突出增加农产品供给和优化结构布局，对精准聚焦市场需求带动品牌建设、消费引导、产品流通和公共服务平台等专业服务业集聚发展的支持力度不够。

（六）各类人才严重缺乏

在人才方面，多数村镇缺乏产业融合发展方面的复合型专业人才，农牧民文化素质和技能水平不高，乡村干部和专技人才队伍建设较为薄弱。缺乏专业知识型人才和复合型人才，对具有专业性和技术性的生产领域起不到有效的指导作用。经营主体自身发展能力不足，造成就地培育人才和引进人才双向困难，培养不了人才、引不进人才、留不住人才的问题比较突出。产业发展带头人、能人缺乏，带动产业发展能力不够。亟待加强涉农牧企业家和农牧民的技能培训，提高他们的产业融合发展能力。

三　“十四五”推进青海农村牧区产业融合发展的总体思路、发展目标与实现路径

青海省是一个典型的农牧结合省份，农业经济的发展在全省改革发展稳定中有着举足轻重的作用。近年受经济下行压力增大的影响，农业和农村经济发展速度放缓，农业生产成本高、产业链条短、效益低，农牧民收入增长缓慢，成为农村牧区全面建成小康社会的一大短板。推进农村牧区一二三产业融合发展是“三农”发展的方向，也是破解“三农”发展难题、补齐农业现代化短板的重大举措。青海农业发展只有“接二连三”，才能发挥自身优势、克服弱势，才能真正提升附加值、提高效益，让更多的农牧民分享农村牧区产业融合发展的成果。

（一）总体思路

以习近平新时代中国特色社会主义思想为指导，全面贯彻党的十九届五中全会精神，牢固树立新发展理念，坚持农业农村优先发展总方针，以实施乡村振兴战略为总抓手，以部省共建绿色有机农畜产品示范省为着力点，围绕农村牧区一二三产业融合发展，以市场为导向，顺应大众消费习惯，大力发展功能农业，延长产业链、提升价值链、完善供应链，培育新业态、新动

能，建设具有高原特色和青海特点的现代农业生产体系、乡村产业体系、经营体系，走出一条特色鲜明、绿色有机、高质量发展的富民乡村产业振兴之路。

（二）发展目标

1. 总体目标

“十四五”期间，结合实施乡村振兴战略和村集体经济破零工程，在全省开展“百乡千村产业融合发展推进行动”，力争用5～10年时间提升牦牛、藏羊产品精深加工能力和青稞综合价值，建成全国主要的有机畜产品和冷水鱼生产基地，形成一批绿色有机农畜产品示范基地，培育一批现代农业产业园、“一村一品”示范村，打造一批农业产业化联合体、农牧民合作社联合社、特色产业发展经济实体，把以农业农村资源为依托的二三产业尽量留在农村牧区，把农业产业链的增值收益、就业岗位尽量留给农牧民。力争农村牧区一二三产业融合发展增加值占县域生产总值的比重实现较大幅度提高，乡村产业振兴取得重要进展。

2. 具体目标

（1）提升农畜产品加工能力。牦牛、藏羊产品以精深加工和副产品综合开发利用为重点；青稞加工产品以综合价值功能深度开发和拓展市场为重点；油菜加工以健康有机新产品开发为重点；马铃薯加工以主粮化产品开发为突破口。提升马铃薯、蔬菜产地初加工能力。到2025年，全省农畜产品加工业增加值、精深加工能力和农畜产品加工副产品综合开发利用能力明显提升，农产品加工业与农业总产值之比达到2.5∶1，农畜产品加工转化率达到65%以上、加工环节损失率降到5%以下。建设国家级牦牛新产品加工研发技术中心，建设省级藏羊、青稞、油菜新产品加工研发技术中心，引进和开发核心加工技术及设备，立项研究产品加工技术课题，提高产品加工科技成果转化率。制定特色产业农产品加工地方标准，申报优势特色产业农产品加工国家行业标准。

（2）提升农牧业产业化经营水平。注重农牧业产业化龙头企业培育。

到2025年，力争培育国家级农业产业化龙头企业达到25家，省级龙头企业达到150家，市州级龙头企业500家，产业化经营组织带动农牧户占全省农牧户的90%以上。建立完善农牧产业化龙头企业协会智库。

加快培育农牧业产业化联合体。到2025年，力争培育省级农牧业产业化联合体60家，市州县级产业化联合体100家，联合经营主体500家以上，带动农牧户5万户以上。

发挥现代农业示范引领作用。发挥“国家队”“排头兵”“压舱石”“稳定器”的示范引领作用，建设粮油产品提质增效产业园、牦牛藏羊高质量循环养殖产业园、优质良种牧草产业园、农旅融合发展产业园、柴达木有机枸杞能力提升产业园、柴达木骆驼良种繁育产业园等农垦农牧场现代农业产业园，树立农业农村现代化标杆。

（3）建立乡村特色产业发展新模式。突出强镇为“点”、园区成“面”、集群串“线”的乡村产业发展新模式。

特色产业集群。省域建设牦牛、藏羊、青稞、油菜4个产值超过100亿元，聚集度高、竞争力强的优势特色产业集群。

特色产业园。县域建设国家级现代农业产业园5个、省级现代农业产业园40个，建设优势特色产业——一二三产融合产业园9个。

特色产业强镇。镇（乡）域建设20个基础条件好、主导产业突出、各具地域特色、带动效果显著的特色产业强镇。开展特色农畜产品加工，打造镇（乡）域主导产业产值超1亿元、产业链综合产值超5亿元的产业强镇。

特色产业“一村一品”。村域打造100个具有地方地理标志产品和区域公共品牌的“一村一品”特色产业村镇；创建全国“一村一品”典型示范村镇50个。

（4）拓展乡村休闲旅游等新型业态。积极推进油菜、青稞、设施蔬果、花卉等特色产业与乡村旅游深度融合，打造中国美丽乡村30个、美丽田园综合体10个，推介休闲农业与乡村旅游精品线路15条，新认定省级休闲农业示范点30个。

（5）创新创业孕育产业发展新动能。创建1个集产学研于一体的省级

乡村产业创新创业孵化实训基地；创建 10 个农村牧区创新创业园区（基地）和孵化基地。搭建创新创业平台，建立省级创新创业导师团队，培育一批农村牧区创新创业带头人，年度培育创新创业主体 30 个以上。

（6）推进产业扶贫与乡村振兴有效衔接。巩固产业扶贫成果，发挥产业基础支撑作用，因地制宜、精准施策，大力发展脱贫地区特色产业。巩固产业扶贫成果投入占乡村产业发展资金投入的 30% 以上，重点是青海东部山区和青南牧区，提升扶贫产业链效能、壮大县域特色主导产业、促进农产品顺畅销售、培育新型经营主体、强化到村到户科技服务等任务，确保扶贫产业可持续发展。

（三）实现路径

大力推进主体融合、业态融合、利益融合，搭建产业融合载体，推动农村产业深度融合，提升乡村产业层次水平。

一是创新推进主体融合。扶持培育一批主导产业突出、原料基地共建、资源要素共享、联农带农紧密的农业产业化联合体。支持省级以上龙头企业牵头，多主体参与、产业关联度高、辐射带动力强的大型产业化联合体，构建政府引导、农牧民主体、企业引领、科研协同、金融助力的发展格局。积极发展以产业园区为单元，园区内龙头企业与基地农牧民合作社和农户分工明确、优势互补、风险共担、利益共享的中型产业化联合体。鼓励发展以龙头企业为引领，农牧民合作社和家庭农牧场跟进，广大小农户参与，采取订单生产、股份合作的小型产业化联合体。

二是务实推进业态融合。跨界配置农业与现代产业要素深度交叉融合，形成“农业 +”多业态发展态势。以加工流通带动业态融合，引导各地发展中央厨房、直供直销、会员农业等业态。以功能拓展带动业态融合，促进农业与文化、旅游、教育、康养、服务等现代产业高位嫁接、交叉重组、渗透融合，积极发展创意农业、亲子体验，发展多种形式的农家乐、游牧行、田园综合体等新业态。以信息技术带动业态融合，促进互联网、物联网、区块链、人工智能、5G、生物技术等新一代信息技术与农业融合，发展数字农业、智慧农业、信任农业、认养农业、可视农业等业态。

三是推进利益融合。完善联农带农机制，引导龙头企业与小农户建立契约型、股权型利益联结机制，推广“订单收购＋分红”“土地流转＋优先雇用＋社会保障”“农牧民入股＋保底收益＋按股分红”等多种利益联结方式。推进土地经营权入股发展农业产业化经营试点，创新土地经营权入股的实现形式。

四是搭建产业融合载体。推进政策集成、要素集聚、功能集合、企业集中，建设产业集聚区，建设农业产业强镇。依托镇域资源优势，聚集资源要素，健全利益联结机制，建设一批基础条件好、主导产业突出、带动效果显著的农业产业强镇，培育乡村产业“增长极”，建设乡村产业集群。以资源集聚区和物流节点为重点，促进产业前延后伸、横向配套、上承市场、下接要素，构建紧密关联、高度依存的全产业链，培育集生产、加工、流通、物流、体验、品牌、电商于一体的产业集群，打造乡村产业发展高地。

四　推进农村牧区产业融合发展的主要举措

（一）调整优化乡村产业区域布局，推动高原乡村产业全面升级

“十四五”期间，着力推进“示范省”和“四区一带”产业发展总体布局。“示范省”：全域打造绿色有机农畜产品示范省；“四区”：东部高效种养产业发展区、环湖循环农牧业发展区、柴达木绿洲农业发展区、青南生态有机畜牧业发展区；“一带”：沿黄河冷水鱼绿色养殖发展带。东部高效种养产业发展区重点提升粮油果蔬生产能力，建成高效规模养殖区，壮大农畜产品精深加工业，完善商贸流通集散功能；环湖循环农牧业发展区重点发展以草畜联动为主导产业的生态循环农牧业，建设种养结合的现代农牧示范基地，形成农牧深度融合的“农牧交错区”，打造国内最大的有机藏羊生产基地和循环经济示范区；柴达木绿洲农业发展区以有机枸杞种植为主，适度

发展藜麦等产业，打造省域西部农畜产品加工集散基地；青南有机畜牧业发展区以生态保护优先，划定禁牧区、轮牧区、草畜平衡区，发展草地生态畜牧业和绿色有机畜牧业，打造世界最大的有机牦牛生产基地、绿色农畜产品生产基地和高寒牧草良种繁育基地；沿黄河冷水鱼绿色养殖发展带以黄河为纽带、以梯级库区为节点，大力发展冷水鱼养殖业，打造国内最大的冷水鱼养殖基地。多方位协同联动、各部门紧密合作，构建东部农畜产品精深加工基地和南、西、北部绿色有机农畜产品原料生产供给基地。

（二）建立健全融合发展模式，增强乡村产业发展活力

构建绿色产业体系，促进产业融合、主体融合、利益融合，突出强镇为“点”、园区成“面”、集群串“线”的乡村产业发展新模式，以现代农业产业园、农村产业融合发展示范园、农业科技示范园为载体，建设一批各具特色的农畜产品加工园区。突出县城，注重城郊和中心乡镇，合理规划乡村产业布局，引导产业集中发展，构筑乡村产业“新高地”，有力推进县域内城乡融合发展。立足当地特色资源，以村镇为单元，优化产业布局，建设一批特色鲜明、优势凸显的“一村一品”乡村特色产业，建设一批基础条件好、主导产业突出、带动效果显著，主导产业产值超 1 亿元、产业链综合产值超 5 亿元的产业强镇。聚集资源要素，完善利益联接机制，县域建设一批产业融合发展先导区、现代农业产业园、现代农业科技园、一二三产融合产业园。建设聚集度高、竞争力强、产值超过 100 亿元的牦牛、藏羊、青稞等优势特色产业集群。

（三）加快农产品加工提档升级，提升农牧产业价值空间

推动农畜产品初级加工向精深加工拓展，二次加工产品向开发综合价值功能转化。要从卖原料转变为卖产品，从卖产品走向卖精品。统筹发展农产品初加工、精深加工和综合价值开发，推进农产品多元化开发、多层次利用、多环节增值。推进农产品加工向产地下沉、与销区对接、向园区集中，加快技术创新，提升装备水平，加快工艺改进和设备装备升级，促进农产品

加工业提档升级，提升农产品加工转化率。探索建立省外产品加工园合作建设机制、省外农产品加工储运基地，推进产业化升级进程。

（四）培育壮大经营主体，提升农牧产业化经营水平

壮大农业产业化队伍，构建分工协作、优势互补、联系紧密的利益共同体，实现抱团发展，注重联农带农，建立多种形式的利益联结机制，让农牧民更多分享产业链增值效益。发挥产业化龙头企业中坚力量，新培育一批国家级产业化龙头企业和省（市、州）级产业化龙头企业，继续实行“龙头企业＋科研单位＋合作社＋市场”发展模式，引领示范现代农业发展；强化资源要素互利共赢，资源利用双向流动，加快培育省（市、州、县）级农牧业产业化联合体和联合经营主体，促进家庭经营、合作经营、企业经营协同发展，提升农牧业产业化经营水平。积极破解全省垦区经济发展相对落后、资金投入不平衡、产业融合程度低等问题，进一步提升农垦产业发展状况，建设一批农垦产业发展示范园区，打造农业农村现代化的标杆。

（五）聚力发展乡村特色产业，拓展产业融合发展空间

“十四五”期间，要紧紧围绕提高“粮袋子”“菜篮子”产品自给率和农牧民收入，重点发展畜牧业、粮食、果蔬、油料、冷水鱼、道地药材、饲草料、乡村文化旅游八大主导产业，做大做强牦牛、藏羊、生猪、奶牛、青稞、藜麦、马铃薯、蔬菜、油料、枸杞、三文鱼、饲草料生产加工、输出基地，以巩固提升特色农畜产品基地、特色产业带、产业集群和示范园区发展水平为重点，大力构建优势农牧产业区域布局和专业生产格局，进一步提升品质、提高产量、树立品牌、增加效益。继续实施牦牛青稞产业发展三年行动计划，加快藏羊产业发展，提升青南牧区生态畜牧业发展水平。加大扶持力度，振兴农区生猪养殖业。创建玉树牦牛等一批特色农畜产品优势区，推进标准化、规模化生产。大力发展草产业，积极发展林下经济。以部省共建绿色有机农畜产品示范省为依托，推进化肥农药减量增效行动，加快建设牛

羊可追溯体系，推进农牧业废弃物资源化利用，建设绿色清洁生产基地和绿色农产品供给基地。依托绿水青山、农耕游牧文化等地域特色优势，发掘乡村能工巧匠，开发乡村特色产品，打造乡村特色产业基地。扶持乐都紫皮大蒜、循化线辣椒、茶卡羊等地理标志产品。扶持热贡艺术、贵南藏绣、玉树黑陶等乡土特色产业及各类非物质文化遗产传承等文化特色产业。建立农业品牌目录制度，充分挖掘“青海老字号”资源，推进商业诚信体系建设，加强农产品地理标志管理和品牌保护，加强绿色有机农产品基地认证。鼓励市（县）培育品质优良、特色鲜明的区域公用品牌，引导企业与合作社共创品牌，培育一批“土字号”“乡字号”产品品牌。

（六）积极发展乡村休闲旅游，增添产业融合发展亮点

实施休闲农业和乡村旅游精品工程。建设城市周边乡村休闲旅游区，积极推进城市周边油菜、青稞、花卉等特色产业与休闲旅游深度融合，形成距离西宁、海东 2 小时的休闲旅游经济圈；发挥“大美青海”自然风景、民俗民族风情优势，扶持发展一批以特色农牧渔业为主的“农（牧、渔）家乐”“游牧行”等休闲、康养、体验基地；发掘“能工巧匠”，开发一批具有青海地域、河湟民俗、农垦文化、民族传承、生态草地等内容的创制独特、稀缺的乡村休闲游产品；着力打造全国休闲农业和乡村旅游示范基地，建设一批中国美丽休闲乡村，推介一批休闲和乡村旅游精品线路。建设牦牛博物馆、文化主题公园和游牧基地等，开发形式多样、特色鲜明的乡村旅游产品。建设一批资源独特、环境优良、设施完备、业态丰富的休闲农业重点县，打造一批有知名度、有影响力的休闲农业“打卡地”。实施休闲农业和乡村旅游精品工程，打造河湟、环湖、柴达木、三江源等高原特色旅游品牌。结合当地实际，在调整优化产业布局的基础上，积极培育花海旅游、森林旅游、沙漠探秘、河湟游憩、沿黄运动、草原观光、科普教育等乡村旅游产品，建设一批高原特色旅游名镇名村、田园综合体、自驾游营地、自行车营地等。建设一批设施完备、功能多样的休闲观光园区、乡村民宿、康养基地等，打造特色突出、主题鲜明的休闲农业和乡村

旅游精品。依托农民丰收节，通过赛牦牛、油菜花节等方式，运用网络直播、图文直播等新媒体手段多角度、多形式宣传一批有地域特色的休闲旅游精品线路，挖掘乡村产业文化。到 2025 年，力争休闲农业和乡村旅游基本实现区域性业态功能多样化、产业发展集聚化、经营主体多元化、服务设施现代化、经营服务规范化。

（七）着力培育新产业新业态，增强产业融合发展动力

依托“互联网＋”智慧农牧业大数据平台，建设重要农畜产品全产业链大数据，扩大农业物联网创新应用范围、规模和内容。推进信息进村入户，建设省级信息进村入户综合服务平台和村级益农信息社，促进公益性服务、便民服务、电子商务和培训体验四项服务全面落地。实施“互联网＋”农产品出村进城工程，开展农牧业电子商务试点示范，培育农牧业电子商务市场主体，提升乡村电子商务综合服务能力。大力培育农畜产品物流核心企业，健全全省农畜产品冷链物流体系，打通西宁至西安等重要节点城市的冷链物流骨干通道，推进冷链物流信息化、标准化和基础设施设备建设，逐步实现全程冷链，构建农畜产品供应链信息化平台，保证农畜产品供给时效性，保障应急服务。

（八）促进农村创新创业升级，增强产业融合发展活力

加大创业创新，明确五年内目标任务、支持方向和标准要求，进一步优化农村创业创新环境。大力实施现代创业创新青年培训行动，吸引一批农民工、大学生和退役军人返乡创业，引进一批科技人员入乡创业，发掘一批“田秀才”“土专家”“能工巧匠”在乡创业，支持各类人才返乡入乡兴办实业、发展产业、带动就业，培育乡村产业的“生力军”。搭建创业创新平台，引导有条件的产业园区、龙头企业、服务机构和科研单位发展众创、众筹、众包、众扶模式，建设一批集成度高、系统强、能应用、可复制的农产品技工技术集成科研基地和一批功能完善、环境良好的农村创新创业园区和孵化实训基地。建设借助各类协会、联盟等平台，开拓产业发展宣传窗口，

建立省级产业发展和促进专家团队，创业创新导师团队、一二三产融合咨询服务团队、休闲农业人才汇集中心等，采取特邀、聘任、顾问等激励措施，积极为乡村产业发展提供科技支撑和智力支持，增强产业发展软实力。

（九）完善利益联结机制，激发农牧民参与乡村产业发展的积极性

始终坚持把让农牧民更多分享增值收益作为基本出发点，着力增强农牧民参与融合能力、创新收益分享模式、健全联农带农有效激励机制。

鼓励支持村党支部领办股份合作社，鼓励农牧民以土地、草地、林权、资金、劳动、技术、产品入股合作社，创办劳动密集型和资源加工型产业，特别是农牧业资源开发、农畜产品加工、传统手工艺等工业和商贸流通、乡村旅游等农牧区生产生活服务业，形成立足当地特色资源的农牧区二三产业，将流向外部的就业岗位和二三产业附加值内部化，促进农畜产品“地产地销地用”，让农牧民更好地分享产品加工、流通、旅游等消费环节的利润，激发农牧民参与乡村产业振兴的积极性。引导龙头企业与合作社建立联合与协作，大力发展订单农业，合理确定收购价格，提供资金扶持，形成稳定的购销关系。支持新型农牧业经营主体通过“保护价收购 + 利润返还或二次结算”等方式，推广“租金保底 + 股份分红”分配方式，明确资本参与利润分配比例上限，让农牧户更多分享产业增值收益。鼓励农牧业产业化龙头企业通过设立风险资金，为农牧户提供信贷担保等多种形式，与农牧民建立稳定的订单和契约关系。更好发挥政府扶持资金作用，强化龙头企业、合作组织联农带农激励机制，将财政支农资金扶持方向从单环节向生产加工运输销售多环节配套拓展。鼓励将集体经营性资产量化到合作社社员，农牧民携股参与产业项目开发，通过“资源变股权、资金变股金、农民变股东”，让农牧民获得更多的集体资产收益。通过以奖代补、政府购买服务等方式，落实财政资金项目直接投向农牧民合作社。项目资金主要用于发展绿色有机生态农牧业，开展标准化生产、专业化服务，突出农畜产品初加工、产品包装、仓储物流设施建设运营、市场营销等关键环节，积极发展生产、供销、信用“三位一体”综合业务合作，进一步提升自身管理能力、市场

竞争能力和服务带动能力。要将财政补助资金形成的资产量化到合作社成员。探索财政补助资金股权化改革，在不改变资金使用性质和用途的前提下，将用于支持新型经营主体的补助资金，部分量化到村集体经济组织及成员，以共同持股的方式，让农牧民更多地分享增值效益。

B.13

西部高校“三全育人”创新模式研究

周全厚*

摘　要： 高校教育的根本目的是培养能够适应社会发展和可以承担社会主义建设任务的高水平、高素质人才，所以强调高校教育的质量、重视教育实践中的专业培养和德育教育，对于人才专业水准和德育水平提升有重要的意义。对现阶段的高校教育进行分析，可知“立德树人”是教育工作开展的指导方针，西部高校要真正地做到“立德树人”，必须结合西部高校实际才能真正做好全员、全过程和全方位育人工作，即要实现“三全育人”，这样，西部高校教育的价值才会得到显著的提升。本报告分析研究西部高校“三全育人”，旨在总结教育实践中的问题，并为教育的持续性开展提供帮助和指导。

关键词： 西部高校　高校教育　“三全育人”

习近平总书记在全国高校思想政治工作会议上指出，要坚持把“立德树人”作为中心环节，把思想政治工作贯穿教育教学全过程，实现全程育人、全方位育人，努力开创我国高等教育事业发展新局面。科学育人、有效育人是现阶段的重要育人策略，在针对西部欠发达地区高校育人实践中，如何培养人、培养什么样的人、为谁培养人是需要重点讨论的问题。对过去的育人策略和方法进行具体分析后发现，因为定位育人过于单一，所以出现了育人无

---

* 周全厚，青海大学医学院党委副书记，副教授，研究方向为大学生思想政治。

法持续、社会资源无法有效利用、人员培育覆盖面比较小等一系列问题。这些问题的存在影响了人才培育效果。基于问题的具体解决，在全新的指导理念和技术应用大环境下，全员、全方位和全过程育人受到了越来越多的关注。目前，全员、全过程、全方位育人是高校“立德树人”的基本指导方针，基于“三全育人”思想对高校的具体育人工作进行分析与讨论，对于高校育人实践来讲有重要的价值。通过问卷分析，认为学校育人环境存在以下问题：一是学生对学校的发展历史、校训不够了解；二是学生对学校文化氛围营造不够满意，没有形成校园文化的认同；三是对学生思政教育工作、学风建设工作开展不够，特色不够鲜明；四是将“立德树人”贯穿到教育教学全过程的坚持不够；五是文化活动不够丰富多彩，没有体现文化品牌的特色；六是针对学生的“四爱三有”教育工作开展不够。以上这些都说明亟须加大文化育人工作的力度。

一　西部高校“三全育人”的影响因素分析

全员、全过程、全方位育人是现阶段西部高校人才培养实践中的重要指导思想，目的是实现育人资源的充分利用，从而实现人才的多维度、全过程和大范围培养。培养德智体美劳全面发展的社会主义建设者和接班人，要求学生要价值观端正、知识丰富、能力全面。价值观端正，强调学生要用好知识。西部高校要成为坚持党的领导的坚强阵地，有效开展大学生理想信念教育，培育和践行社会主义核心价值观，塑造学生健全的人格、向善的人性和高尚的人品，让他们用智慧和能力服务于国家、民族和人民，成为担当民族复兴大任的时代新人。

对西部高校育人工作进行具体总结后发现，在全员、全过程和全方位育人实践中，三个方面的因素会影响到实践工作，以下是对影响因素的分析与讨论。

首先是工作目标的确定。[①] 在“三全育人”工作的具体开展中，明确的

① 苏玉波、张雯静：《在全员全方位全过程育人的大格局中当好学生的“引路人”》，《现代教育管理》2020 年第 8 期，第 77 ~ 83 页。

目标能够为工作的开展提供方向和动力，也能够为具体工作的规划和实施提供基本的指导和依据，因此说目标明确是“三全育人”工作实践中需要重点关注的内容。对当前西部高校“三全育人”工作开展实践做分析后发现，虽然西部高校在工作开展实践中有了相应的意识，但是在目标确定方面仍存在比较突出的问题，主要表现为目标模糊，即对“三全育人”具体要达到怎样的目标没有明确的界定，这种情况导致工作开展无法实现科学量化。受地域影响，西部高校基础教育资源不均衡，学生的目标价值观不同，因为教学问题总结与分析等也会出现模糊化情况。总体来讲，教学目标的界定问题对“三全育人”工作实效影响巨大，因此在实践中需要解决此问题。

其次是工作方法的选用。[①]“三全育人”包括了全员育人、全过程育人和全方位育人，不同的育人工作开展需要应用针对性的方法，否则无法获得有效的结果。以全员育人为例，其强调的是教育人员的全面参与和学生的集体参与，即要调动能够调动的教育人员实现对参与学习学生的培养。西部高校在全员育人中，对教育人员的积极性调动和对学生的积极性调动是关键，所以方法选用需要以激发学生学习动力、学习效率为重要的思考方向。全过程育人指的是对学生的思政教育需要贯穿学生学习始终，即西部高校不仅要在教学中进行人员培育，还要在生活和娱乐中进行人员培育，这样，最终的育人效果才会更加突出。针对全过程育人，教师需要基于全过程育人的特点选择和利用方法，否则无法达到全过程育人的实际效果。

最后是工作评价体系的建设与应用。[②] 西部高校在“三全育人”实践中，基于具体的目标进行评价工作体系的建设，使评价工作体系在实践中发挥应有的价值。这样，“三全育人”存在哪些缺陷、具备哪些优势、有哪些需要进一步改善的地方，教育工作者会一目了然，基于评价体系的具体结果对“三全育人”工作进行有针对性的改善，这样一来，育人工作的整体实

---

① 王俐、王前：《“三全育人”视角下高校资助育人长效机制构建研究》，《教育评论》2019年第5期，第60～64页。

② 杨振：《论新时代高校图书馆的文化育人——基于立德树人的研究》，《出版广角》2019年第18期，第81～83页。

效会有显著性的提升。简言之，西部高校“三全育人”工作开展要想获得显著的效果，必须强调坚持，即工作开展需要一步一个脚印地向前推进，在推进的过程中，健全评价体系为工作进步提供了指导，所以评价工作是“三全育人”实践中不可或缺的内容。

二 西部高校“三全育人”的创新机制和育人模式

鉴于以上现状及问题，建立“三全育人”体系、发展创新机制、找准育人模式，在西北多民族地区高校中尤为重要。我国东西部发展不平衡，西部民族地区教育水平相对落后，“三全育人”体系有助于在多民族学生中积极培育和践行社会主义核心价值观，促进民族融合。

多民族学生由于生活环境、民族文化、成长氛围、宗教信仰、风俗习惯以及教育水平等多方面的差异，具有较强的地域特点和民族性格。做好西部民族地区高校文化教育工作，建立健全“三全育人”体系，对于维护高校的安全稳定乃至社会国家的稳定都具有强烈意义，教育工作者可以在西部高校教育工作中探索“三全育人”创新机制，找准育人模式。

但是如何确立和建立“三全育人”体系、科学定位、发展创新机制，是西北民族地区所有高校都必须面对的重大问题。西北多民族地区的高校应全面思考并积极去探索适应自己的育人模式。广泛展开“自适应”模式。一是适应校区，根据活动场地更加灵活地开展各级各类校园文化活动。二是适应年级，以年级划分，适应年级开展活动，维持低年级学生对大学生涯的期待与新鲜感，保持新时代大学生的青春感，也为高年级同学提出考学意见、做出职业规划。三是适应专业，包括全科专业和各类专科专业，以开展学术类校园文化活动为契机，加深加强专业素养，培育全面的医学人才。

此外，学校文化育人不应局限于校园活动，而是应发展“专项育人”的创新机制，科研育人、实践育人、心理育人多管齐下。立足区域、强化特色、培育优势，鼓励发展高原地域相关课题，并坚持育心与育德相结合，加强人文关怀和心理疏导，深入构建“五位一体”的心理健康教育工作格局。积极营造有利于大学生身心健康和谐发展的校园氛围，引导学生正确面对各种困惑，健康成长。以“5·25”大学生心理健康节为落脚点，充分利用网络多媒体形式进行宣传，并全力开展心理知识竞赛、心理健康文化节、心理电影观影、心理讲座等系列活动，引导学生维护心理健康、提高心理素质。

三　西部地区高校“三全育人”策略

基于上文的具体分析可知，“三全育人”在目前的西部高校教育实践中是一项非常重要的工作，对学生未来价值的综合性发挥起到重要的作用，因此在实践中必须对“三全育人”工作进行强调。前文分析了“三全育人”工作开展的具体影响因素，在影响因素的基础上对育人策略进行讨论，有利于实践工作的开展。以下是具体的育人策略。

首先是需要确定明确的育人目标。① 从育人目标的具体确定来看，需要执行两步：（1）基于“三全育人”指导思想明确育人的具体要求，并在要求的基础上确定具体的目标。比如“三全育人”要求学生具备良好的思想道德品质，同时要让学生在实践活动中对社会价值、社会责任感等有全面的认知。所以在育人目标确定的时候，可以结合西部发展实际将个人道德品质提升和社会责任感培养作为主要目标，这样，育人工作的方向以及相应的工作规划就会有明确的依据。（2）需要细化具体的目标，即在相关要求基础上确定目标之后，将大目标划分为小目标，这样，工作推进会更具针对性。比如在学生社会责任感培养实践中可以确定短期目标和长期目标，并在相应目标基础上规划教学实践工作，这样一来，工作开展的针对性、有效性等会有显著进步。

---

① 孙洁：《民办高校构建“全员育人”德育机制的实践研究——评〈构建高职院校全员育人体系的实践探索〉》，《新闻爱好者》2019 年第 7 期，第 36～37 页。

其次是需要科学选用育人方法。[①]“三全育人”分为全员育人、全过程育人和全方位育人，针对不同的内容，育人方法也需要具有针对性。（1）就西部高校全员育人而言，具体的方法是开启互助培育模式，实现育人实践中的人人参与。在具体执行中，可以通过会议或者是文件的方式鼓励师生之间、老师之间、学生之间的交流和学习、批评和指正。通过这样的方式调动老师、学生的积极性，使每一个个体都参与到实践中，通过彼此的学习与交流实现自身的补充与完善，这样，资源利用价值发挥到了最大，最终的育人效果显著提升。（2）在西部高校全过程育人实践中，为了实现对学生的全过程育人结果追踪，可以为每一个学生进行档案构建，然后从学生入学开始便实施记档，通过各个阶段的档案记录与分析了解学生的具体情况，分析学生的培育实况与存在的问题，并积极地解决问题，这样，学生的整体成长与进步表现会更加突出。（3）基于西部高校全方位育人构建不同维度的评价表，比如构建生活、学习、娱乐、劳动等方面的评价表，对学生各个方面的情况进行评价，重点分析学生各个方面的思想表现，这样可以更加全面地了解学生的思想动态。基于思想动态评价制定针对性的育人方法和策略，使最终的育人效果更加突出。

最后是需要基于“三全育人”的具体目标构建育人评价体系。[②]西部高校在评价体系构建实践中需要关注以下工作。（1）需要对评价体系框架和指标内容进行明确，保证评价工作实施具有完善性。从评价框架的具体构建来看，需要基于“三全育人”的十个育人具体目标做评价体系构建，强调评价工作实施的全面性和有效性。在框架基础上强调指标的确立，这对于评价量化有突出的现实意义。（2）需要对评价方法等做分析。在评价实践中，具体的方法可以执行多主体评价法，即由老师、学生和学校三方做评价主体。因为主体不同，思考的层面不同，对结果的认知也不同，所以三方评价

---

① 白焕霞、白华：《“三全育人”视域下高校学生社区管理优化研究》，《教育评论》2019年第11期，第62～68页。

② 武贵龙：《高校“三全育人”综合改革试点工作的探索与实践——以北京科技大学为例》，《思想教育研究》2020年第4期，第144～148页。

的最终结果更具综合性与指导性。

自青海大学医学院2019年获批教育部“三全育人”第二批综合改革试点单位以来，学院高度重视、精心部署、持续推进、积极实施，坚持以“立德树人”为根本，全面开展了“三全育人”综合改革试点工作，尤其以校园文化建设为载体，营造了良好的育人环境，在文化育人方面做了有益探索，并取得了一定成效，主要做法如下。

（一）通过多种载体营造文化育人宣传氛围

校园文化是联系和协调学校所有成员行为的纽带，是学校内涵式发展的灵魂所在，是凝聚人心、展示形象、提高学校文明程度的重要体现。

一是要明确办学定位，围绕定位来培养人。青海大学医学院教育师生坚持“志比昆仑、学竟江河”的校训和“医乃仁术、大医精诚”的院训，制定了《关于加强医学院文化育人工作的实施方案》，通过校内媒体、论坛、微信公众号、文化横幅等宣传舆论阵地的建设和管理，弘扬正能量，始终坚持将“立德树人”这一根本任务贯穿于教育教学全过程，培养立足为青海乃至西部地区人民健康服务的、具备“四爱三有”素质的应用型医学专门人才。

二是在校园内积极营造先进文化氛围，唱响主旋律。在校园内设立“共和国勋章”获得者、全国模范人物、杰出校友、知名专家、我心目中的好老师、党建思政、传统文化、名言警句等内容的文化宣传牌，发挥典型激励作用；各系部结合专业特色实际制做出系部发展成就展板、文化墙等，营造专业文化氛围；不定期结合各类主题教育制作宣传展板，如“不忘初心、牢记使命”、廉政文化、消防安全知识等宣传展板，唱响主旋律，形成文化认同。

三是开展党史国情、省情校情教育，铭记历史、展望未来。通过形势报告会、校园广播、宣传栏等多种形式，让学生了解党和国家的方针政策以及省情、校情。在建院60年之际，为客观、准确、翔实反映医学院的发展历程，总结成绩和经验，学院编撰出版了《青海大学医学院简史》《青海大学

医学院大事记》，并印发给教师，留下了宝贵的精神文化财富；充分挖掘学校深厚的文化底蕴，结合入学教育给新生发放了《简史》，对新生进行院训、院史的教育，增强学生爱党爱国、爱校的意识。

四是持续开展“文明单位”创建活动，塑造校园文化品牌。通过“文明单位”创建，青海大学医学院先后荣获“全国精神文明建设工作先进单位”“省级文明单位标兵”“省级文明单位”“青海省青年五四红旗团委”“西宁市城西区综合治理先进单位”“西宁市城西区平安校园”等荣誉称号，通过创建活动，提升了师生的文明素质和思想政治素质，通过倡导文明新风，树立了良好的校园文明形象。

（二）开展形式多样的文体活动丰富学生精神文化生活

一是强化爱国主义、中华优秀传统文化和民族团结等思想政治教育。我们培养的是中国特色社会主义的合格建设者和可靠接班人，因此必须进行爱国主义、中华民族优秀传统文化的教育，青海是一个多民族省份，民族团结教育也尤为重要。青海大学医学院针对学生开展了“青年马克思主义者培养工程”培训班、“团学干部培训班”，积极引导优秀班团干部在学生日常管理、学风建设、平安校园等方面起到模范带头作用；同时结合雷锋纪念日、清明节、五四青年节、建党节、国庆节、迎新生晚会、毕业生晚会等主题活动，做好爱国主义、中华优秀传统文化、民族团结等教育工作；积极发挥教师党员干部在思想政治工作中的骨干引领作用，要求每学期院领导、处级干部带头为学生讲思政课和党课不少于 2 次。

二是深入开展内容丰富、形式多样、积极向上的各项文体活动。围绕学生特点每学期开展内容丰富、积极向上的各项文体活动 60 余项，相继开展了“阳光体育”、“寝室文化”、“主题晚会”、校园读书月、演讲比赛、卡拉 ok 比赛、拔河比赛、徒步运动等活动；开展各类社团活动，学生啦啦操队获得青海省啦啦操比赛一等奖、“青大杯”啦啦操比赛特等奖；积极组织学生参加学校召开的素质教育报告会；开展各类奖学金、助学金、优秀学生评选表彰活动，树立典型，有效发挥榜样的激励作用。

三是开展系列实践活动提升学生实践操作能力。为培养学生的综合运用和实践能力，以实践促理论学习，组织学生参加全国临床医学技能大赛、护理技能大赛、中医技能大赛等，通过参加全国、省级等各类大赛，提升学生实践能力，拓展实践视野；充分利用学校的附属医院、教学医院、实习医院等实践基地的资源优势，加强学生实践操作能力；锻炼、引导学生参加各类暑期社会实践活动，组织学生前往爱国主义教育基地、养老院参加公益实践活动等，奉献爱心、服务社会。

（三）塑造校园文化特色品牌

坚持以文化人、以文育人，青海大学医学院着力培养学生“珍爱生命、大医精诚”的救死扶伤精神，引导学生将预防疾病、解除病痛和维护群众健康权益作为从医的神圣职责，形成特色品牌。

1. 开展“一系一品牌”建设，形成文化教育品牌

临床医学系抓好入学培训工作，通过制度宣讲、专业教育培养使学生明确所学专业发展方向，树立正确的就业观；中医系组织“中医大讲堂”系列活动，弘扬传统文化，开展“全国党建工作样板支部”创建工作；药学系开展采认药社会实践和药物标本制作展示活动；公卫系结合专业特点开展公共卫生、疫情防控等健康宣教活动；基础医学部推行“帮三困一提醒”关爱学生工作，同时举办人体解剖绘图大赛、感恩无言体师追思活动等。通过一系列的文化品牌活动，形成以尊重生命、关爱生命为基础的医学人文教育体系，提高医学生人文素质和职业操守。

2. 深入开展“四爱三有”和入党积极分子素质拓展教育

青海省教育厅印发了《关于在全省各级各类学校深入开展“热爱领袖、热爱党、热爱祖国、热爱青海，有理想、有本领、有担当”教育的实施方案的通知》，为贯彻通知精神，青海大学医学院制定了《关于加强“四爱三有”教育的实施方案》，深入扎实开展社会主义传统文化教育、核心价值观教育，尤其要强化“四爱三有”教育，并形成长效机制；持续开展思政大讲堂，邀请省内外知名校友、学者、院内专家教授举办高质量的素质教育报

告会，引导学生树立“爱国、感恩、奉献”的精神。

结合业余党校培训班，创新入党积极分子教育方式，在加强党课党性教育的基础上，组织学生前往爱国主义教育基地进行党课素质拓展教育。通过生动活泼、内涵丰富的教育形式，用身边的人、身边的事教育学生，对于学生坚定理想信念、树立社会主义核心价值观、激发学习热情，最终成为社会主义合格建设者和接班人具有很强的促进作用。

3. 以教风促学风，弘扬良好的师德师风

开展教师节座谈、慰问等系列活动；持续开展每年一次的青年教师教学讲课比赛、多媒体课件比赛、“我心目中的好老师”评选活动；推荐教师入选青海省“教学名师培育计划”“宝钢教育奖励基金候选人”“小岛奖励”等奖项候选人，营造良好师德师风，争做“有理想信念、有道德情操、有扎实学识、有仁爱之心”的“四有”好教师。充分发挥教师在教书育人，提升医学生职业素养中的主导作用，树立先进典型，让师生学有榜样、做有标杆，塑造向上向善的校园新风。

四 结语

“三全育人”是现阶段西部高校教育实践中被重点强调的内容，其对于未来西部高校学生的综合价值发挥有非常重要的作用，因此，在现阶段的高校教育实践中积极地强调相应的工作具有突出的现实意义。文章对西部高校“三全育人”工作开展的影响因素进行了分析与总结，并就工作有效性开展的具体对策进行讨论，目的是为西部高校教育工作开展提供指导和帮助。

生 态 篇

Ecology Chapters

B.14

建设国家公园示范省 构建生态安全新格局

——青海以国家公园为主体的自然保护地体系示范省建设的探索与实践

李晓南　张明庆　岳焕宽　李勤奋*

摘　要：青海是“三江之源”“中华水塔”，是国家生态安全“两屏三带”战略格局的重要组成部分，对国家生态安全、民族永续发展负有重大责任。2019年6月，青海省政府会同国家林业和草原局启动了以国家公园为主体的自然保护地体系示范省建设。这是青海践行习近平生态文明思想的生动实践，是新时

* 李晓南，青海省林业和草原局（祁连山国家公园青海省管理局）党组书记、局长，研究方向为生态文明建设；张明庆，青海省林业和草原局（祁连山国家公园青海省管理局）人事处处长，研究方向为林业草原干部队伍建设；岳焕宽，青海省林业和草原局（祁连山国家公园青海省管理局）办公室（政策法规处）副主任，研究方向为林业草原生态保护建设；李勤奋，青海省林业和草原局人事处副处长，研究方向为林业草原干部队伍建设。

代推进青海生态文明建设的总抓手。对此进行研究，对于科学把握新发展阶段，贯彻落实新发展理念，服务保障新发展格局，把青藏高原打造成全国乃至国际生态文明高地具有十分重要的现实意义。

关键词：　国家公园　自然保护地体系　示范省建设　青海省

2017 年 10 月 18 日，习近平总书记在党的十九大报告中提出："构建国土空间开发保护制度，完善主体功能区配套政策，建立以国家公园为主体的自然保护地体系。"[①] 这是以习近平同志为核心的党中央，从国家生态安全大局出发，立足我国发展新阶段和人民新期待，着眼解决人民群众日益增长的优美生态环境需要与优质生态产品供给不平衡不充分之间的突出矛盾，对我国生态文明建设体制机制做出的系统性变革、革命性重塑，对有效保护我国重要的自然生态系统和生态资源，提升生态产品供给能力，维护国家生态安全，建设美丽中国，实现中华民族永续发展具有十分重大的现实意义和深远的历史意义。

青海先后实施了三江源、祁连山两个国家公园体制试点，是全国首个国家公园体制试点省，全国首个双国家公园体制试点省，为国家公园体制改革积累了宝贵经验。为认真贯彻落实党的十九大"建立以国家公园为主体的自然保护地体系"的重大部署，青海省委、省政府深入学习贯彻习近平生态文明思想，深入学习领悟习近平总书记对青海"三个最大"省情定位和"四个扎扎实实"重大要求，统筹把握青海新时代生态文明建设的新特点新要求、青海特殊而重要的生态地位、双国家公园体制试点的良好基础，做出建设以国家公园为主体的自然保护地体系示范省（以下简称"国家公园示范省"）的

① 《决胜全面建成小康社会　夺取新时代中国特色社会主义伟大胜利》，习近平代表第十八届中央委员会在中国共产党第十九次全国代表大会上向大会作的报告，2017 年 10 月 18 日。

重大决策。

2019 年国家公园示范省建设全面启动以来，青海省委、省政府主要领导亲自挂帅、全力推动，全省上下思想上高度重视、认识上高度统一，各司其职，通力协作，统筹推进规划编制、本底调查、标准制度、生态工程等建设任务，使示范省建设取得了阶段性成效，初步探索形成了具有青海特色的自然保护地体系建设管理新路子，为全国建立以国家公园为主体的自然保护地体系积累了经验、提供了借鉴。

一　背景情况

自然保护地是由政府依法划定或确认，对重要的自然生态系统、自然遗迹、自然景观及其所承载的自然资源、生态功能和文化价值实施长期保护的陆域或海域。[①] 国家公园是最重要的自然保护地类型，在维护国家生态安全关键区域中居于首要地位，在保护最珍贵、最重要的生物多样性集中分布区中居于主导地位，在自然保护地体系中居于主体地位。以国家公园为主体的各类自然保护地是守护自然生态、保育自然资源、维护自然生态系统健康稳定、提高生态系统服务功能、维持人与自然和谐共生并永续发展最有效的方式，是生态建设的核心载体、中华民族的宝贵财富、美丽中国的重要象征。

建立以国家公园为主体的自然保护地体系，是贯彻习近平生态文明思想的重大举措，是党的十九大提出的重大改革任务，是生态文明制度体系建设的重大创新。[②] 党的十八届三中全会首次提出“建立国家公园体制”。党的十九大做出“建立以国家公园为主体的自然保护地体系”重大部署。2019 年 6 月，中共中央办公厅、国务院办公厅印发《关于建立以国家公园为主体的自然保护地体系的指导意见》，要求按照山水林田湖草生命共同体理

① 中共中央办公厅、国务院办公厅：《关于建立以国家公园为主体的自然保护地体系的指导意见》，2019 年 6 月。

② 中共中央办公厅、国务院办公厅：《关于建立以国家公园为主体的自然保护地体系的指导意见》，2019 年 6 月。

念，创新自然保护地管理体制机制，实施自然保护地统一设置、分级管理、分区管控，把具有国家代表性的重要自然生态系统纳入国家公园体系，实行严格保护，形成以国家公园为主体、自然保护区为基础、各类自然公园为补充的自然保护地管理体系，这标志着国家公园体制改革顶层设计和实现路径全面确立，我国自然保护地建设管理进入全面深化改革的新阶段。①

习近平总书记高度重视并亲自推动国家公园体制试点工作，主持召开多次中央全面深化改革委员会会议，先后审议通过了三江源、东北虎豹、大熊猫、祁连山、海南热带雨林等国家公园体制试点方案。并多次对国家公园建设做出重要指示批示，明确要求着力建设国家公园，保护自然生态系统的原真性和完整性，给子孙后代留下珍贵的自然遗产；要在总结试点经验的基础上，坚持生态保护第一、国家代表性和全民公益性相统一的国家公园理念，构建以国家公园为主体的自然保护地体系。② 这些重要指示批示精神，为建立国家公园体制指明了方向、提供了遵循，构成了习近平生态文明思想的重要组成部分。

青海作为长江、黄河、澜沧江的发源地，享有“中华水塔”的美誉，是欧亚大陆孕育大江大河最多的区域，是世界高海拔地区生物多样性最集中的地区，是国家生态安全“两屏三带”战略格局的重要组成部分，地理位置重要，生态区位特殊。习近平总书记对青海生态环境保护建设高度关注、寄予厚望，提出了青海“最大的价值在生态、最大的责任在生态、最大的潜力也在生态”的“三个最大”重要定位，强调保护好三江源，保护好“中华水塔”，筑牢国家生态安全屏障，确保“一江清水向东流”，是青海义不容辞又容不得半点闪失的重大责任。

青海省委、省政府牢记总书记殷切嘱托，把生态保护优先作为立省之要，把扎扎实实推进生态环境保护作为重大政治责任，全面加强生态保护建设，推进生态文明，取得显著成效。特别是在国家的大力支持下，启动实施

① 《习近平主持召开中央全面深化改革委员会第六次会议》，《人民日报》2019 年 1 月 23 日。

② 《张永利在国家公园与生态文明建设高端论坛上的致辞》，国家林业和草原局网站，2018 年 9 月 28 日，http：//www. forestry. gov. cn/main/2672/20180929/173143821199744. html。

了三江源、祁连山两个国家公园体制试点，在创新体制机制、健全政策制度体系、保护生态环境、保障改善民生等重要领域和关键环节取得了重要成果，确立了依法、绿色、全民、智慧、和谐、科学、开放、文化、质量建园九大国家公园建设理念，形成了规划、政策、制度、标准、机构运行、人力资源、多元投入、科技支撑、监测评估考核、项目、生态保护、宣传教育、公众参与、合作交流、社区共管15个管理体系，积累了建设国家公园的丰富经验。截至2020年，全省建立了包括三江源、祁连山2个国家公园体制试点，11个自然保护区，14处水产种质资源保护区，以及森林公园、湿地公园、沙漠公园、地质公园、风景名胜区等在内的各级各类自然保护地109处，总面积达26.58万平方公里，占全省总面积的36.8%。这些自然保护地涵盖三江源区、青海湖流域、祁连山地区、柴达木盆地、湟水流域五大生态板块，类型丰富、功能多样、面积广阔，在保护生物多样性、保存自然遗产、改善生态环境质量和维护国家生态安全方面发挥了重要作用，也为建设国家公园示范省提供了优越的基础条件。

但从发展的眼光看，尤其是与习近平总书记对青海生态保护的殷切嘱托、与国家对自然保护地建设的新定位新要求相比，青海在自然保护地建设管理上还存在一系列亟待破解的难题，主要表现在5个方面。一是多重设立造成自然保护地区域交叉、空间重叠，如青海湖区域设有自然保护区、风景名胜区、水产种质资源保护区、国家地质公园4类保护地；尖扎县坎布拉区域设有国家森林公园、国家地质公园、省级风景名胜区、黄河走廊国家水利风景名胜区、特有鱼类国家级水产种质资源保护区5类保护地。二是以资源分类和行政区划为主导的划分方式造成自然保护地孤岛化、破碎化，如三江源自然保护区约古宗列保护分区，因行政划界因素未将称多县西北部同属黄河源头的自然区域纳入保护区范围；三江源格拉丹东保护分区受行政管理因素制约，未将长江源头沱沱河流域纳入保护区范围；湟水河流域在不同地段分行政区域设立了几处国家湿地公园。三是标准规范不一，保护要素不同，认识水平、技术因素差异等导致自然保护地边界不清、功能区划不合理，如黄河贵德段特有鱼类国家级水产种质资源保护区批复面积为1149公顷，落界面积为2983公顷；柴达木梭梭林国家级自然保护区都兰片区只分布有少量梭梭植株，大部分区域为戈壁滩地。四是民生保障与生态保护协调发展的历史遗留问题多，如青海湖国家级自然保护区范围内有3个建制乡（镇）；三江源国家级自然保护区麦秀分区部分行政村及生态移民安置点被划入核心区。按照现行法律法规，水利、交通、电力等基础设施和民生项目难以落地实施，既影响群众改善生产生活条件，又影响保护地建设管理。五是管理权重置、权责不清、基础保障薄弱。大多数自然保护地机构设置不规范，有的分部门、分保护要素多重设置管理机构，造成权责不清、管理不到位；有的无独立机构或有独立机构但无专职管理人员，导致无法进行有效保护。

建设国家公园示范省，通过加强顶层设计、理顺管理体制、创新运行机制、强化监督管理、完善政策支撑，在全省建立以国家公园为主体、自然保护区为基础、各类自然公园为补充，分类科学、布局合理、保护有力、管理有效的自然保护地体系，形成自然生态系统保护的新体制、新机制、新模式，可以有效破解当前自然保护地建设管理中存在的突出问题，促进生态环境治理体系和治理能力现代化，促使自然保护地生态保护功能全面充分发挥，确保全省重要自然生态系统、自然遗迹、自然景观和生物多样性得到系统性保护，为维护国家生态安全和实现全省经济社会可持续发展筑牢基石，为建设更加富裕文明和谐美丽新青海奠定生态根基，也可为全国建立以国家公园为主体的自然保护地体系探索路子、积累经验，提供“青海方案”，贡献“青海智慧”。[①]

通过建设国家公园示范省，生态文明理念必将进一步融入青海政治、经济、文化、社会各方面和全过程，青海的绿色发展方式一定会不断升级、日趋完善，青海的绿色发展之路一定会越走越宽阔、越走越敞亮，一定能保护好“三江之源”，守护好“中华水塔”，维护好“生态屏障”，呵护好“地球第三极”生态，确保“一江清水向东流”，为建设美丽中国、构建人类命运共同体担当青海责任。

---

① 《〈青海日报〉【两会进行时】展望“十四五”开启新征程——省十三届人大六次会议第二场新闻发布会实录》，青海省人民代表大会常务委员会网站，2021年2月3日，http://www.qhrd.gov.cn/html/3478/39162.html。

二　主要做法

建设国家公园示范省，无现成经验可借鉴、无成熟模式供复制、无完善体制能匹配，一切工作都是从头开始、从零起步，所有事项都需要"摸索前进"。青海省林业和草原局在省委、省政府的领导下，积极探索，勇于实践，举全省之力、集各方智慧，全力推进示范省建设取得实效。

（一）坚持谋深谋远、谋细谋实，着力描绘好总体蓝图

1. 加强顶层设计

在全国率先出台《贯彻落实〈关于建立以国家公园为主体的自然保护地体系的指导意见〉的实施方案》，编制《青海以国家公园为主体的自然保护地体系示范省建设实施方案》和《青海建立以国家公园为主体的自然保护地体系示范省建设三年行动计划（2020—2022 年）》，确定了 8 个方面 42 项具体行动，明确了示范省建设的总体思路、具体目标和工作要求，形成示范省建设的任务书、时间表、路线图，确保了示范省建设按照正确轨道有序推进。

2. 强化规划引领

组织编制《青海以国家公园为主体的自然保护地体系示范省建设总体规划》《青海省自然保护地总体规划》和青海湖、昆仑山两个国家公园规划，修订完善《三江源国家公园总体规划》《祁连山国家公园总体规划》，陆续编制各自然保护地专项规划，每年度制订实施计划，形成由总体规划和专项规划、年度实施计划等组成的规划体系，充分发挥规划引领作用，确保"一张蓝图干到底"。[①]

3. 统一标准规范

研究制定自然保护地调查评价方法研究报告、管理体制建构方案、范围

① 《青海以国家公园为主体的自然保护地体系示范省建设白皮书》，青海以国家公园为主体的自然保护地体系示范省建设工作领导小组办公室，2020 年 3 月。

和区划调整办法等18项制度办法，自然保护地监测评估、特许经营等4项技术标准，形成了规范统一的制度标准体系。

（二）坚持深化改革、推陈出新，着力创新管理体制

1. 创新推进国家公园体制试点

全面完成三江源国家公园31项试点任务，在全国10个国家公园体制试点综合评估中名列第一，祁连山国家公园体制试点顺利通过国家评估验收，也位居10个体制试点前列。三江源国家公园打破条块分割、管理分散的传统模式，对3个园区进行大部门制改革，整合林业、国土、环保、水利、农牧等部门职责，实行集中统一管理和执法，有效破解了“九龙治水”樊篱。祁连山国家公园充分调动园区与地方两个积极性，建立以省、州、县三级管理机构为主干，以9个管护中心和40个管护站点为末梢的管理体系，形成上下贯通、左右协同、优势互补的新管理格局。积极谋划推进青海湖、昆仑山国家公园申建工作，着力打造具有国际影响、中国特色、青海特点的国家公园集群。

2. 着力构建科学合理的自然保护地新体系

在全国率先启动自然保护地调查评估和整合优化工作，完成全省223处各级各类保护地的外业调查、统计汇总、矢量化落界，摸清全省自然保护地“家底”。并将其中109处纳入整合优化范围，通过整合设立国家公园、整合交叉重叠保护地、归并优化相邻保护地、评估新建保护地等措施，使保护地空间布局和功能定位更加合理。整合优化后全省自然保护地数量减少到79处，总面积增加了3.41万平方公里，占全省面积比重提高了4.89个百分点，其中国家公园面积占自然保护地总面积的52.2%，初步形成了以国家公园为主体、自然保护区为基础、自然公园为补充的自然保护地新体系。[①]

① 《〈青海日报〉【两会进行时】展望“十四五”开启新征程——省十三届人大六次会议第二场新闻发布会实录》，青海省人民代表大会常务委员会网站，2021年2月3日，http://www.qhrd.gov.cn/html/3478/39162.html。

3. 全面推进自然保护地统一管理

整合全省各类自然保护地管理职能，由林草部门统一负责监督管理，实现自然保护地集中统一管理。编制地方政府和管理部门履行自然保护职责办法和权责清单，建立权责边界清晰，所有权和监管权分离，地方政府和管理部门相向而行、良性互动、有效融合的新型保护地管理体制和运行机制，压实了管理责任，理顺了管理关系。

4. 实行资源环境综合行政执法

统一授权自然保护地管理机构履行其范围内必要的资源环境综合行政执法职责，建立了高效有力的自然保护地综合管理机构和执法队伍。省林业和草原局会同省检察院成立三江源生态公益司法保护中心和联络处，自然资源刑事司法和行政执法实现高效联动。特别是 2020 年 11 月，调整组建省公安厅森林警察总队，加挂省公安厅国家公园警察总队的牌子，履行保护青海自然资源和生态环境安全的职责使命，有力保障了国家公园示范省建设。

5. 开展自然保护地自然资源资产确权登记

将每个自然保护地作为独立的登记单元，明确各类自然资源资产的面积和权属性质，落实自然保护地内全民所有自然资源资产的管理主体和权利。2018 年 7 月，祁连山国家公园青海片区自然资源统一确权登记试点工作各项成果顺利通过了自然资源部评估验收。①

（三）坚持多措并举、内外联动，着力健全资金保障机制

1. 积极落实支持政策

按照“两级设立、分级管理”的原则，明确中央和地方事权，积极争取国家加大对园区建设、公益管护岗位设置等方面的支持力度。省级财政按照事权划分，制定和采取相应的政策措施，保障国家公园等各类自然保护地的保护、运行和管理。同时加强国际交流合作，努力争取国际援助。2020

① 《〈青海日报〉【两会进行时】展望“十四五”开启新征程——省十三届人大六次会议第二场新闻发布会实录》，青海省人民代表大会常务委员会网站，2021 年 2 月 3 日，http://www.qhrd.gov.cn/html/3478/39162.html。

年，共争取国家公园示范省建设经费 6.54 亿元，切实保障了示范省建设的顺利推进。

2. 加大生态工程投入

结合三江源生态保护与建设二期、祁连山生态环境保护与综合治理、青海湖流域及周边综合治理、天然林资源保护、“三北”防护林体系建设、退耕还林还草、水土保持等生态工程，持续加大对自然保护地及其周边森林、草原、湿地、冰川、河湖等生态系统的保护、修复和建设力度，逐年增加对管护站点、巡护路网、防灾减灾、监测监控等基础设施的投入，有力支撑了自然保护地生态保护和综合治理。

3. 加强生态效益补偿

实施森林生态效益补偿、三江源生态补偿、草原生态保护补助奖励和湿地生态效益补偿试点四项生态保护补偿项目，全省 7441.4 万亩国家级公益林、5517.3 万亩天然林、4.74 亿亩可利用天然草原纳入生态补偿范围。同时，积极创新生态补偿机制落实办法，探索建立碳汇交易等市场化生态补偿机制，拓宽了资金投入渠道。2020 年顺利完成西北地区首笔林业碳汇交易，交付核证减排量共计 25.4 万吨，成交价格 254 万元，实现高原碳汇零突破。

4. 打造绿色金融体系

积极构建包括信贷、债券、保险、碳金融等在内的绿色金融体系，为生态保护、绿色发展注入源源不断的金融“活水”。与国开行青海省分行、农发行青海省分行签署《利用开发性和政策性金融推进林业生态建设合作协议》，搭建了银政交流合作平台。组建省林业生态建设投资有限责任公司，成为全省最大的生态建设工程投资主体、承接平台和经营实体。2019 年在全国首发 1 亿元林业生态地方政府专项债券，2020 年又发行 2 亿元。

5. 建立特许经营机制

研究建立自然资源有偿使用制度，界定各类自然资源资产产权主体的权利和义务，制定自然保护地控制区经营性项目特许经营管理办法，探索推进“政府主导、管经分离、多方参与”的特许经营机制，调动企业和社会各

界，特别是当地群众参与的积极性。同时，建立社会捐赠和志愿服务制度，完善志愿服务队伍建设、活动运行、激励回馈、政策法律保障机制，鼓励自然保护地志愿服务和社会捐赠。

（四）坚持架梁立柱、夯基垒台，着力实现科学有效管理

1. 完善法规制度

率先探索自然保护地立法，启动《青海省自然保护地条例》《祁连山国家公园青海片区管理条例》地方立法工作。加强制度建设，制定了自然保护地项目、资金、财务、督查、土地流转、社会参与、生态体验、科研科普、合作交流、责任考核、生态补偿等多项管理制度，实现规范管理。

2. 强化监督管理

建立了生态文明建设目标评价考核体系，权益保障、信用联合奖惩机制和第三方评估制度，对生态系统状况、环境质量变化、生态文明制度执行情况等进行系统评价奖惩。每年集中组织开展专项行动，对各类自然保护地内的探采矿、水电资源开发等人为活动进行全面检查，严厉打击滥采盗挖、非法生产、乱排乱放等破坏生态环境的行为。

3. 加强生态监测

筹建国家公园生态监测大数据中心，优化现有生态监测网络布局，着力构建“天空地一体化”的生态监测网络和自然资源基础数据库、统计分析平台，实现对生态环境的动态监测、精准施策和有效管理。

4. 夯实科技支撑

建立中科院三江源国家公园研究院、高原科学与可持续发展研究院、祁连山国家公园国家长期科研基地，为自然保护地建设管理提供科技支撑和技术服务。

5. 开展生态产品价值核算和认证机制研究

努力构建物质产品、生态调节产品和生态文化产品价值核算指标体系，建立自然保护地资源可持续经营管理、生态旅游、生态康养等认证机制，推动建立与生态产品价值相适应的制度政策体系。

（五）坚持共建共享、绿富双赢，着力推动人与自然和谐共生

1. 推动共建共管共享

牢固树立流域生命共同体理念，推动建立长江、黄河、澜沧江流域省份协同保护三江源生态环境共建共享机制，形成全流域共抓大保护的工作格局。努力构建社区发展新模式，打造生态社区、智慧社区、和谐社区，增强社区居民主人翁意识，共同营造各族群众共享的绿色家园、精神家园、幸福家园、法治家园。[①] 祁连山国家公园探索建立“村两委 +”生态保护、宣传教育、民生发展生态保护新机制，实现了生态保护与民生改善协调共赢。

2. 注重生态利民惠民

坚持公益岗位、生态补偿、务工增收等综合施策，让广大人民群众共享生态红利。全省共设置草原、森林、湿地生态保护公益岗位 14.51 万个，其中建档立卡生态扶贫管护公益岗位 4.99 万个；尤其是三江源国家公园实现园区“一户一岗”，17211 名生态管护员持证上岗，人均年收入 2.16 万元，实现持续稳定脱贫。仅 2020 年，全省通过落实生态补偿政策，直补农牧民各类资金 18.75 亿元。

3. 大力发展生态富民产业

积极引导自然保护地内及周边群众因地制宜发展特色经济林、生态旅游、种苗繁育、中藏药材、特色杂果、林下种养和林家乐等特色产业，实现生态保护、环境美化、群众增收、区域发展共赢。2020 年全省林草产业年产值达到 364 亿元，带动就业近 30 万人，带动农户近 12 万户、40 万人，户均增收 1.2 万元、人均增收 4000 ~ 6000 元。

4. 保护传承优秀文化

深入挖掘推动生态、农耕、草原、民俗等文化遗产活态传承和合理适度利用，创造性转化、创新性发展，不断丰富生态文化时代内涵。加大对文物

---

① 李晓南：《聚焦生态保护和民生改善三江源国家公园扶贫工作取得阶段性成效》，青海《党的生活》2019 年第 2 期。

古迹、古村落古建筑、民族村寨、农牧业遗迹等保护力度，支持农牧区优秀戏曲曲艺、少数民族文化、民间文化等传承发展。[①] 加强生态体验和自然教育，把自然保护地打造成自然生态体验区和环境教育展示平台，使公众在融入自然、享受自然的过程中，增强热爱自然、保护自然的意识。

三　经验启示

（一）国家公园示范省建设必须以习近平生态文明思想为根本引领

党的十八大以来，习近平总书记以世界文明形态的演进、人类的永续发展、我们党的宗旨责任、人民群众的民生福祉以及构建人类命运共同体的宏大视野，以宽广的历史纵深感、厚重的民族责任感、高度的现实紧迫感和强烈的世界意识，创造性地提出了“生态兴则文明兴”“人与自然和谐共生”“绿水青山就是金山银山”“良好生态环境是最普惠的民生福祉”“山水林田湖草是生命共同体”等一系列科学论断，形成了习近平生态文明思想，为新时代推进生态文明建设，实现绿色发展提供了科学的思想指引、根本的路径遵循和清晰的实践指南。建设国家公园示范省，必须以习近平生态文明思想为根本遵循，准确把握习近平生态文明思想的重大意义、科学内涵、精神实质和实践要领，使之融入示范省建设的各方面和全过程，使示范省建设成为践行习近平生态文明思想的生动实践和重大成果。

（二）国家公园示范省建设需要高站位认识和推动

青海省委、省政府以谋大局的思维、干大事的气魄、成大业的手笔全力推进国家公园示范省建设，省委、省政府历任主要领导均亲自挂帅出征、顶

① 《〈青海省贯彻落实《关于建立以国家公园为主体的自然保护地体系的指导意见》的实施方案〉印发》，国家林业和草原局网站，2019 年 12 月 24 日，http：//www. forestry. gov. cn/main/72/20191223/154527245884846. html。

层推进，引领全省形成了抓示范省就是抓生态、就是抓发展、就是抓民生的强大共识。省政府和国家林业和草原局签订共建青海国家公园示范省协议，成立了由双方主要领导任双组长的共建领导小组，定期召开会议听取汇报、研究问题、推动落实，为示范省建设提供了坚强的组织保障。全省各地各部门牢固树立“一盘棋”思想，认真履行职责，做好衔接配合，形成上下联动、齐抓共管、协同发力的生动局面。尤其是为满足示范省建设任务需求，省委、省政府结合机构改革调整，在省林业和草原局设立国家公园和自然保护地管理局，成立国家公园科研监测评估中心和祁连山国家公园青海服务保障中心，充实了工作力量。

（三）国家公园示范省建设需要正确处理保护和发展的关系

习近平总书记强调，生态环境保护和经济发展不是矛盾对立的关系，而是辩证统一的关系；要坚持在发展中保护、在保护中发展，不能把生态环境保护和经济发展割裂开来，更不能对立起来。[①] 保护自然生态是自然保护地的核心任务，推进国家公园示范省建设要始终将增强各类自然保护地的生态功能作为出发点和落脚点。同时，要正确把握生态环境保护和经济发展的关系，看到自然保护地具有的生态、经济、社会等多种效益，坚持在严格保护的前提下，推动自然资源科学合理利用和有偿使用，做到保护和利用两手抓、两手硬、两促进，让绿水青山出“颜值”，金山银山有“价值”。要立足资源禀赋大力发展绿色生态产业，促进生态经济高质量发展，为推进全省生态保护建设提供更强大的支撑。要建立健全利益共享和协调发展机制，保护好当地群众的合法权益，推动各产权主体共建共享，实现可持续发展，人与自然和谐共生。

（四）国家公园示范省建设需要坚持合作开放的理念

国家公园示范省建设是一项全新的探索，涉及面广，政策性强。青海

---

① 中共中央文献研究室编《习近平关于社会主义生态文明建设论述摘编》，中央文献出版社，2017。

作为先行先试的省份，要充分发挥自身优势和主观能动性，种好“试验田”，当好“排头兵”。同时要加强与外界合作交流，以开放、包容的姿态积极借鉴创新理念，实现引智借力、高质量推进。2019 年 8 月 19 日，青海省政府与国家林业和草原局在西宁共同举办第一届国家公园论坛，习近平总书记亲自致信祝贺论坛开幕，深刻阐述了实行国家公园体制的意义、理念、目的和内涵，为建好国家公园提供了根本遵循、注入了不竭动力。来自国内外的 450 余位专家学者，围绕“建立以国家公园为主体的自然保护地体系”主题，深入研讨并形成了具有鲜明时代特征和价值引领的 8 条“西宁共识”，有力地传播了习近平生态文明思想，提升了我国共谋全球生态文明的话语权，也向全国乃至世界传播了青海声音，展现了“国家公园省、大美青海情”的美好形象。

（五）国家公园示范省建设需要坚持问题导向和实事求是的原则

由于多种原因，在长期的保护发展过程中，我国自然保护地管理存在交叉重叠、多头管理、边界不清、功能区划不合理、开采严重等诸多历史遗留问题。推进示范省建设，必须坚持问题导向和实事求是原则，妥善解决这些遗留问题，为加强自然生态保护创造更好的条件。例如，要围绕全省国土空间规划编制，结合“三区三线”划定和“三区变两区”等工作，将城市、建制乡镇、行政村建成区，生态区位不重要、生物多样性不丰富地区，永久性基本农田，国家重大建设项目占地，且难以避让的区域调出自然保护地范围。要科学开展自然保护地勘界立标，对自然保护地实地勘测与公布面积不符等情况进行一次性纠正。要使用开创性的措施办法，合理有序清退核心保护地内居民、耕地和矿业权。

四　下一步措施

青海推动以国家公园为主体的自然保护地体系建设确立了“三步走”

的战略目标。第一步是到2020年，构建起以国家公园为主体的自然保护地体系基本框架。目前，这一阶段任务已经基本完成。三江源、祁连山国家公园体制试点任务已经完成并全面启动设园工作。青海湖、昆仑山国家公园的申报已经完成规划编制等前期工作，自然保护地整合优化基本完成。第二步是到2022年，全面建成以三江源、祁连山、青海湖、昆仑山国家公园为主体的自然保护地体系，建立具有青海特色的绿色发展和管理、科研体系，彰显国家公园省的示范带动作用。第三步是到2025年，建立具有国际影响力、特色鲜明的自然保护地新模式，成为全国乃至国际生态保护修复示范区、自然保护地体系典范区、人与自然和谐共生先行区、高原大自然保护展示区、优秀生态文化传承区。[①] 下一步，要坚持以习近平生态文明思想为指导，特别是习近平总书记在2021年3月7日参加十三届全国人大四次会议青海代表团审议时强调，青海要在建立以国家公园为主体的自然保护地体系上走在前头，让绿水青山永远成为青海的优势和骄傲，造福人民、泽被子孙。青海锚定目标任务，奋力推动以国家公园为主体的自然保护地体系建设实现新突破、取得新成效。

（一）进一步完善管理体制

研究制定自然保护地机构设置、职责配置、人员编制管理办法。完善统一的生态管护、生态奖补等管理制度。加强区域生态环境保护和地区间生态环境联保联防联治，形成更加系统完善的资源环境综合行政执法制度体系。

（二）进一步优化保护地体系

在做好三江源国家公园、祁连山国家公园正式设园的基础上，加快推进青海湖国家公园、昆仑山国家公园规划和建设工作，全力打造具有青海特色的国家公园群。科学划定自然保护地分类标准，全面厘清各类自然保护地关

---

① 《青海以国家公园为主体的自然保护地体系示范省建设实施方案》，青海省人民政府、国家林业和草原局，2019年11月16日。

系。进一步有序整合交叉重叠保护地、归并优化相邻保护地、评估新建保护地，优化边界范围，完善功能分区，妥善解决历史遗留问题。

（三）加强生态保护

坚持“自然恢复为主、人工干预为辅”的原则，推进山水林田湖草沙冰系统治理，进一步统筹实施三江源生态保护与建设、祁连山生态环境保护与综合治理、青海湖流域及周边综合治理等生态工程，加大对野生动物旗舰物种及其栖息地的保护力度，不断改善自然保护地生态环境，拓展生态系统功能。

（四）夯实管护基础

加大资金投入，研究推动建立市场化、多元化的生态补偿机制，保障国家公园等各类自然保护地的运行和管理。深化与国内外科研院所、高等院校的合作，开展青海生态文明建设重大课题、关键领域和技术问题的科学研究。

（五）推动绿色发展

根据各自然保护地的生态系统特征，探索开展生态教育、自然体验、生态旅游等多方式的特许经营。按照习近平总书记提出的“坚持生态优先、推动高质量发展、创造高品质生活有机结合、相得益彰”重要指示精神，结合青海生态资源优势，加快建设国际生态旅游目的地，构建与以国家公园为主体的自然保护地体系相适应、人与自然和谐共生的社区发展模式。

（六）强化交流合作

筹办好第二届国家公园论坛，推动国家公园论坛机制性落地青海省，进一步做大做强国家公园论坛品牌，向全国乃至世界展现“国家公园省、大美青海情”的美好形象，传播习近平生态文明思想，为打造绿色生态“朋友圈”，推进全球生态文明建设做出新贡献。

B.15
三江源国家公园人兽冲突的困境及对策建议

罡拉卓玛　李婧梅　甘晓莹*

摘　要： 三江源地区是我国第一个开展国家公园体制试点的地区，也是全球少有的大型、珍稀、濒危野生动物主要集中分布区之一。近年来，随着生态系统保护取得了较为理想的成绩，园区大型野生动物数量较10年前骤增，分布范围也有了较大的扩张,大型兽类动物伤人、毁坏财物的现象时有发生，园区内人兽冲突现象升级。现行处理三江源国家公园人与野生动物矛盾的机制存在补偿额度过低、理赔程序烦琐等问题，可通过建立基础风险防范系统、完善财产补偿机制、成立野生动物保护专项基金、建立与当地文化相适应的应对策略等方式，妥善处理好人与野生动物的关系，建立人与自然和谐共生的国家公园。

关键词： 国家公园　人兽冲突　三江源地区

近年来，在党和国家的关怀支持下，青海省委、省政府加大保护力度，

---

* 罡拉卓玛，青海省社会科学院藏学研究所副研究员，研究方向为宗教学、民族学；李婧梅，青海省社会科学院生态研究所助理研究员，研究方向为生态学；甘晓莹，青海省社会科学院经济研究所助理研究员，华东师范大学社会学系博士研究生，研究方向为经济社会学、宗教社会学。

在三江源地区陆续实施《青海三江源自然保护区生态保护和建设总体规划》(一期工程)、《青海三江源生态保护和建设二期工程规划》、《三江源国家公园总体规划》等。三江源国家公园的生态系统保护取得了前所未有的成绩，随着生态恢复、野生动物种群数量增加、栖息地扩张等，部分地区野生动物伤人、毁坏财物的现象时有发生，个别受害牧民为保障自身利益会采取报复性捕杀行为，人兽冲突逐渐升级。如何在保护生态环境的同时，妥善处理好人与野生动物的关系，是青海省国家公园建设中亟待解决的现实问题。本报告根据实地调研，提出了具有针对性的对策思路。

一 三江源国家公园野生动物资源现状

三江源国家公园是全球少有的大型、珍稀、濒危野生动物主要集中分布区之一。野生动物资源丰富，动物区系属古北界青藏区“青海藏南亚区”，动物分布型属“高地型”，以青藏类为主，并有少量中亚型以及广布种分布。公园自然生态系统具有青藏高原的代表性，是全国 32 个陆地生物多样性优先区之一。园区内有多种国家级重点保护动物，并以藏羚羊、雪豹、白唇鹿、野牦牛、西藏野驴、黑颈鹤等青藏高原特有珍稀保护物种闻名，素有“高寒生物种质资源库”之称。①

三江源地区孕育和保存了极其丰富的野生动物种群。园区内共分布野生动物 270 种，62 种兽类中肉食目的种类最多，有 19 种，占 30.65%；兽类青藏高原特有种有 47 种，占园区内兽类总数的 75.81%。其中，啮齿类和偶蹄类分别有 14 种和 12 种，分别占园区内兽类总数的 22.58% 和 19.35%；兔形目有 9 种，占园区内兽类总数的 14.52%。截至 2020 年 10 月，青海省兽类共有 103 种，三江源国家公园分布的兽类占青海省的 60.19%。园区内现有各类保护野生动物 192 种，超过分布物种总数的 70%；现有国家重点保护陆生野生动物 57 种，约占分布物种总数的 1/5。其中，国家一级重点

① 中国科学院西北高原生物研究所:《三江源国家公园野生动物本底调查技术报告》。

保护野生动物共15种，包括7种鸟类和8种兽类（金钱豹、雪豹、西藏野驴、白唇鹿、藏羚羊、野牦牛、林麝、高山麝）；国家二级重点保护野生动物共42种，包括14种兽类、27种鸟类和1种两栖类。

20世纪末，因气候变化和三江源地区野生动物遭受盗猎和偷捕，三江源野生动物种类和数量大幅度下降。据统计，20世纪80年代中期，青海省药材公司共收购麝香1999公斤，其资源损失量为10万只以上野麝香；20世纪80年代后期，随着鹿茸价格的上涨，野鹿数量下降了90%；20世纪90年代，国际市场藏羚羊绒价格暴涨，三江源区内非法猎杀藏羚羊近3万只，藏羚羊种群数量直线下降。[①] 由于当时疏于管理，三江源核心区内非法淘金破坏当地生态和野生动物栖息地的行为时有发生，淘金者们猎杀野生动物为食，严重破坏了三江源野生动物的食物链和生存空间。

21世纪以来，三江源地区陆续实施《青海三江源自然保护区生态保护和建设总体规划》（一期工程）、《青海三江源生态保护和建设二期工程规划》、《三江源国家公园总体规划》等。在政府、牧民、民间组织等利益相关方的通力合作下，加强了野生动物栖息地保护、巡护、监测和专项执法等保护行动和管护措施，三江源区野生动物种群数量得以恢复与增长。根据《三江源国家公园公报（2018年）》，三江源国家公园内藏原羚约为6万只，西藏野驴约为3.6万只，藏羚羊约为6.5万只，白唇鹿和野牦牛的种群数量均为1万头左右，雪豹种群数量在600只左右。

二　三江源国家公园内人兽冲突的具体表现和补偿办法

随着三江源国家公园生态系统结构和功能逐渐恢复，野生动物种群数量上升，野生动物单位密度增大，原有栖息地资源难以满足其生存与繁殖的需要，或与人类的生产、生活空间重叠。野生动物开始扩张其活动范围，与家

① 《名香之冠：青海麝香的故事》，个人图书馆网站，2015年6月13日，http：//www.360doc.com/content/15/0613/19/8023983_477901567.shtml。

畜竞争草场、侵扰和捕食牛羊家畜，破坏房屋圈舍，甚至致人死亡，人兽冲突日益凸显，人与野生动物和谐相处面临巨大挑战。如何在保护生态环境的同时，妥善处理好人与野生动物的关系，是三江源国家公园建设中亟待解决的现实问题。

（一）人兽冲突的表现

1. 人兽资源争夺

人兽冲突是指当人类与野生动物的行为对彼此不利时发生的情况。但从目前研究来看，多指人类生命或日常生活受到野生动物的威胁或者损害的情形。世界自然保护联盟 2005 年的声明指出，野生动物与人类的需求相重叠并且引起人类或者野生动物付出代价的时候即会发生人兽冲突。三江源地区生态保护工作的开展使野生动物种群数量较 10 年前骤增，分布范围与之前相比也有了较大的扩张，食草动物与家畜争夺草场资源现象较为普遍，如三江源国家公园长江源园区索加乡君曲、当曲、莫曲、牙曲等村现今就随处可见百头以上的藏野驴群，多彩乡白唇鹿、黄羊、岩羊种群数量也日益增多。以索加乡莫曲村闹布、白玛文州、沙周等牧户草场为例，因藏野驴争食牧户四季草场，牧民每年冬季需采购草料喂养家畜，被迫迁离冬季草场。

2. 损害群众财产

部分大型兽类如狼、猞猁、棕熊、雪豹近年来在牧民生产生活区出没范围大为扩大，频度大为增加，开始影响牧民正常放牧和生产生活。三江源国家公园连续发生食肉动物袭击牧民定居点的事件，造成家畜、粮食、房屋建筑等财产损失和人员伤亡。尤其是棕熊伤人事件频发，损害人民群众财产，威胁人民群众生命安全。这些大型兽类是生态系统中的顶级捕食者，没有天敌，一旦栖息地难以满足生存需求，其将转而向人类社会寻求食物。从玉树州相关部门记录的棕熊袭击当地牧民及定居点的情况来看，2016 年 7 月至 2017 年 8 月，仅玉树州治多县扎河乡就发生多起棕熊袭击牧民事件；2019 年有 18 户牧民住宅遭熊损坏；2020 年长江源园区仅在 4 ~5 月就发生熊害 4

起。棕熊经常出没在治多县垃圾填埋场、距县城 9 公里的岗察寺敬老院内，虫草采挖期，熊频繁出没在虫草采挖驻扎帐篷附近，影响牧民采挖；长江源园区索加乡党员活动室、牧户屋顶、门窗、家具经常遭熊破坏。2020 年 12 月，央视新闻频道报道了青海省天峻县境内棕熊闯入居民家中，破坏人民群众财物、威胁人民生命安危的事件，引起社会广泛关注。为保障自身利益，牧民群众会对野生动物进行报复性捕杀。可以看出，三江源人兽冲突造成的损失巨大，包括人与野生动物受伤或死亡、农作物损害、牲畜被捕食、房屋等财产损失及野生动物被捕杀等恶性后果。

3. 人兽冲突特征

三江源国家公园内，每年 1 月、2 月和 12 月棕熊和狼引起的冲突较少，冲突高峰期通常为 6 月。从地区分布看，热点区域是曲麻莱县和治多县，特别是曲麻莱县秋智乡和麻多乡，治多县治渠乡、多彩乡、立新乡和扎河乡，曲麻莱县和治多县交接区域是人兽冲突高发区，囊谦县人兽冲突整体相对较少；从受损类型看，对牛的攻击和伤害最为严重，对牛造成伤害的冲突明显多于对羊和马造成伤害的冲突以及对房屋和家具等其他财产造成破坏的冲突。

（二）现行解决人兽冲突的办法

目前，对三江源国家公园人兽冲突的解决办法以经济补偿为主，按照 2012 年颁布实施的《青海省重点保护陆生野生动物造成人身财产损失补偿办法》执行，该办法对野生动物造成人身财产损害的各种情形有详细的规定。

同时，三江源国家公园为实现人与自然和谐共生，一是设置公益性生态管护岗位，实现园区内牧民“一户一岗”全覆盖，使牧民参与三江源国家公园建设，参与野生动物保护。二是三江源国家公园在国内率先尝试建立家畜保险基金制度，吸纳牧民自愿为牛羊投保，每年有 8000 头左右的牦牛参加保险，每头牦牛缴纳保险金 3 元，共同纳入社会捐助和政府筹措资金。村民每损失一头牛，可以获得补偿 500 元。

三　三江源国家公园人兽冲突的困境

我国对人兽冲突的研究有限，对造成损失的野生动物的生活习性和活动规律了解不深，对当地牧民经济损失的赔偿有限。同时，三江源国家公园地处偏僻、地形复杂，野生动物保护方法、技术、设备相对落后，管理人员较少，管理经验不足。在园区内野生动物种群数量递增、野生动物栖息地扩张难以满足其生存需要等因素的影响下，大型兽类与当地牧民关系紧张，生物多样性受到威胁。

（一）不利于牧民参与野生动物保护

截至2019年底，三江源国家公园社区牧民达6.28万人，其中95%以上为藏族。受地理、宗教、民俗等因素的影响，牧民在长期的生产生活中积累并形成了敬畏、爱护自然的朴素生态观，加之10多年生态保护工程的实施，当地牧民并未轻易主动去伤害野生动物。曾有环保组织为牧民安装太阳能电围栏防止大型野生动物的入侵，但由于电压不够及损坏后维修成本高，效果并不理想。狼、棕熊等大型野生动物对当地牧民的财产和人身安全仍然具有较高的破坏性和危害性，为保护自身利益，牧民在财产、生命受到威胁后极有可能会产生对野生动物的报复性猎杀行为。人兽冲突的升级削弱了牧民保护野生动物的积极性，以暴制暴带来的危险不仅不利于野生动物保护工作，更不利于创造人与自然和谐共存的生态局面。这些矛盾给国家公园的保护工作带来了新的挑战，也给人与自然和谐发展带来了新的问题。

（二）补偿标准较低

现行标准下，对受害牧民的补偿金额远远不足以弥补牧民的损失，如发生野生动物肇事造成身体伤害或丧失劳动能力，补偿金额远不足以弥补牧民的损失。三江源地区曾是我国深度贫困区，一旦发生野生动物肇事事件，极有可能使牧民返贫，脱贫攻坚成果难以巩固。玉树州治多县森林公安局估价说明显示，2 岁及 2 岁以下牦牛或犏牛补偿标准为 1000 元，3 岁牦牛或犏牛补偿标准为 3000 元。此标准往往低于牛羊的市场价格，受害群众所获补偿金额难以弥补损失，抱怨和意见较多。

（三）理赔程序烦琐

三江源国家公园地域广阔、交通条件不便，一旦发生野生动物肇事，在理赔过程中，报案、核查、赔付工作会产生较高的人力和交通成本。此外，调查取证过程较难，存在时间上的滞后性，很难做到及时补偿，导致牧民对政府产生信任危机。三江源国家公园付出了高昂的人力、财力、物力代价，却难以满足牧民诉求。同时，三江源国家公园作为逐步完善和发展的自然保护地，理赔机制和相关法律法规还不完善，需要经过提供影像资料、各级认定、层层审批等理赔程序，理赔过程漫长，理赔认定界定含糊。然而收集音像资料和填写各种表格等复杂的理赔程序对当地牧民来说有一定的困难，当地牧民难以获得及时有效的赔偿和社会权利保障。此外，由于补偿分为县、州、省三级，需层层审核统计，即便取得赔付资格，补偿金通常也要等到次年才能发放。这些困难使许多牧民对于申报理赔望而却步。

（四）牧民负面情绪增长

现阶段，在生态保护优先的工作背景下，发生人兽冲突时，保护野生动物是解决问题的主要倾向。野生动物对牧民财产造成的损害由政府来赔偿，而政府的效率、赔偿金额，不能满足受害牧民的诉求，牧民负面情绪不断增长。国家公园内的野生动物不是道德主体，对当地牧民造成财产损害，也无须承担道德或法律责任，当地牧民与野生动物关系比较紧张，牧民对棕熊等大型兽类有一定的负面情绪。三江源国家公园内野生动物种群数量递增，野生动物栖息地不断缩小，打破了自然生态系统中的捕食者和被捕食者的平衡关系，三江源自然生态系统受到威胁。

四　对策建议

人兽冲突是一项“自然—社会—文化”相互关联的综合议题，当前三江源国家公园解决人兽冲突的手段以对牧民的经济补偿为主，强调技术和经济因素的作用，并未充分考量人兽冲突的生态、社会和文化等因素。制定与现有管理政策相衔接，涵盖经济、社会、文化等多元素的人兽冲突管理政策和实施指南尤为必要。

（一）建立基础风险防范系统

三江源国家公园不仅是野生动物的生存空间，也是当地牧民的生活空间。三江源区内，与野生动物共同生存的数千年来，人们逐渐总结各种动物的习性，掌握了有效防止野生动物侵袭的诸多技能。在目前人兽冲突加剧的情况下，应开展事前预防，加强对大型兽类的科学研究，摸清野生动物“家底”，在人兽冲突高发区内调查和监测棕熊等大型野生动物的数量、活动规律、行为特征，明确当地牧民活动区域与野生动物栖息地之间的关系，为有效缓解人兽冲突和保护野生动物提供科学依据。加强冬季牧场房屋和羊圈的加固处理，并在冬季牧场定居点组织巡护人员成立联防队，定期在各分散定居点和冬季牧场周边进行巡护，驱离在定居点附近活动的野生动物，降低牧民与野生动物之间发生冲突的可能性。每年冬季棕熊和野狼会在牧民定居点寻觅食物，建议对牧民冬季草场定居点实行撤户并村，妥善安置牧民食物和饲料，提高当地城镇化水平和通信网络覆盖等基础设施建设水平。深入民户，通过讲解和演练宣传等方式普及防范棕熊等野生动物的知识，并在野生动物栖息地设立警示牌，引导当地牧民远离野生动物栖息地放牧或活动。同时，引进国内外先进的预防喷剂、高频噪音器等设备和防范棕熊的经验。预防和减少人兽冲突应以野生动物管理的公众接受力和提高野生动物对生态系统的积极作用为基础。

（二）完善财产补偿机制

野生动物的生存是生物多样性保护的基础，保护野生动物要求当地牧民不能捕猎任何野生动物，但它们的“过激”活动给当地牧民带来的损失不容忽视。出台相关制度政策确保牧民受损利益及时得到补偿，是三江源国家公园野生动物与人和谐共生，实现可持续发展的重要保障。针对三江源国家公园内棕熊等大型野生动物阶段性对当地牧民生活造成威胁和破坏的现象，政府应引导当地牧民通过商业保险渠道理赔，并出台相关政策大力补贴商业保险理赔额度，以规避由地方财政收入有限、可支配金额不高等因素导致的风险。应建立牧民生活损失理赔制度，完善野生动物生态补偿机制，以消除受害牧民的负面情绪，降低牧民在人兽冲突中的损失，提升牧民对肇事野生动物的容忍度。

（三）成立野生动物保护专项基金

政府是国家公园野生动物保护工作的主要力量，各种环保公益机构和当地牧民也是野生动物保护的生力军。政府应在保障牧民实际利益的基础上成立专项基金，主要用于引导公众参与和开展宣传教育，建立可行、有效的野生动物保护长效机制，动员三江源国家公园内的世居民族参与野生动物的保护工作或者举报捕猎行为等。这样既能减轻政府部门的工作压力，又能有效保护野生动物资源及其栖息地。

（四）建立与当地文化相适应的应对策略

建设人与自然和谐共生的国家公园是三江源国家公园的目标之一，而当地牧民也是三江源国家公园生态系统中的重要组成部分，对其合法权益的保障、民生的改善也是三江源国家公园的重点工作，这意味着保护野生动物时必须权衡好当地牧民与野生动物之间的关系。当野生动物栖息地与人类生产生活区域交叠并产生冲突时，在及时对受损牧民进行补偿的同时，注重社会和文化的变迁以及人们对待野生动物的态度和行为的转变也是关键所在。一

是与三江源国家公园自然条件、藏族风俗习惯和有效经验相结合，正确处理人兽冲突，记录当地社区的态度、需求和愿望，有助于确保野生动物保护和管理方案适应当地社会和文化环境。二是给予社区一定的管理自主权，尊重来自基层的意见，同时加强与社会组织之间的协作与联系。三是开展对人兽冲突缓解机制的评估，就保护成效、资金赔付效果、人类对野生动物的容忍度等问题进行评估，对解决人兽冲突中存在的问题及时纠偏。

参考文献

闫京艳、张毓、蔡振媛等：《三江源区人兽冲突现状分析》，《兽类学报》2019 年第 4 期。

程一凡、薛亚东、代云川等：《祁连山国家公园青海片区人兽冲突现状与牧民态度认知研究》，《生态学报》2019 年第 4 期。

Charlotte Whitham：《基于提升保护管理效率的人兽冲突与生态系统服务整合模式》，博士学位论文，北京林业大学，2015。

韩徐芳等：《青海省人与藏棕熊冲突现状、特点与解决对策》，《兽类学报》2018 年第 1 期。

李雨晗、高煜芳：《从补偿到保险赔偿：经济手段缓解人与野生动物冲突成效探讨》，《科学》2019 年第 5 期。

B.16

西宁市市级国土空间规划中耕地保有量研究*

任 君 郭 婧 海文静 张福存 蒋玉祥**

摘 要: 耕地是保障国家粮食安全的重要载体，耕地保有量对于一个地区的经济发展、生态安全和社会稳定等具有重要意义。同时，耕地保有量是市级国土空间规划中落实耕地保护任务的重要约束性指标，更是国家推进空间治理体系和治理能力建设的重要抓手。西宁市是黄河上游重要的省会城市，在近年的城镇化过程中，西宁市耕地保护与社会经济发展的矛盾日益突出，如何切实保护耕地资源，保障社会经济持续发展是西宁市市级国土空间规划和社会经济高质量发展中的关键问题。本报告通过分析西宁市2009～2018年的耕地变化情况，综合运用粮食安全法和趋势外推法，探索预测了西宁市2025年和2035年的耕地保有量，分别为142425.06hm^{2}和139290.61hm^2。研究结果可为西宁市编制市级国土空间规划和推进耕地保护工作提供理论依据，为西宁市深入实施黄河流域生态保护和高质量发展战略提供参考。

* 本报告为青海省社会科学规划年度青年项目“黄河流域高质量发展背景下兰西城市群扩展与脆弱性耦合研究”（项目编号：20052）的阶段性成果。

** 任君，青海大学研究生院讲师，研究方向为城乡规划、土地利用管理及国土空间规划；郭婧，青海省社会科学院生态环境研究所助理研究员，研究方向为生态经济和环境生态；海文静，青海大学发展规划处助教，研究方向为土地利用管理和国土空间规划；张福存，西宁市测绘院高级工程师，研究方向为大数据分析和国土空间规划；蒋玉祥，西宁市测绘院高级工程师，研究方向为大数据分析和国土空间规划。

关键词： 土地利用 耕地保护 粮食安全 西宁市

“手中有粮，心中不慌。”古往今来，粮食安全始终是治国安邦之根本。粮食安全是国家安全中的重要内容，而耕地是粮食安全保障中的重要空间和载体。随着我国城镇化进程的持续加快和人口数量的增加及耕地数量的减少，我国的粮食安全问题引起了政府、学者及媒体的广泛关注。尤其是1994年，美国学者莱斯特·布朗（Lester Brown）在《世界观察》杂志上发表名为《谁来养活中国?》（Who Will Feed China?）的文章，向中国也向世界提出了谁来养活中国的问题。尽管我国粮食产量连续6年超过1.3万亿斤，我国用占世界7%的耕地养活了占世界22%的人口，但我国是农业大国，“人多地少”的基本国情和“十分珍惜、合理利用每一寸土地和切实保护耕地”的基本国策要求我国必须高度重视粮食安全和耕地保护。耕地是粮食生产的重要资源基础，耕地数量和质量是耕地保护研究的重要内容，而耕地保有量是我国空间规划中的重要约束性指标，更是落实18亿亩耕地保护红线的重要抓手。因此，研究新时期国土空间规划中的耕地保有量具有重要意义。

2019年5月，中共中央、国务院下发了《关于建立国土空间规划体系并监督实施的若干意见》，其中明确指出：“国土空间规划是国家空间发展的指南、可持续发展的空间蓝图，是各类开发保护建设活动的基本依据……市县和乡镇国土空间规划是本级政府对上级国土空间规划要求的细化落实，是对本行政区域开发保护做出的具体安排，侧重实施性。”2020年9月，自然资源部制定了《市级国土空间总体规划编制指南（试行）》，其中指出：“市级总规是城市为实现‘两个一百年’奋斗目标制定的空间发展蓝图和战略部署，是城市落实新发展理念，实施高效能空间治理，促进高质量发展和高品质生活的空间政策，是市域国土空间保护、开发、利用、修复和指导各类建设的行动纲领。”并将耕地保有量作为市级国土空间规划中的重要约束性指标，将永久基本农田作为“三条控制线”（生态保护红线、永久基本农田和城镇开发边界）之一。2020年10月29日，中国共产党第十九届中央委员会第五次全体会议通过《中共中央关于制定国民经济和社会发展第十四个五年规划和二〇三五年远景目标的建议》，在“优先发展农业农村，全面推进乡村振兴”部分中指出：“适应确保国计民生要求，以保障国家粮食安全为底线，健全农业支持保护制度。坚持最严格的耕地保护制度，深入实施藏粮于地、藏粮于技战略。”从国家相关政策和规划中可以看出，建立国土空间规划体系是国家推进国土空间治理体系和治理能力现代化建设的重要部署，是新时期国土空间治理中对落实“创新、协调、绿色、开放、共享”发展理念的积极响应，而严格落实耕地保有量任务是提升国家治理效能，促进高水平发展和高品质生活的重要抓手。市级国土空间规划是我国国土空间规划体系中的重要组成部分，肩负着“承上启下”的传递作用，随着土地利用总体规划（2006～2020年）（2016年修订）实施的到期，如何科学、合理地确定市级国土空间规划中的耕地保有量任务，是市级国土空间规划编制中需要重点研究的命题，也是市级国土空间规划体现实施性和指导性的重要“突破口”。

本报告在分析西宁市2009～2018年耕地面积变化规律的基础上，综合运用粮食安全法和趋势外推法探索预测了西宁市2025年和2035年的耕地保有量，研究结果可为西宁市编制市级国土空间规划和推进耕地保护提供理论依据，为西宁市深入实施黄河流域生态保护和高质量发展战略提供参考。

一　西宁市耕地资源利用的现状特征

（一）耕地资源禀赋差

西宁市是青海省的省会，也是黄河上游重要的中心城市之一，位于青海省东部，地处日月山东麓湟水谷地，平均海拔2275m，属大陆性高原半干旱气候，太阳辐射强，日照时间长，干旱少雨。加之西宁市处于西部干旱生态脆弱区，耕地资源禀赋差，耕地质量国家自然等以13等为主。受地形条件的影响，西宁市耕地主要分布于坡度为6°～15°的山区，且耕地

以旱地为主，旱地占全市耕地面积的77.47%，水浇地仅占全市耕地面积的22.53%。

（二）耕地空间分异特征明显

根据2018年西宁市土地利用变更数据，2018年末西宁市土地总面积为760678.17hm^2。农用地面积为691796.66hm^2，占土地总面积的90.94%，其中，耕地面积为144638.39hm^2，占农用地面积的20.91%。林草地面积为503586.68hm^2，占土地总面积的66.20%。建设用地面积为46874.46hm^2，占土地总面积的6.16%。其他土地面积为22007.05hm^2，占土地总面积的2.89%。西宁市“九分农地半分城，七分林草三分田”的用地特征明显。同时，西宁市耕地在空间上分布不平衡，主要分布在湟中区、大通县和湟源县，耕地面积占全市耕地面积的96.53%。

（三）耕地保护压力增大

西宁市土地利用率已达到98%以上，后备土地资源开发潜力较小，补充耕地的难度较大。而且西宁市作为青海省的省会，基于“兰西城市群”、国家公园示范省、黄河流域生态保护和高质量发展战略等诸多发展机遇，城镇化水平会持续提高，西宁市城市发展势必会占用周边的农田。然而，西宁市耕地主要分布于山区，质量偏低，对水土流失敏感，耕地后备资源相对不足，通过缴纳耕地开垦费异地补充耕地方式完成耕地占补平衡任务等的现实特征，加大了西宁市在落实青海省“三个最大”战略定位和“一优两高”发展战略及“兰西城市群”一体化发展中保护耕地的压力。

二　研究方法

（一）粮食安全法

本报告采用最小人均耕地面积方法，基于粮食安全目标对西宁市2025

年和 2035 年的耕地保有量进行预测。最小人均耕地面积是为保障一定区域粮食安全而需保护的耕地数量的最小规模。它是人口规模、粮食自给率、粮食消费水平、“粮作比”及复种指数等因子的函数，模型如下：

$$S_{\min} = \beta \frac{G_r}{p \cdot q \cdot k} \tag{1}$$

式（1）中：$S_{\min}$为最小人均耕地面积（hm^2）；β 为粮食自给率（%）；G_r为人均粮食需求量（kg）；p 为粮食单产（kg/hm^2）；q 为粮食作物播种面积占农作物总播种面积之比（%）；k 为复种指数（%）。

西宁市粮食安全保障下的耕地规模是最小人均耕地面积与西宁市人口规模的乘积。其计算公式为：

$$Q = P \times S_{\min} = P\beta \frac{G_r}{p \cdot q \cdot k} \tag{2}$$

式（2）中：Q 为西宁市耕地面积需求量；P 为西宁市人口规模。

（二）趋势外推法

任何事物的发展从长远趋势看都具有一定的变化规律，耕地的变化亦如此。趋势外推法就是根据事物的历史和现时资料寻求事物发展规律，并找到一条合适的函数曲线反映其变化趋势，从而推测出事物未来发展状况的一种常用的预测方法。本报告借助 SPSS 软件，根据西宁市 2009 ~ 2018 年耕地的变化趋势和规律，主要采用线性回归模型、指数模型和对数模型进行拟合，预测得到西宁市 2025 年和 2035 年的耕地保有量。

三　结果分析

（一）历年耕地变化情况分析

西宁市耕地面积从 2009 年的 151278.02hm^2减少至 2018 年的 144638.39hm^2，

减少 6639.63 hm^2（见图 1）。造成耕地面积减少的原因主要有以下几点。一是西宁市位于湟水谷地，其耕地主要分布于川谷地区，同时西宁市是青海省东部都市圈的重要组成部分，河谷型地貌特征决定了城市必须沿着河谷扩展，既是重要农业发展区又是重要都市圈发展区的“双肩挑”定位，使城市扩展与耕地保护成为西宁市土地利用中最为突出的矛盾。随着城镇化的持续推进，西宁市在发展过程中势必会占用周边的耕地，尤其是新增建设用地占用耕地，从而减少市域范围内的耕地数量。二是由于农业结构调整和生态退耕还林、还草等政策的实施，部分坡耕地被调整为林草地。三是由于西宁市土地开发强度大，后备资源相对匮乏，在落实耕地占补平衡制度时，在市域范围内无法补充耕地占用指标，只能通过缴纳耕地开垦费在异地补充耕地。此外，从图 1 可以看出，2009～2014 年，西宁市耕地数量快速减少，而 2014 年后耕地数量缓慢减少，这是由于永久基本农田划定，高标准基本农田建设，耕地占补平衡及耕地数量、质量、生态“三位一体”保护政策的实施和“山水林田湖草生命共同体”理念的深入，西宁市土地利用方式发生转变，生态优先、集约优先深入推进，耕地得到更有效的保护。

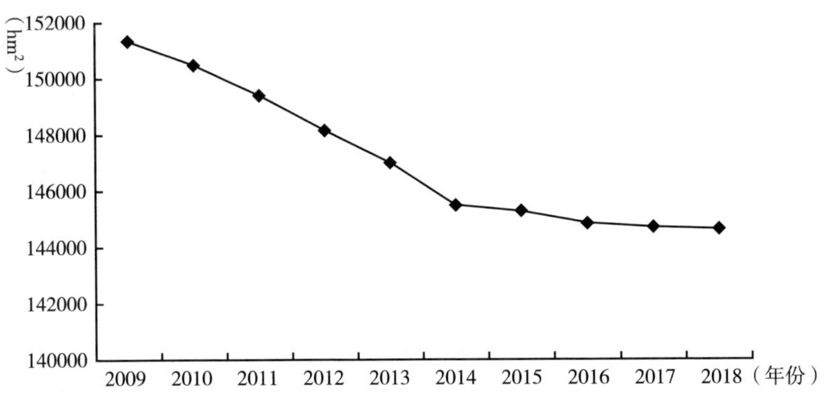

图 1　2009～2018 年西宁市耕地面积变化

资料来源：根据 2009～2018 年西宁市土地利用变更数据整理。

（二）基于粮食安全法的预测结果分析

1. 人口规模预测

2018年末全市常住人口为237.11万人，增长0.68%，自然增长率为6.77‰。全市城镇人口为170.98万人，占常住人口的72.1%；乡村人口为66.13万人，占常住人口的27.9%。根据《城市人口规模预测规程》，结合西宁市人口情况实际，采用综合增长率法和逻辑斯蒂回归模型预测西宁市2025年和2035年的人口规模。为了提高预测结果的科学性，将两种方法的平均值作为最终预测结果（见表1）。

表1　西宁市2025年和2035年人口规模预测

单位：万人

年份	综合增长率法	逻辑斯蒂回归模型	平均值
2025	248.90	251.08	249.99
2035	264.63	272.86	268.74

2. 人均粮食需求量预测

根据相关学者预测资料，随着我国全面建成小康社会逐步实现，居民的粮食消费水平和消费结构逐渐由“温饱型”向“小康型”转变。中国农业科学院对我国人均农产品消费水平的预测结果认为，一个国家人均年粮食消费量为250～400kg时处于温饱阶段，人均年粮食消费量为400～600kg时才达到粮食消费的小康水平。国家食物与营养咨询委员会认为人均粮食需求量为400kg是初步小康的标准，结合西宁市实际情况，将西宁市2025年和2035年的人均粮食需求量预测为400kg和410kg。

3. 粮食单产预测

受多种因素影响西宁市2009～2018年的粮食单产水平变动规律性较差，有增有减，且增幅不一致（见图2），因此无法采取一般的数学模型进行预测，本报告决定采用2009～2018年的平均值作为规划目标年的预测值，故2025年和2035年西宁市粮食单产均为1629.41kg/hm^2。

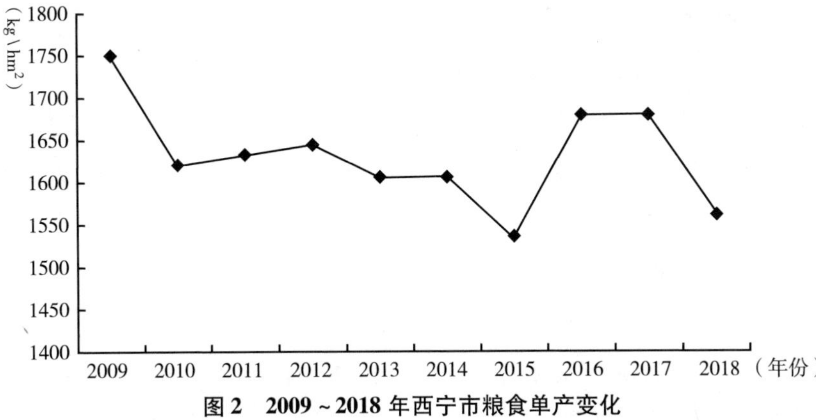

图 2　2009～2018 年西宁市粮食单产变化

资料来源：根据 2010～2019 年《西宁统计年鉴》整理。

4. 粮作比预测

粮食作物播种面积占农作物总播种面积之比重简称“粮作比”。西宁市属于农牧复合区，加之高寒山区的特征，粮食作物所占比重较大，主要的粮食作物有小麦、青稞和蚕豆等。2009～2018 年西宁市粮作比平均值为 49.31%（见表 2）。根据趋势外推法并结合农业部门的相关资料预测西宁市 2025 年和 2035 年的粮作比均为 45%。

表 2　西宁市 2009～2018 年粮作比统计

单位：hm^2，%

年份	农作物总播种面积	粮食作物播种面积	粮作比
2009	117407.00	63152.00	53.79
2010	119946.00	61328.00	51.13
2011	121155.00	60492.00	49.93
2012	121026.00	58116.00	48.02
2013	120376.00	56988.00	47.34
2014	120591.00	56404.00	46.77
2015	120880.00	59509.00	49.23
2016	132124.00	65278.00	49.41
2017	133725.00	66962.00	50.07
2018	124276.00	58952.00	47.44

资料来源：根据 2010～2019 年《西宁统计年鉴》整理。

5. 复种指数预测

复种指数是指某地区全年内的农作物总播种面积与耕地面积的比值，它是反映耕地利用程度的一个重要指标。2009～2018 年西宁市复种指数总体呈上升趋势，最低为 2009 年的 77.61%，最高为 2017 年的 92.41%，2009～2018 年的平均复种指数为 83.76%（见图 3）。西宁市耕地面积大，耕作制度合理，因此复种指数相对于青海省的平均水平来说比较高。今后，西宁市虽然会进一步加大农业投入，改善种植条件，但复种指数不可能无限增长，否则会对土地形成掠夺性经营。综合考虑当地的实际生产水平，预测西宁市 2025 年和 2035 年的复种指数分别为 85.00% 和 90.00%。

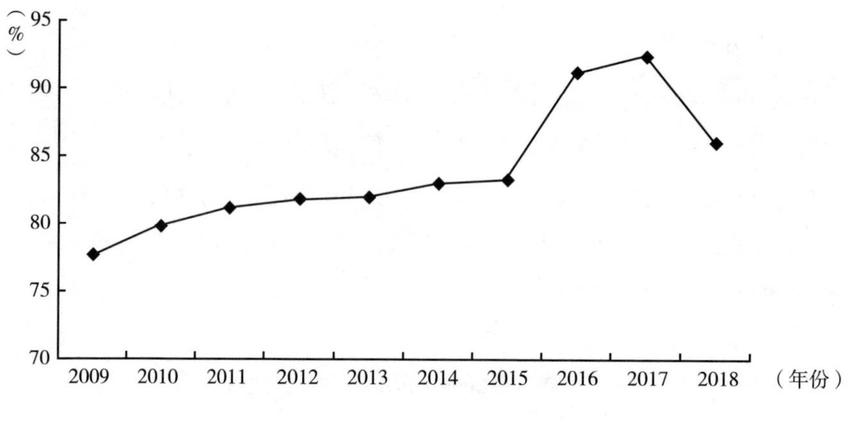

图 3　2009～2018 年西宁市复种指数变化

资料来源：根据 2010～2019 年《西宁统计年鉴》整理。

6. 粮食自给率预测

粮食自给率是粮食安全的基本保障，粮食自给率越高，粮食安全状况越好。反之，粮食自给率越低，粮食安全状况越差。多数专家和学者认为，当一个地区的粮食自给率大于 95% 时，表明该地区基本实现了粮食自给，或者说已经达到足够高的粮食安全水平。根据西宁市历年统计资料，考虑到西宁市的粮食生产能力、粮食安全需要，预测 2025 年和 2035 年西宁市的粮食自给率均为 95%。

7. 预测结果

根据式（1）和式（2），将各参数的预测结果代入公式，得到西宁市2025年和2035年的耕地保有量，分别为152420.23hm^{2}和158621.20hm^2（见表3）。

表3　基于粮食安全法的西宁市耕地保有量预测结果

指标名称	2025年	2035年
人口规模(万人)	249.99	268.74
人均粮食需求水平(kg)	400.00	410.00
粮食单产(kg/hm^2)	1629.41	1629.41
粮作比(%)	45.00	45.00
复种指数(%)	85.00	90.00
粮食自给率(%)	95.00	95.00
耕地保有量(hm^2)	152420.23	158621.20

（三）基于趋势外推法的预测结果分析

基于西宁市2009~2018年土地利用变更数据中的耕地面积数据，利用SPSS线性趋势模型、指数趋势模型和对数趋势模型拟合2025年和2035年西宁市耕地面积，拟合结果见表4。拟合结果的$R^2 \geqslant 0.90$，说明曲线拟合结果较好地反映了耕地面积（y）与年份（x）之间时序变化的函数关系。

从上述三种模型的预测结果可看出，采用不同模型预测的西宁市耕地面积不尽相同，但各个模型的模拟结果均处于合理的区间范围内，保证了模型的有效性。因此，采用上述三种预测结果的平均值为西宁市2025年和2035年耕地保有量测算结果，西宁市2025年和2035年的耕地保有量分别为139926.14hm^{2}和134457.97hm^2（见表4）。

表 4　基于趋势外推法的西宁市耕地保有量预测结果

函数模型	表达式	R^2 值	2025 年(hm^2)	2035 年(hm^2)
线性趋势模型	$y = -805.75x + 151559$	0. 92	137861. 25	129803. 75
指数趋势模型	$y = 151592e - 0.005x$	0. 93	139239. 11	132448. 34
对数趋势模型	$y = -3364\ln(x) + 152209$	0. 94	142678. 07	141121. 80
平均值	—	—	139926. 14	134457. 97

（四）耕地保有量确定

基于粮食安全法和趋势外推法预测的西宁市耕地保有量有所差异，为了更加科学、合理地测算西宁市耕地保有量，采用专家打分法对粮食安全法和趋势外推法的预测加权求和得到西宁市 2025 年和 2035 年耕地保有量，分别为 142425. 06hm^2和 139290. 61hm^2。

本报告采用专家打分法对粮食安全法和趋势外推法的预测加权求和得到西宁市耕地保有量，研究结果具有较高的可信度。然而，本报告仅在西宁市历年耕地变化的基础上预测了未来的耕地保有量，并没有对影响耕地变化的因素进行定量测度，而如何定量测度耕地变化的驱动因素并多角度开展耕地保护和预警研究是今后重点研究的方向。同时，本报告耕地保有量预测中未考虑西宁市耕地异地占补平衡的问题，因此，在未来的研究和西宁市市级国土空间规划中应重点考虑耕地异地占补平衡的问题，探索符合本地生态安全、粮食保障和经济发展的耕地占补平衡模式。

四　对策与建议

随着西部陆海新通道、“兰西城市群”及“高原美丽城市示范市”的建设，西宁市城镇化将持续推进，城市规模也将不断扩大，然而西宁市耕地数量已持续下降，耕地占补平衡任务繁重，如何协调好耕地保护与城市发展的矛盾，坚持在保护中发展和在发展中保护，始终是西宁市国土资源高效、可

持续利用中的重要命题。因此，本报告针对西宁市国土资源利用的特征从节约集约用地、“三位一体”保护耕地、合理划定“三区三线”及加强公众参与的视角提出了自然资源保护的对策与建议。

（一）“开源节流”，推进节约集约用地

西宁市在未来的发展过程中应更加注重土地资源的“开源节流”，节约集约利用国土资源，实行最严格的耕地保护制度和节约用地制度。在建设用地方面，合理划定城镇开发边界，减少建设用地对城市周边耕地的占用。借鉴上海、广州、苏州等城市的低效用地再开发模式盘活存量建设用地，并积极探索集体经营性建设用地入市制度；借鉴河南“复垦券制度”，通过国土综合整治，利用“增减挂钩”和“增存挂钩”等政策提升农村建设用地利用效率；依托“海绵城市”建设的机遇和城市综合管廊的建设，促进城市建设用地“立体式”开发，促进土地资源集约利用。在耕地保护制度方面，采取“长牙齿”的硬措施，落实最严格的耕地保护制度，严守耕地保有量任务和永久基本农田保护红线。同时，激活农村土地制度改革，探索完善农村土地“三权分置”，适度开展土地流转，提高农地利用效率，提升农地保护的积极性。在耕地占补平衡制度落实方面，规范耕地占补平衡制度，严格认定和监管新增耕地，做到“占一补一”和“占优补优”，并借鉴重庆“地票”制度，创新耕地补充指标，基于耕地资源禀赋差和青海省“三个最大”的现实，在守牢永久基本农田红线的前提下，考虑是否可以通过占用耕地补充生态用地的途径完成补充指标。

（二）“三位一体”，全面保护耕地资源

在耕地数量保护方面，严格落实耕地保有量任务和永久基本农田保护红线，对于确需占用耕地的建设项目必须做到“先补后占”、“占一补一”和“占优补优”。严禁建设项目违法违规占用耕地，严控建设项目侵占耕地，坚决遏制耕地“非农化”和“非粮化”，守牢耕地的粮食生产功能，发挥好耕地保障粮食安全的“压舱石”和“稳定器”作用。完善激励性耕地保护政策。在耕地质量保护

方面，加大高标准基本农田建设力度，对建成的高标准基本农田按照《中华人民共和国土地管理法》的相关要求，实行特殊保护，守牢永久基本农田保护红线。同时，依托第三次全国国土调查成果，健全耕地质量调查、评价和监测监管制度，推广使用有机复合肥和低毒低残留农药，禁止污水废物排入农田，防止耕地污染，探索建立耕地健康监测和保护补偿机制。此外，通过旱改地、坡改梯、耕作层土壤剥离、土壤培肥等措施积极开展耕地保护和提质改造工作，并积极推广保护性耕作模式。在耕地生态保护方面，立足资源禀赋，发挥区位优势，按照《青海省主体功能区规划》的分区要求，推进耕地的功能性调整和耕地休养生息制度，统筹推进“山水林田湖草”综合治理，强化生态脆弱区耕地的生态功能，积极探索青藏高寒生态脆弱区耕地占补平衡新模式，努力改善生态环境质量，切实维护黄河上游生态安全。

（三）科学规划，统筹划定“三区三线”

建立国土空间规划体系并监督实施是我国为解决规划类型繁杂、审批流程复杂、监管审批权限重叠问题，改变“九龙治水”现状，实现“多规合一”的重要途径。正如习近平总书记所说“规划科学是最大的效益，规划失误是最大的浪费，规划折腾是最大的忌讳”，[①] 应以第三次全国国土调查成果为底数底板，提高规划编制的科学性，并合理统筹划定国土空间规划中的“三区三线”（“三区”是指城镇空间、农业空间、生态空间），这是推进国土空间治理体系和治理能力现代化建设的基础性工作。在《西宁市国土空间总体规划》的编制和实施中，坚持生态优先，深度融入国家公园示范省建设，优先确定生态空间，划定并严守生态保护红线，落实生态保护红线面积约束性指标，并建立以国家公园为主体的自然保护地体系，把打造绿色发展样板城市及公园城市建设融入自然保护地体系示范省建设中，推进“公园城市 + 自然保护地”建设新模式，不断筑牢宜居宜业大西宁生态本底；

① 《规划科学是最大的效益》，新华网，2017 年 9 月 28 日，http：//www. xinhuanet. com/mrdx/2017 - 09/28/c_ 136643986. htm。

在坚持“山水林田湖草生命共同体”理念的前提下，合理确定农业空间，全面划定永久基本农田保护红线并实行特殊保护，落实永久基本农田保护面积和耕地保有量约束性指标，并探索黄河上游生态脆弱区耕地占补平衡制度的新模式，筑牢省会城市粮食安全的健康安全大西宁生产本底；在“共同抓好大保护，协同推进大治理”理念的引导下，坚持节约集约用地，统筹确定城镇空间，划定并严守城镇开发边界，落实建设用地总面积、城乡建设用地面积、林地保有量、湿地面积及人均城镇建设用地面积约束性指标，推动城市建设与实施自然保护地体系示范省建设紧密结合，筑牢“城市让生活更美好”的幸福大西宁生活本底。按照《关于在国土空间规划中统筹划定三条控制线的指导意见》，落实空间用途管制制度，形成生态空间山清水秀，生活空间宜居适度，生产空间集约高效的空间开发利用保护格局，助力青海省“一优两高”发展战略、黄河流域生态保护和高质量发展战略实施。

（四）加大宣传，提升全民自然资源保护意识

土地是财富之母、生产之要、生活之本和生态之基。要充分利用“4·22”世界地球日、“5·12”全国防灾减灾日、“6·25”全国土地日、“8·29”全国测绘法宣传日、“12·4”国家宪法宣传日等一系列宣传日，深入街道、社区和农村，以多种形式进行广泛宣传，大力开展自然资源国情、国策、国法的宣传教育，普及地球科学知识，引导社会公众树立绿水青山就是金山银山和人与自然和谐共生的理念，不断增强全社会自然资源法律意识，提升全民珍惜和保护自然资源的意识。并针对开展的违法占地和违章建筑整治工作，多渠道、多媒体报道违法占地用地问题，做好国土资源法律法规宣传普及工作，让人民群众了解合法用地审批流程和路径，提高公民的合法用地意识。同时，自然资源系统的工作人员也要通过外出培训、集中学习和知识竞赛等途径学习耕地保护、国土空间规划、永久基本农田保护、国土资源执法动态巡查等相关业务知识，提升自然资源系统工作人员依法行政、按规办事、严格管地的行政服务能力，增强守土有责、守土担责、守土尽责意识。

参考文献

常飞：《基于资源环境承载力的四川省耕地保有量预测研究》，硕士学位论文，四川师范大学，2017。

单娜娜等：《基于 SMOP 模型的耕地保护目标决策研究》，《自然资源学报》2010 年第 5 期。

郭谁琼、胡海波：《解读〈全国土地利用总体规划纲要（2006—2020 年）调整方案〉》，《现代城市研究》2018 年第 11 期。

何潇：《河南省宅基地复垦券制度问题研究》，《农业经济》2020 年第 10 期。

李维明、李博康：《重庆拓展地票生态功能实现生态产品价值的探索与实践》，《重庆理工大学学报》（社会科学）2020 年第 4 期。

李银霞、阎述乾：《甘肃省耕地数量变化与粮食安全分析》，《河西学院学报》2010 年第 2 期。

刘彦随：《城市化进程中耕地资源态势与优化配置模型分析》，载倪绍祥等主编《中国土地资源态势与持续利用研究》，云南科技出版社，2004。

吕立刚等：《基于粮食安全和 GM（1，1）模型的耕地保有量研究——以甘肃省天水市为例》，《农业系统科学与综合研究》2010 年第 1 期。

欧阳志云、杜傲、徐卫华：《中国自然保护地体系分类研究》，《生态学报》2020 年第 20 期。

宋伟、陈百明、张英：《中国耕地资源安全预警系统探讨》，《水土保持研究》2013 年第 6 期。

王琪：《基于粮食安全、经济发展和生态保护目标的成县耕地保护研究》，硕士学位论文，甘肃农业大学，2012。

杨丽霞、俞义、苑韶峰：《基于粮食安全战略下的浙江省耕地保有量研究》，《上海国土资源》2011 年第 3 期。

姚新春等：《基于粮食安全的江苏省耕地保有量分析》，《安徽农业科学》2010 年第 29 期。

占纪文、林锦彬：《基于粮食安全和指数平滑模型的耕地保有量预测研究——以福建省宁德市为例》，《科技和产业》2012 年第 2 期。

张红旗等：《中国耕地质量的提升战略研究》，《中国工程科学》2018 年第 5 期。

张云云：《县级土地利用规划中耕地保有量预测研究——以湖北省恩施市为例》，硕士学位论文，华中农业大学，2010。

B.17
三江源国家公园绿色产业发展路径研究

魏　珍*

摘　要：三江源国家公园因其独特的地理区位和自然资源条件，走绿色发展的道路是现实需要更是可持续发展的必然选择。三江源国家公园立足自然禀赋和承载能力，发展和扶持资源节约、环境友好、生态良好的绿色产业具有得天独厚的优势和巨大的潜力。本报告通过对三江源国家公园绿色产业的发展现状、发展优势和面临挑战进行分析，发现绿色产业的发展中仍存在经济社会发展滞后、产业结构层次低、宣传工作不足、人才队伍薄弱等困难与挑战。探索绿色产业在三江源国家公园未来的发展路径，有利于探索出一条具有青海特色的国家公园产业发展之路，具有一定的理论和现实价值。

关键词：国家公园　绿色产业　三江源

党的十九大报告提出坚持人与自然和谐共生，形成绿色发展方式和生活方式，走生产发展、生活富裕、生态良好的文明发展道路。近年来，青海省始终践行“绿水青山就是金山银山”的理念，2019 年，全省正式启动国家公园示范省建设，统筹生态保护与经济发展的关系，生态保护成效明显，经济发展稳中有进。2018 年，国家发展改革委发布了《三江源国家公园总体

---

* 魏珍，青海省社会科学院经济研究所助理研究员，研究方向为区域经济。

规划》，明确了三江源国家公园绿色发展方式逐步形成，民生不断改善，将三江源国家公园建成青藏高原生态保护修复示范区，共建共享、人与自然和谐共生的先行区，青藏高原大自然保护展示和生态文化传承区的绿色发展目标。[①] 三江源国家公园体制试点区域总面积12.31万平方公里，涉及玉树州的治多、曲麻莱及杂多三县，果洛州的玛多县及可可西里世界自然遗产地管辖区域，共有各类草地868万公顷，其中可利用草地743万公顷，园区内共有人口61759人，[②] 治多、曲麻莱、杂多、玛多四县均为2012年确定的国家扶贫开发工作重点县。在三江源国家公园区域内扶持和鼓励具有生态保护、资源集约特点的绿色产业有序发展，形成“三生”良性循环模式，不仅有利于实现《三江源国家公园总体规划》目标，充分发挥三江源地区的各类优势，而且是实现推动绿色发展、持续增进民生福祉“十四五”时期主要目标任务，贯彻习近平总书记对青海提出的“四个扎扎实实”重大要求和落实省委“一优两高”战略的重要举措。

一　绿色产业发展的基础

根据国际绿色产业联合会发布的定义，在生产过程中，基于环保考虑，借助科技，力求节约使用资源以及减少污染（节能减排）的产业，即可称为绿色产业。随着“绿色”一词内涵的不断丰富，以绿色可持续发展为代表的环境保护、绿色食品、绿色旅游、绿色农业和绿色贸易等产业组成了绿色产业体系。三江源国家公园地域辽阔，资源富集，少数民族聚居，历史文化悠久，十分适合发展生态畜牧业、生态文化旅游业、民族手工业、中藏药业等绿色产业，且在多年的探索下，当地依托特色资源，发展这些产业已经积累了一定的基础。

① 《国家发展改革委关于印发三江源国家公园总体规划的通知》，国家发展改革委网站，https：//www.ndrc.gov.cn/xxgk/zcfb/ghwb/201801/t20180117_ 962245.html。

② 《三江源国家公园总体规划》（2018年1月12日）。

（一）自然资源

三江源国家公园集草地、湿地、森林、河流、湖泊、雪山、冰川、江河源头和野生动物、世界自然遗产于一体，原始、圣洁、纯净的生态环境保存完整。境内盛产以冬虫夏草、红景天、大黄、知母、贝母、秦艽等为代表的珍稀中药材，是高寒生物自然种质资源库；山峦叠嶂，河流纵横，湖泊数量众多，是重要的水源涵养区、径流汇集区；野生动物资源丰富，雪豹、藏羚羊、藏野驴、石羊、黑颈鹤等珍稀动物在此繁衍生息，是野生动物的天堂。除此之外，三江源生态地位极其重要，是重要的气候稳定器，是国家重要的生态安全屏障。与世界其他众多国家公园相比较，三江源国家公园的功能、类型、结构、景观都有其特殊性和多样性。

（二）特色生态文化资源

三江源国家公园独特的地域民族文化和人与自然和谐相处的生态文化，是中华优秀文化的重要组成部分。世居民族朴实勤劳善良，文化积淀深厚，形成了独有的民族文化。藏传佛教文化、格萨尔文化、藏族歌舞文化、雪域牦牛文化等丰富的文化资源在这里传承。著名的格萨尔艺人创造了丰富的说唱作品和舞蹈作品，三江源地区作为中国格萨尔文化的发祥地，保留了著名的格萨尔王登基台、格萨尔王妃浴池、格萨尔赛马称王地等重要的历史遗迹，地域特色鲜明，具有较强的文化吸引力。江源儿女深知高原生态环境的重要性与脆弱性，他们传承着珍惜大自然、敬畏大自然的珍贵生态理念，为子孙后代留下了宝贵的生态文化财富。

（三）交通区位

四通八达的交通网络逐渐补齐了三江源地理区位偏远的短板，进一步提升了国家公园的吸引力和影响力。从航空客运来看，持续增加的航班数量使各地到达国家公园的时间成本更低，选择性更多，旅途更加高效便捷。从铁路客运来看，青藏铁路将沿线著名的自然景观串联起来，构成了一条世界级的高原黄金旅游带。青滇铁路、西成高铁、格库铁路的规划建设，使青海铁路真正达到省内便捷、周边畅通、全国联通的效果。从公路客运方面来看，西宁高速公路东接兰州，西至格尔木，南达三江源区，北通河西走廊，贯通了“中东部—西宁—三江源”一线，为文化旅游等产业发展提供了重大机遇。另外，“一带一路”倡议是发展绿色产业的绝好契机，由于国家加大了向西开放的力度，青海省由过去的开放末梢变为开放前沿，青海省作为“一带一路”建设的重要支点之一，互联互通的通道优势更加明显。三江源对外开放水平进一步提升，生态旅游业、民族手工业等地方特色产业将逐步转变为青海融入“一带一路”倡议的新载体。另外，从近年来产业增长角度来看，生态畜牧业、生态旅游业的增长速度很快，产业贡献率不断提升，这些特色产业跨区域合作态势明显，绿色产业发展前景十分广阔。

二　三江源国家公园绿色产业发展状况

（一）生态畜牧业

三江源地区是青海主要的畜产品生产和供应基地，近年来，在政府和农牧民的积极探索下，走出了一条生态畜牧业发展之路，并逐步可以对相似地区发挥示范带头作用，生态畜牧业的规模化、产业化趋势凸显，已经成为当地的龙头产业。首先，三江源地区对生态畜牧业的科技投入不断加大，牦牛藏羊高效养殖技术得到了推广，生产潜力得到了挖掘，畜产品质好量高。在继续巩固原有良种繁育基地的基础上，扩大了牦牛核心群的规模化建设。其次，农牧业专业合作社的组建步伐加快，组织化程度不断提高。生态畜牧业合作社通过入股的方式，转变了从前粗放的放牧方式，合作社统一经营，实行规模化生产，加大出栏，加快周转，提高了畜牧业整体产出能力和经济效益。以长江源园区治多县为例，生态畜牧业合作社规范管理运营后，越来越多有实力、有能力、有想法的合作社涌现。最后，产业化链条初步形成，品

牌建设不断强化，溯源机制持续完善。以玛多县为例，玛多县依托“玛多藏羊”优质资源，打造了三江源优势绿色品牌。

近年来，依托生态畜牧业发展的优势，三江源国家公园各县大力培育畜产品加工业龙头企业，推进风干肉、牦牛奶、酸奶等畜产品的生产和加工，推动产业链从粗加工向精加工延伸，畜产品加工产值不断提升，取得了可喜的成绩。如治多县 2019 年投资 3600 万元推进阿米雪乳业综合开发项目建设。

（二）中藏药业

因其高寒无污染的自然资源条件，三江源国家公园内可种植多种稀缺的中藏药材。经过多年发展，中藏药业在三江源国家公园已经逐渐成为带动当地农牧民致富的重要产业。三江源国家公园内知名的药材有红景天、冬虫夏草、雪莲、贝母、羌活等，冬虫夏草更以“高原山脉之灵”的美名享誉国内外。采集药材尤其是采集冬虫夏草成为当地群众的主要副业，并成为群众收入的主要来源之一。据统计，青海每年出产的冬虫夏草占每年全国总量的60%以上，三江源区玉树州出产的冬虫夏草占全省产量的 80%，玉树州杂多县更是有“中国冬虫夏草第一县”的美誉。①

（三）民族手工业

因为生态环境的特殊性和少数民族聚居的独特性，民族手工业是三江源地区重要的传统产业之一。民族用品制造业发展稳定，主要生产藏式器具、藏式家具、民族服饰及宗教用品等。随着生态旅游业在园区内的发展，唐卡、嘛呢石刻、羊皮画等工艺品加工业快速壮大。近年来，民族手工业逐步规模化发展，民族用品的制造质量不断提升，成为带动农牧民增收的绿色产业。以长江源产业园区治多县扶贫产业园区为例，园区内的企业即使在寒冷

---

① 《青海省政协会议提案：冬虫夏草资源蕴藏量逐年下降 应加强人工培育》，中国网，2021 年 1 月 29 日，http://news.china.com.cn/live/2021-01/29/content_1140360.htm。

的冬季仍坚持开工制造藏服等民族手工产品，可见民族手工业已经拥有一定规模的市场需求。

（四）生态旅游业

三江源国家公园因其独特的地理区位和自然资源条件，具有发展生态旅游的天然优势，境内旅游景区富集，共有重点生态旅游景区 20 余处、人文旅游景区 10 余处。近年来，虽然三江源国家公园旅游经济总量较小，但是发展速度快，发展前景广阔。

1. 长江源（可可西里）园区发展状况

2018 年，治多县全年接待游客 7.18 万人次，实现旅游总收入 4668.44 万元。主要生态旅游产品是生态教育游、生态观光游和探险游。“曲麻莱—曲麻河—五道梁保护站—可可西里腹地库赛湖所—南达杰保护站”一线是游览可可西里的自驾游黄金线路。目前是以生态教育游为主，以生态观光游、探险游为支撑的旅游发展模式。在管理方面，旅游管制规范，功能区划明显，是严格的保护区开发旅游模式，凸显了旅游产品的特点，保证了旅游连贯性，为高原游提供了宝贵的发展经验。主要体验地可可西里索南达杰保护站的生态展览教育厅，每年都会迎来一批又一批游客，游客通过讲解员的热情解说和感同身受的实地体验，了解三江源的故事，传播生态文明的种子。2019 年，治多县投资 300 万元的长江第一湾生态文化旅游建设项目全面完成，投资 2000 万元的游客服务中心和嘉洛十景文化旅游景点建设项目完成招投标。

2. 黄河源园区生态旅游业状况

2019 年，玛多县旅游人数为 0.37 万人次，旅游总收入为 255.07 万元。[①] 近几年，按照国家 4A 级景区标准，玛多县筹措资金 1.5 亿元，在景区环境、景观建设上加大投入，实施了景区停车场、旅游公厕、标识系统、安全设施、游服中心及旅游网站建设，景区主要功能性服务设施得到改善。投资 948 万元的牛头碑基础设施、环卫设施等项目推进有序，旅游基础设施

① 《2019 年玛多县国民经济和社会发展统计公报》。

建设不断健全完善。充分挖掘景区资源优势和特色，将牧民培养成生态体验解说员，以开展黄河探源和自然生态体验为发展模式，着重使游客欣赏高原千湖景观，近距离观察野生动物。生态体验合作社新建了20多座独具特色的小木屋，可以让旅客充分体验藏族传统生活和民族风情。在开发生态旅游的同时，发展民俗旅游，经过培训的牧民身穿华丽的藏族特色服饰，带游客一起体验激情的锅庄舞。玛多县将逐步建设成为集生态旅游、科学探险考察和民俗文化旅游于一体的旅游目的地。

3. 澜沧江源园区发展状况

澜沧江源园区有昂赛大峡谷、原始森林、丹霞风光等丰富的资源和“澜沧江第一县”“冬虫夏草之乡”“雪豹之乡”三大名片。白唇鹿、岩羊、白马鸡等珍稀野生动物种群数量明显增多，地域特色突出，竞争优势明显。近年来，杂多县积极融入“一带一路”、澜湄国际交流、瑞中世界丝路等大旅游圈，落实“四区一点一地”生态旅游战略。2019年，为探索生态保护与民生改善实现共赢，在澜沧江源园区昂赛大峡谷开展的生态体验项目特许经营试点工作，在保护野生动物的同时，为当地居民带来新的增收渠道。[①] 在历史文化方面，格萨尔王大食王国的历史遗迹，佐青寺、斯日寺、洛龙嘎寺等具有浓厚宗教色彩的法会、舞剧等吸引了大量游客前来观光。

（五）现代服务业

近年来，三江源地区现代服务业有了长足发展，对经济的贡献率不断提高，服务业的范围和消费规模也在逐渐扩大，市场的活力逐步激活，拉动了当地就业。商贸服务业发展迅速，百货商场和品牌专卖店的进驻进一步提高了人民群众的生活质量，农贸市场现代化、规范化水平大幅提升，餐饮服务业的发展水平不断提升，农牧民群众的日常消费和休闲娱乐消费需求均得到满足。现代服务业起步迅速，依托特色农牧业，综合电商快递配送一体化实体网购及配送平

① 《三江源国家公园生态项目“特许经营”提供增收渠道》，智慧玉树网，2020年7月21日，http：//www. ysbtv. net/folder1/folder6/folder162/2020-07-21/94906. html。

台逐步建立，收寄、分拣、运输、投递等各环节的标准化快递服务建设正在推进。绿色金融有了一定发展，自2017年5月三江源国家公园管理局和中信银行签订战略合作框架协议，拉开了三江源国家公园发展绿色金融的大幕之后，2018年3月，为进一步探索建立具有三江源特色的绿色金融协作机制，以三江源国家公园绿色融资改革试点新成果实现金融和生态环境保护良性互动和可持续发展，“绿色金融助力三江源国家公园”主题活动在西宁举行。[①]

（六）文化产业

近年来，三江源国家公园发展文化产业，市场呈现一派生机勃勃的景象。以玛多县为例，2019年，全县文化产业总销售额达51.53万元，积极组织参加第七届玛域格萨尔文化旅游节，在外省市开展文化交流活动，花石峡足球场等投资项目也顺利推进并交付使用。

三　三江源国家公园绿色产业发展面临的困难与挑战

（一）经济社会发展滞后，人均生活水平低

三江源地区经济社会发展欠发达，社会发育程度低，经济结构单一，传统畜牧业仍为主体产业，产业基础薄弱，社会化服务体系不完善，发展约束因素多。地方财力薄弱，财政支出对中央财政转移支付依赖性较大，自我发展能力差，城乡居民生活质量不高，人均可支配收入低。城镇居民人均可支配收入与全省平均水平差距虽然不是很大，但农牧民收入水平低，从2019年的收入情况来看，四县农牧民收入水平与全省11499元的平均水平相比差距很大（见表1），是全国贫困人口最为集中的地区之一。城镇发展规模和层次都较低，缺乏对周边地区经济社会发展的辐射带动作用，基本公共服务供给不足，且公共服务能力落后，无法满足人民日益增长的美好生活需要。

① 《“绿色金融助力三江源国家公园建设”活动继续》，《青海日报》2018年3月13日。

表 1　2019 年三江源国家公园所涉四县经济发展情况

县	地区生产总值增速(%)	城镇居民人均可支配收入(元)	农牧民收入(元)	社会消费品零售总额(亿元)
杂多县	4.6	33574	9168	1.4
治多县	4.3	32608	9876	1.44
曲麻莱县	4.7	33655	9536	1.34
玛多县	12	37055	8615	0.68

资料来源：四县政府工作报告。

（二）产业结构层次低，产业融合度不足

三江源地区第一产业内部以传统畜牧业为主，向绿色生态畜牧业转型发展的步伐缓慢。第二产业以轻工业和少量建筑业为主，规上企业数量少，提高产品附加值的特色农畜产品精深加工等产业规模小，对产业发展的带动能力十分有限。第三产业中，虽然近年来旅游业发展速度加快，但体量仍较小，与其他产业关联度很弱，尤其对餐饮、住宿及商贸等传统服务业的促进带动能力不强，吸纳就业潜力尚未充分发挥。多数规模小、实力弱的餐饮住宿企业在市场的激烈竞争中，由于发展方式粗放，发展层次低，服务业从业人员整体素质无法满足市场需求，服务能力薄弱，随时面临倒闭的危险。另外，在产业发展中，劳动力构成受教育程度普遍偏低，不利于产业结构的提档升级。2015～2019 年玉树州、果洛州三次产业结构占比统计见表 2。

表 2　2015～2019 年玉树州、果洛州三次产业结构占比统计

单位：%

地区	2015 年	2016 年	2017 年	2018 年	2019 年
玉树州	43:38:19	43:37:20	43:35:22	57:14:29	58:9:33
果洛州	16:38:46	17:35:48	18:33:49	18:34:48	18:35:47

资料来源：2015～2019 年玉树州、果洛州国民经济和社会发展统计公报。

（三）宣传工作不足，社会认知度不高

三江源国家公园是我国面积最大的国家公园，也是我国第一个国家公园体制试点，其生态地位重要，园区特色特殊，有无与伦比的价值。但长期以来，由于受地理位置、交通不便以及宣传不到位等因素的影响，三江源国家公园在公众中的认知度不高。虽然近年来各大媒体通过新闻、报纸、专题片、纪录片的形式对三江源国家公园及其体制试点进行了宣传和解读，但由于宣传时间较短，宣传范围较窄，园区的各类特色资源仍处于少为人知的状态。加之三江源地区平均海拔偏高，外地游客的高原畏惧心理对生态旅游的发展有一定的限制，仍需通过各种渠道，扩大宣传范围，提升三江源国家公园区的知名度和吸引力，引导大众关心国家公园的建设，撬动更多社会资本推动各类绿色产业发展。

（四）人才队伍薄弱，绿色产业发展意识淡薄

三江源地区受区位、海拔等自然条件影响，生存环境较为恶劣，经济社会发育程度低，生活成本与其他地区相比较高。三江源地区人才匮乏，经济社会发展急需科技、管理、经营人才和合理成熟的劳动力人才队伍。但外地人才由于对高原缺氧地区的畏惧和对经济社会发展程度的不满，不愿意来就业生活，引进人才、留住人才的难度大。本地人才也因为发展前景和环境等因素大量外流。这就直接导致三江源地区经济发展理念滞后，产业技术更新换代缓慢，对新事物新观点的接受程度有限，严重制约产业发展。另外，由于本地居民缺乏对发展绿色产业可以带动经济社会发展，助推各类产业协同发展，从而促进人民增收的意识和认识，各类产业的发展服务水平不高，尤其是第三产业，居民参与产业发展的热情不足，绿色发展的社会氛围不强，发展面临一定的阻碍。

四　三江源国家公园发展绿色产业的路径选择

三江源国家公园发展基础薄弱，再加上生态环境因素、地理区位因素和

产业基础等因素的制约，绿色产业的发展需要着重处理好生态环境保护、生态功能区开发以及改善民生等问题。应遵循生态保护优先、限制性开发、共建共享的原则。以生态文明的理念统领经济社会协调发展，充分利用国家的倾斜政策，合理规划产业布局，完善各类配套政策，以生态畜牧业发展为主导，结合优势资源发展特色种植养殖业、生态旅游业、民族手工业、畜产品加工业、文化体育产业，依靠科技进步和提高劳动者素质，坚持市场导向与政策扶持相结合，撬动社会资本参与绿色产业发展，在确保三江源国家公园生态保护和公益属性的前提下，高效挖掘生态价值，实现三江源国家公园走好绿色道路，擦亮绿色发展名片，走可持续发展道路。

（一）加快生态畜牧业转型发展

三江源国家公园内畜产品资源丰富且特色鲜明，具备开发和培育有机产品、绿色产品，扩大产业链，发展规模畜产品加工业的资源基础，发展以生态畜牧业为主导的生态型产业，是生态保护优先前提下既能减轻草场压力又能提高畜牧业效益的最佳选择。一是利用保护草原生态环境，创新牧民生产经营模式，完善生态畜牧业合作经营机制，提升发展生态畜牧业的能力。促进农牧业产业化发展，推进联户联牧经营方式，发挥专业大户的引领作用，探索股份制经营、租赁经营、联合经营等新型经营模式，提高生态效率，增强抵御各种风险的能力。二是转变草食畜饲养方式。合理利用草场资源，将传统粗放型游牧方式转变为划区轮牧、季节性休牧等科学饲养方式，推广牲畜分种、分群、分草场饲养以及补饲育肥，缩短饲养周期，提高出栏率和商品率。三是不断延伸产业链，立足本地牛羊肉、牛奶等特色农畜产品口感好、营养价值丰富的优势，利用科技手段发展肉类、乳制品、饲料等畜产品精深加工产业，为高原地区的畜产品增加附加值，不断培育龙头企业，树立品牌，帮助深加工畜产品走向市场，走出三江源，走向世界。

（二）支持民族特色产业发展

培育发展民族传统手工业。传承民族传统手工业的生产技艺，发展唐卡、民族服饰、雕刻等民族特色手工业，结合文化特色，推动民族传统手工业与生态旅游业融合发展，延长民族手工业产业链，着力培育和开发一批民族特色旅游产品，突出“手工”“民族”的产品特色。丰富民族手工制品的文化内涵，把三江源浓厚的文化元素融入旅游纪念品，提高纪念品的收藏价值，使其充分展现三江源地域特色和民族风格，成为宣传三江源国家公园的重要载体。

扶持发展中藏药业。对冬虫夏草等特色优势资源进行科学合理的保护和开发利用，规模化原料生产基地和种质资源库，将传承和创新有机结合，推进中藏药的精深加工，培育和发展生物药品和保健品产业，并结合生态旅游业开发中藏药养生旅游产品。放宽相关政策，引进优质企业和中藏药领域的人才，推动中藏药业可持续发展。

（三）推动文化旅游产业融合发展

《三江源国家公园总体规划》中指出，“国家公园管理机构应当会同所在地人民政府组织和引导园区内居民发展乡村旅游服务业”。生态旅游是三江源地区最具发展潜力的产业，其旅游资源具有典型性、珍稀性、特有性和自然性等特点。无论是独具特色的地质地貌还是风情各异的人文景观，它们的开发利用一方面可以使脆弱的生态系统得到保护，保持国家公园旅游资源的原真性；另一方面可以促进国家公园的旅游经济发展带动相关产业的发展，从而形成产业生态化。加之三江源地区拥有丰富的民族文化，促进生态文化旅游业融合发展，既是以文塑旅，以旅彰文，推广生态文化旅游独特性的重要举措，也是传承优秀民族文化，宣传三江源的有效途径。

三江源国家公园绿色生态文化旅游业应坚持融合发展。遵循地区特色，根据产品定位和差异化的优质组合打造“三带”① 等生态旅游品牌。一是按照习总书记对青海省提出的“打造国际生态旅游目的地”重大要求，根据我国重要生态保护屏障的重要定位，科学制定旅游产业发展战略，避免盲目

① 黄河源寻根溯源旅游带、长江源寻根溯源旅游带、澜沧江源寻根溯源旅游带。

无序开发，明确国家公园旅游发展主题，突出地域资源特色，丰富旅游产品功能，结合文化特色，充分发挥自然山水原生态优势。二是通过创新设计旅游发展口号，打造差异化的旅游产品，开发延长产业链，积极培育休闲农牧、高端旅游、文化创意等附加值高的产业。引导游客消费的规范性和有序性，营造绿色舒适的消费环境，打造“高原高端生态体验游”品牌，满足个性化旅游需求。三是根据不同的旅游资源和旅游特色开发绿色旅游产品，不断鼓励当地居民参与产业发展，实现居民收入持续增长。

（四）培育壮大特色商贸物流业

一是加大鼓励和支持服务业发展的力度。落实促进服务业发展的财税、信贷、土地、价格等优惠政策，尽快制定和出台加快服务业发展的举措和办法；加强商务业务理论知识培训，对相关部门、商贸流通企业有针对性地开展商务政策宣讲及业务理论知识培训，提高当地商务干部和企业人员业务综合素质。二是建设兼具民族特色与现代服务水平的住宿餐饮服务体系和双向多元化民族贸易服务体系，建设现代化立体商贸物流体系和便捷开放的金融与商务服务体系。三是促进商贸物流、市场中介等行业发展。加快商贸流通体系建设，着力打造商贸聚集区，加快以专业化市场各区域物流中心为主体的批发市场体系建设，促进传统流通业向现代流通业转变；大力推进电子商务进农村工程，建立小商品和特色商品网上交易、部分特色商品网上定制等业务和产供销一体的农畜产品专业网络批发市场。四是推动商旅融合发展，培育新型消费，结合生态旅游业的发展，大力培养本地人才，吸引外地人才，扶持一批龙头企业，提升服务水平，在“玩、吃、购、住”上狠下功夫，支持开展形式多样的促销活动，形成商贸物流与旅游融合发展的良好态势，逐步将现代服务业打造成支撑经济社会发展的重要产业。

五　前景展望

《三江源国家公园总体规划》设定了总体目标、近期目标、中期目标、

远期目标。发展绿色产业是逐步实现这些目标的重要抓手，是保护环境、改善民生、促进三江源国家公园经济社会可持续发展的重要保障。立足三江源自然禀赋和环境承载能力，稳步推进生态畜牧业、特色畜产品加工业、民族手工业、中藏药业、文化旅游业等产业发展，一个产业结构合理、产量不断增加、产品质量不断提升、农牧民收入持续提高的三江源国家公园绿色产业体系将会逐渐形成。三江源国家公园作为我国建设的第一个国家公园，其绿色发展模式必将成为我国国家公园建设的典范，为全国民族地区、重点生态功能区、其他国家公园探索出可复制、可借鉴、可推广的经验，为建设美丽中国，实现中华民族永续发展的千年大计贡献力量。

参考文献

郭振：《三江源国家公园生态旅游业发展路径分析》，硕士学位论文，青海师范大学，2017。

杨琛：《国家公园生态旅游价值的实现——以三江源为例》，《中国土地》2020 年 1 月。

高波：《三江源地区绿色发展与绿色金融供给》，《青海金融》2016 年第 10 期。

张中华、张沛：《西部欠发达山区绿色产业经济发展模式及有效路径》，《社会科学家》2015 年第 10 期。

魏珍：《三江源国家公园绿色产业发展形势研究》，《区域治理》2019 年第 31 期。

B.18

关于优化青海省国土空间开发保护格局的研究

赵万梅*

摘　要：国土空间的保护与开发，是一个国家赖以发展的重要基础。构建国土空间开发保护新格局，是我国进入高质量发展阶段的内在要求。在过去10年主体功能区规划和制度实施基础上，党的十八大、十八届三中全会、十九大及十九届二中、三中、四中、五中全会又从战略目标层面提出构建国土空间开发保护新格局。青海作为国家重要的生态屏障地区、战略纵深地区、能矿资源富集地区以及多民族融合代表地区，保障国家生态安全、国土安全、资源安全、社会安全是青海国土空间开发与保护的首要责任。青海应充分结合“双评价”的成果，优化城镇格局、农业生产格局、生态保护格局，坚持节约优先、保护优先、自然恢复为主的方针，强化底线约束，注重留白，立足长远，为子孙后代留有空间，促进人与自然和谐共生。

关键词：国土空间　开发保护格局　生态文明

2020 年是“十三五”规划的收官之年，是统筹谋划“十四五”时期自然

---

* 赵万梅，青海省国土空间规划研究院规划所高级工程师，注册城乡规划师。

资源发展的关键一年，党和国家机构改革赋予了自然资源部门“两个统一行使”职责，为全面提升青海省自然资源综合治理能力、完成“十四五”时期经济社会发展和生态文明建设任务提供有力支撑，青海省自然资源厅围绕习近平新时代中国特色社会主义思想和习近平生态文明思想，加快省级国土空间规划编制工作，贯彻十九届二中、三中、四中、五中全会精神和省委、省政府“一优两高”发展战略，有序推动“五个示范省”建设和“四种经济形态”的空间落地，全面推动构建“两核一轴一高地”区域协调发展新格局，统筹谋划和优化调整全省国土空间开发保护格局，强化国土空间用途管制，提高国土开发质量和效率，全面提升全省国土空间现代化治理能力。

一　新时代要求下的背景情况

2014 年以来，中央全面深化改革委员会和国务院多部委开展了包括市县多规合一、省级空间规划、城市总体规划等在内的空间规划改革探索，为国土空间规划体系的建立积累了丰富的试点经验。十九大的召开代表着我国的发展进入了全面建成小康社会的新时代，面对“新矛盾”，十九大提出进入新发展阶段，贯彻新发展理念，构建新发展格局，明确加快生态文明体制改革，推进国家治理体系和治理能力现代化等重要内容。

2017 年，省级空间规划试点方案的实施为建立统一的空间规划体系积累了经验，提供了示范。机构改革后，统筹国土空间开发、利用、保护、整治的总体部署，建立协调有序的国土开发保护格局，是自然资源管理的工作重心。

十九届四中全会提出要“加快建立健全国土空间规划和用途统筹协调管控制度”。建立全国统一、权责清晰、科学高效的国土空间规划体系，整体谋划新时代国土空间开发保护格局，综合考虑人口分布、经济布局、国土利用、生态环境保护等因素，科学布局“三生空间”①，是加快形成绿色生

① “三生空间”即生产空间、生活空间、生态空间。

产和生活方式、推进生态文明建设、建设美丽中国的关键举措，是保障国家战略有效实施、促进国家治理体系和治理能力现代化的必然要求。

十九届五中全会提出优化国土空间布局，推进区域协调发展和新型城镇化。坚持实施区域重大战略、区域协调发展战略、主体功能区战略，健全区域协调发展体制机制，完善新型城镇化战略，构建高质量发展的国土空间布局和支撑体系。要构建国土空间开发保护新格局，推动区域协调发展，推进以人为核心的新型城镇化。

二　青海省国土空间开发保护格局现状及存在问题和风险

青海省是以军事、政治而兴的省份，其发展始终肩负着国家战略安全重任。新时期，国家生态安全屏障、国家战略安全要地、国家战略资源储备地、多民族融合重要地区赋予了其时代新特征，如何落实生态文明、绿色发展要求，紧抓“一带一路”倡议、长江经济带、黄河流域生态保护和高质量发展、兰西城市群的战略机遇，构建符合国家意志、体现青海特色的国土空间开发保护格局是青海面临的巨大挑战。

2016 年习总书记视察青海期间对青海提出“四个扎扎实实”的发展要求，青海省在充分领会、把握新时代青海发展特征的基础上，在中共青海省委十三届四次全会上做出“一优两高”的战略部署。2018 年《青海省构建新时代区域协调发展新格局研究报告》提出“两核一轴一高地”区域协调发展新格局，2019 年新型城镇化工作会议提出“一群两区多点”的城镇化空间发展格局，为青海省国土空间开发与保护指明了发展方向。

在国土空间改革的大背景下，青海省机遇与挑战并存，作为长江、黄河、澜沧江等大江大河的发源地，青海省被喻为“中华水塔”，其作为全国乃至亚洲水生态安全命脉的腹地，是最具有全球意义的生物多样性关键地区。同时，作为全球大气和水量循环影响最大的生态调节区、全国和东南亚地区的重要生态屏障、北半球气候变化的启动区及调节区、全球高海拔地区的重要湿地生态系统、高原生物种质资源基因库，青海对于维护国家生态安全格局、筑牢国家生态安全屏障具有无可替代的重要地位，优化国土空间开发格局极为重要。

（一）青海省国土空间开发现状

《全国主体功能区规划》按不同类型将我国国土空间分为以下主体功能区：按开发方式，分为优化开发区域、重点开发区域、限制开发区域和禁止开发区域四个区；按开发内容，分为城市化地区、农产品主产区和重点生态功能区三类；按层级，分为国家和省级两个层面。同时，划分了 18 个重点开发区域，青海省西宁、海东、格尔木地区被列入国家级兰州—西宁重点开发区域范围。《全国主体功能区规划》共划分了 7 个农产品主产区和 25 个重点生态功能区。青海省三江源草原草甸湿地生态功能区、祁连山冰川与水源涵养生态功能区为国家级重点生态功能区，青海省没有国家级农产品主产区。

《青海省主体功能区规划》（2014）依据《全国主体功能区规划》，将全省划分为重点开发区域、限制开发区域和禁止开发区域三个区，未划优化开发区域。[①] 其中重点开发区域属国家级兰州—西宁重点开发区域，包括东部重点开发区域和柴达木重点开发区域。限制开发区域包括国家级三江源草原草甸湿地生态功能区、祁连山冰川与水源涵养生态功能区和省级东部农产品主产区、中部生态功能区。禁止开发区域包括国家级自然保护区、国家风景名胜区、国家森林公园、国家地质公园等 20 处；省级禁止开发区域有省级自然保护区、国际重要湿地、国家重要湿地、省级风景名胜区、省级森林公园、湿地公园、省级文物保护单位、重要水源保护地等 437 处。

青海省行政辖区内全部土地面积为 71.75 万平方公里，椭球面积为 69.66 万

① 《青海省主体功能区规划》（2014）中重点开发区域扣除基本农田和禁止开发区域后面积为 7.3 万平方公里，占全省面积的 10.18%，总人口 397 万人，占全省总人口的 68.7%。限制开发区域扣除基本农田和禁止开发区域后面积为 41.41 万平方公里，占全省面积的 57.71%，总人口 149 万人，占全省总人口的 25.8%。国家级、省级禁止开发区域面积为 25.91 万平方公里，扣除重叠面积后为 23.04 万平方公里，占全省面积的 32.11%，总人口 32 万人，占全省总人口的 5.5%。

平方公里。2019 年全省户籍人口为 589.03 万人，常住人口为 607.82 万人，全省常住人口城镇化率为 55.52%，户籍人口城镇化率为 41.2%。《青海省城镇体系规划（2015—2030 年）》将城镇体系空间结构规划为“四区、两带”。“四区”为东部地区、柴达木地区、环青海湖地区和三江源地区。“两带”为兰青、青藏铁路沿线城镇发展带和黄河干流沿岸城镇带。2018 年《青海省构建新时代区域协调发展新格局研究报告》着眼于构建人与自然和谐发展现代化建设新格局，提出“两核一轴一高地”区域协调发展新格局。省委十三届六次全会落实新发展理念，提出“一群两区多点”城镇化空间发展新格局。

新形势下，按照《中共中央　国务院关于建立国土空间规划体系并监督实施的若干意见》提出建立国土空间规划体系并监督实施，将主体功能区规划、土地利用规划、城乡规划等空间规划融合为统一的国土空间规划，实现“多规合一”，在分析区域资源禀赋与环境条件，研判国土空间开发利用问题和风险，识别生态保护极重要区（含生态系统服务功能极重要区和生态极脆弱区）的基础上，依托现状评估和风险评估（“双评估”）、资源环境承载能力和国土空间开发适宜性评价（“双评价”），全省国土空间格局呈现以下特点。

1. 生态保护重要性地区面积大、占比高

全省生态保护极重要区、重要区占比分别为 30.96% 和 31.04%，总面积为 43.2 万平方公里，主要分布在三江源及祁连山地区，包括江河源永久冰川和水源涵养区、环青海湖湿地区、生物多样性丰富地区。

2. 种植业适宜性面积小，适宜农业发展的空间有限

通过种植业生产适宜性评价，青海省以不适宜区为主。在扣除生态保护极重要区后，种植业生产适宜区、一般适宜区、不适宜区占比[①]分别为 12.65%、22.91% 和 33.48%。其中，种植业生产适宜区总面积为 88107.47 平方公里；一般适宜区总面积为 159525.1 平方公里，主要分布在环青海湖

① 占比为在椭球面积中的占比，余同。

地区及青南地区；不适宜区总面积为233230.6平方公里，主要分布在柴达木盆地地区。受地形地貌和气候条件的影响，全省耕地资源（5897平方公里）中有近70%是雨养耕地，质量较低。适宜种植业的地区与建设空间高度重叠，后备耕地资源与可开发空间有限，土地整理复垦成本高，开发难度较大，实现耕地占补平衡的任务十分艰巨。

3. 畜牧业生产适宜性评价以适宜区为主

青海省畜牧业生产适宜性评价以适宜区为主，畜牧业生产适宜区、一般适宜区、不适宜区占比分别为19.41%、20.51%和29.1%。畜牧业生产适宜区、一般适宜区总面积为277775.87平方公里，主要分布在三江源地区和环青海湖地区。其中，三江源地区主要是天然草原，由沼泽草甸、高寒草甸和高寒草原组成，畜牧业历史悠久，是全省牦牛、藏羊的主产地；环青海湖地区主要由高寒草甸、温性草原组成，是全省畜牧业的主要生产基地。畜牧业生产不适宜区总面积约为202476.28平方公里，主要分布在柴达木盆地中部地区，受水资源条件的制约。

4. 城镇建设适宜区面积小

青海山地多，平地少；高海拔区域大，低海拔区域小；难于开发利用面积大，易于开发面积小；具有生态价值的空间大，适宜城镇化开发的国土空间少。城镇建设适宜性评价以不适宜区为主，在扣除生态保护极重要区后，不适宜区和一般适宜区占比分别为60.89%和7.47%。

（二）存在问题和风险

基于自然地理格局本底，通过“双评价”“双评估”，本报告判断青海省国土空间开发保护方面的问题和风险主要集中在以下几个方面。

1. 高原地区生态本底脆弱，气候变化加剧生态退化风险

青海地处高海拔寒冷地区，生态环境十分脆弱。同时青海也是对全球气候变化反应最敏感的地区之一，气候变暖导致生态系统稳定性和生物多样性降低，江河源区和上游冰川退缩，永久冻土层消融，江河源区地下水位下降和径流量减少给水源涵养和沙化治理带来巨大挑战，高寒草原物种丰富度和

多样性面临下降和退化的威胁。

2. 自然灾害频繁，安全问题突出

青海位于青藏高原地震区，地壳活动活跃，山体坡面物质极不稳定，地震、滑坡、泥石流等地质灾害频繁，全省超过40%的居民生活在灾害高易发区。随着气候变暖，高原湖泊溢流溃决等风险突出，干旱、洪灾、雪灾、风灾等各类自然灾害频次明显增加。

3. 水资源时空分布不均，水环境改善压力增大

青海水资源分布与人口城镇农业布局不匹配，呈现较为明显的“南北界线”，水资源利用效率较低。人口集中的湟水干流水质总体评价为轻度污染，工业点源与农业面源污染叠加，随着人口、城镇、产业进一步聚集，水污染物排放治理任务加重。

4. 生态保护治理与民生发展存在矛盾，国土空间协调难度增大

青海生态保护红线面积占比达40%以上，其中70%以上为草原，与牧民生计息息相关。全省自然保护地内尚有30多万世居人口。由于该地区自然资源利用约束条件大，加之生态补偿机制不够完善，补偿标准低、模式单一、受众有限，现阶段实施的生态移民和减畜工作压力和难度增大。

5. 区域差异特征明显，城乡发展不平衡，城镇化质量有待提升

由于自然条件、资源禀赋和历史原因，东部地区与三江源地区之间发展不平衡。农牧区城镇化动力不足，城乡差距位于全国高位，城乡基本公共服务设施配置水平不高。广大农牧地区人口密度低，地形复杂，各类设施建设成本高，小城镇和村庄建设欠账较多，农牧区人居环境品质有待提高。

6. 国土治理机制亟待健全

全省国土治理的法规体系尚不完整，归属清晰、权责明确、监管有效的水资源、湿地、森林等自然资源资产产权和用途管制制度还不健全。青海自然保护地人均管护面积远高于全国平均水平，地域广袤，监管难度大，规划管控协同机制不完善，国土协同治理体系和治理能力有待提升。

三　国土空间开发保护目标

扎实有效推进国土空间规划体系建设，积极融入国家区域重大发展战略，以全省“两核一轴一高地”区域协调发展总体布局为引领，落实深化国家安全战略、区域协调发展战略和主体功能区战略，明确国土空间开发保护目标，优化城镇格局、农业生产格局、生态保护格局，坚持节约优先、保护优先、自然恢复为主的方针，强化底线约束，注重留白，立足长远，为子孙后代留有空间，促进人与自然和谐共生。形成以国土空间规划为基础，以统一用途管制为手段的国土空间开发保护制度。

（一）国土空间保护水平大幅提高

生态保护红线和永久基本农田得到严格落实，草原、森林、湿地、冰川、河湖、荒漠等自然生态系统稳定性和生态功能大幅提升。资源循环利用体系初步建立，能源资源使用效率大幅提高，主要污染物排放得到合理控制，国家生态安全和水土资源安全得到有效保障。

（二）国土空间开发格局不断优化

主体功能区分区进一步完善，统筹协调生态、农业、城镇三类空间布局，以重点生态功能区、农产品主产区为支撑，以重要轴带为主干的新型工业化、城镇化格局基本形成，区域一体化交通网络基本成熟，人口集疏更加有序，文化更加繁荣，全方位对外开放格局逐步完善。

（三）国土空间修复整治效果显著提升

生态脆弱与退化严重区域治理显著加强，资源污染治理取得重大突破，废弃矿山地质环境治理效果显著，生态系统功能显著增强，国土环境与质量显著提升。

（四）国土空间治理体系逐步健全

有效落实最严格的土地管理制度、水资源管理制度和生态保护制度，重要领域、关键环节深化改革取得决定性成果。到 2025 年，逐步构建以自然资源资产产权、国土空间用途管制、资源总量管理和节约利用、资源有偿使用和生态补偿、生态文明绩效评价考核和责任追究等基本制度为主体的国土空间治理体系。到 2035 年，建立健全国土空间治理体系，完善国土空间开发保护制度，基本实现国土空间治理能力现代化。

五　国土空间开发保护战略

青海作为国家重要的生态安全屏障地区、战略纵深地区、能矿资源富集地区以及多民族融合代表地区，保障国家生态安全、国土安全、资源安全、社会安全是青海国土空间开发与保护的首要责任。针对地貌类型复杂多样、生态地位重要特殊、自然资源丰富、民族文化多元包容的本底条件，以习总书记视察青海时提出的“青海最大的价值在生态、最大的责任在生态、最大的潜力也在生态”的“三个最大”省情定位为根本遵循，强调落实国家战略，在“一带一路”倡议、兰西城市群、黄河流域生态保护和高质量发展战略与新时代推进西部大开发战略的引领下，深入践行新发展理念，优化国土空间开发保护战略。

（一）落实国家重大战略

一是以水资源保护为核心承担最大生态责任，以流域为单元构筑最稳定生态格局，以生态畜牧业和生态旅游业为重点挖掘最大生态价值。二是以开放促发展，以通道建设促联通，以西宁海东、柴达木、祁连山—青海湖、三江源四大分区协作促协同。三是落实“四种经济形态”，提升战略能矿资源保障能力，全面实现资源高效利用。四是强化核心带动，多点支撑，轴带拓展，优化城镇格局。五是充分结合风景资源价值，加强对民族文化的保护与传承，促进高原地区特色发展。

（二）优化主体功能区战略

统筹协调生态、农牧业、城镇三类空间布局，针对青海县级单位面积大、特征差别大的情况，以乡镇为单元，完善细化省级主体功能区，包括重点生态功能区、农产品主产区、城市化发展区，其中，重点生态功能区细化为生态保护区和生态协调区，并分别从人口、用地、财政、产业等方面制定配套政策，建立健全主体功能区制度下配套的综合政策体系以及考核要求。

立足青海省作为国家生态安全屏障和重要生态源保护区、维护国土安全和支撑“一带一路”倡议的战略要地、国家循环经济示范试点和战略能矿资源保障基地、高原特色现代生态农牧业基地和特色旅游目的地、多民族融合宜居家园的定位，以国家战略为引领，遵循青海高原地理格局特征，充分结合“双评价”结果，以三江源、祁连山—青海湖“南北两屏”为核心构筑高原生态格局，以河湟谷地、柴达木盆地、泛共和地区“东中西三区”为重点协调人地关系，以青藏路、黄河沿线“轴带联通”促进区域协同发展，以重点市州、县城镇“大集中”促进“大保护”，打造地区极核，进一步引导人口和产业集聚，构建“两屏三区、两轴多点”的国土空间开发保护总体格局。

六　优化国土空间开发保护格局的对策措施

以实现青海国土空间治理能力现代化为目标，统筹开发和保护，坚持生态保护优先，筑牢生态屏障，优化农牧空间，完善城乡格局，强化基地建设，实现全省国土空间开发保护更高质量、更有效率、更加公平、更可持续。

（一）筑牢生态屏障，提升中华水塔生态功能

遵循高原生态系统的系统性和完整性，构建“两屏两区多廊”生态保护网络。全省共划定生态保护红线面积29.27万平方公里，约占全省椭球面积的

42.01%，主要分布在三江源、祁连山地区，及环青海湖、柴达木盆地周边。积极推动国家公园示范省建设，通过整合优化自然保护地，初步建成完整的“国家公园—自然保护区—自然公园”三级自然保护地体系。严格保护生物多样性保护优先区，构建生物多样性保护网络。以生态保护红线范围内的生态保护与退化生态系统修复为重点，制定天然林保护修复、高寒草原恢复、高原湿地保护、沙漠化防治、水土流失防治、矿山地质环境恢复治理等生态修复工程，全面改善和提升区域生态服务功能。

（二）优化农牧空间，支撑高原生态农牧业发展

立足地域特点与资源优势，将牧业用地划入农业空间作为农牧空间，积极推进绿色有机农畜产品示范省建设。健全牧草地保护和管控体系，健全完善草原生态保护奖补机制，引导农牧民禁牧减畜、以草定畜。严格控制非农业建设占用耕地。推进耕地提质改造和高标准农田建设。优先将集中连片、排灌条件良好，农业生产配套设施完善的粮油等种植业生产基地和具备改造潜力的中低产田划为永久基本农田，实行严格保护。

（三）完善城乡格局，集约精细配置建设空间

以实现“生态保护优先”和“人的全面发展”为理念，推进青海新型城镇化绿色健康可持续发展。积极推动高原美丽城镇示范省建设，构建“承东启西、连南接北、多向开放”的多极协同发展城镇化格局。进一步提升中心城市承载能力，持续推进人口向西宁海东集聚；优化广大农牧区城镇生活环境，发挥县城和中心镇公共服务水平，建立便捷交通联系，促进农牧民就近向城镇有序集聚，形成大分散小集中格局。实施新增建设用地与存量挖潜相结合的用地保障方式，积极稳妥地推进人地挂钩政策，提高土地资源要素配置效率和产出效益。引导居住分散的牧民向定居点集中，合理安排农村生活用地，重点优化村庄布局，保留与农业生产紧密关联的农村居民点。

（四）强化基地建设，提升能矿资源保障能力

全力推进国家重要新型能源产业和重要能源接续基地建设，加强能源资源勘查、能源通道和基础设施建设，积极推动清洁能源示范省建设。优化非能源矿产资源勘查开发布局，结合矿产资源禀赋、社会发展需要，协调三条控制线关系，将战略性矿产保障区按照能源资源基地、国家规划矿区、矿产资源保护分区、勘查开发分区进行规划布局。

（五）建立生态文明考核评价机制

推进生态文明建设，各级党委和政府负有主要责任。必须改变 GDP 至上的观念，把资源消耗、环境保护等指标纳入经济社会发展评价体系并增加其权重，建立健全考核评价办法和奖惩制度，形成生态文明建设的长效机制。

总之，合理优化国土空间开发格局，必须珍惜每一寸国土，遵循人口资源环境相均衡，生产空间、生活空间、生态空间三类空间科学布局，经济效益、社会效益、生态效益三个效益有机统一的原则；落实最严格的生态环境保护制度、耕地保护制度和节约用地制度，强化国土空间用途管控，调整优化用地结构，使其与资源环境承载力和开发适宜性相匹配，进一步引导人口和产业集聚；科学统筹划定全省生态保护红线、永久基本农田、城镇开发边界三条控制线；促进生产空间集约高效、生活空间宜居适度、生态空间山清水秀，给自然留下更多修复空间，给农业留下更多良田，给子孙后代留下天蓝、地绿、水净的美好家园。

区域特色篇

Regional Characteristics Chapter

B.19

玉树州生态畜牧业高质量发展的思路探索*

刘晓平**

摘　要：青海省作为全国生态大省及畜牧业大省，需要实践、探索、创新出符合高质量发展要求的“高原生态畜牧业”体系。玉树州拥有丰富的无污染天然草场资源，具备发展生态畜牧业的优势条件，围绕青海省牦牛产业发展及“五大现代牧场”科技专项部署，研究玉树州生态畜牧业高质量发展导向与构建产业链升级发展的创新模式具有重要的现实意义。本报告在梳理分析玉树州特色产业——生态畜牧业发展现状与成效的基础上，指出了玉树州生态畜牧业发展中存在的产品附加值低、品牌竞争力

* 本报告为国家社科基金项目“三江源地区生态畜牧业高质量发展模式与对策研究”（项目编号：20BMZ159）的阶段性研究成果。

** 刘晓平，青海大学财经学院教授，中国数量经济学会理事，青海省生态环境研究中心研究员，研究方向为数量经济、产业经济。

不足、合作社自我成长能力弱、产业化程度低等方面的问题；通过分析玉树州生态畜牧业的发展机遇与发展环境，探索了玉树州生态畜牧业高质量发展的新思路，在优质饲草供给、牛羊健康养殖、绿色畜产品加工、全产业链溯源等方面探索现代生态畜牧业发展的导向目标；构建出“互联网 + 农牧业信息平台 + 龙头企业 + 合作社 + 牧户”的产业化发展模式，促进玉树州生态畜牧业的产业升级与产业融合。

关键词： 生态畜牧业　产业融合　产业链　高质量发展　玉树州

我国经济发展进入了一个新时代，已由高速增长阶段转向高质量发展阶段。产业经济是整个社会经济的基础，实现经济高质量发展必须提高实体产业的发展质量与水平。玉树州是青海省主要的畜产品基地，畜产品产量占全省的25%；“玉树牦牛”占全省牦牛的40%，位居全省第一；玉树州被认定为中国特色农产品优势区，生态畜牧业是玉树州的特色产业和优势产业。玉树州要发展、要改善民生、要保护生态环境，必须依托生态畜牧业。因此，结合国家战略指导精神，对如何推动玉树州生态畜牧业高质量发展进行研究具有重要的现实意义。

一　玉树州生态畜牧业的发展现状与成效

（一）玉树州生态畜牧业发展现状分析

玉树州拥有丰富的草场资源，发展畜牧业具有得天独厚的优势条件。“十三五”以来，玉树州深入贯彻生态保护优先理念，以草原生态保护、新型经营主体培育为重要内容，以实现农牧业增效、农牧民增收为目标，大力推进草地生态畜牧业试验区建设，玉树州生态畜牧业产值以年均2%的速度稳步增长。生态畜牧业的较快发展，为实施乡村振兴战略、全面建成小康社会提供了有力支撑。

根据表1数据，玉树州第一产业总产值处于持续增加的状态，从2015年的29.47亿元增加到2019年的39.59亿元，其中生态畜牧业总产值从2015年的20.28亿元增加到2019年的30.14亿元；2015～2019年生态畜牧业总产值占第一产业总产值的比重分别是69%、69%、71%、74%、76%，生态畜牧业总产值占第一产业总产值的比重不断提升，凸显了生态畜牧业作为优势产业的地位。

表1 2015～2019年玉树州生态畜牧业总产值占第一产业总产值的比重

单位：亿元，%

年份	第一产业总产值	生态畜牧业总产值	比重
2015	29.47	20.28	69
2016	30.10	20.62	69
2017	31.98	22.58	71
2018	35.17	25.87	74
2019	39.59	30.14	76

资料来源：2016～2020年《玉树藏族自治州年鉴》。

根据2019年统计数据（见表2、表3），玉树州牲畜年末存栏211.49万头只匹，其中，牛167.41万头，羊42.22万只，马1.86万匹；年末出栏66.93万头只匹，出栏率为31.65%；肉类产量3.57万吨，奶类产量3.80万吨，羊毛产量360吨，牦牛毛产量192吨，牦牛绒产量129吨。从表3中的数据分析得出，牲畜存栏数从2015年的251.70万头只匹下降到2019年的211.49万头只匹，但年末能繁殖母畜数从2015年的111.94万头只匹增加到2019年的116.28万头只匹，母畜比例从2015年的44.47%上升到2019年的54.98%，呈现持续上升的趋势。这是因为近年来在生态保护的政策下，玉树州实施退牧还草，禁牧休牧，根据草场的承载能力，科学合理地进行了牲畜总量控制，加大了畜群结构调整力度，少养畜、养好畜，进行科学养殖，提高个体产量与产品品质，以期实现生态保护与畜牧业可持续发展“双赢”的目标。

表 2　2015～2019 年玉树州牲畜存栏数

年份	年末存栏数（万头只匹）	牛		羊		马
		头数（万头）	同比增长（%）	头数（万只）	同比增长（%）	头数（万匹）
2015	251.70	183.32	18.55	65.83	-21.79	2.55
2016	254.28	190.80	4.08	60.97	-7.38	2.51
2017	250.60	194.92	2.16	53.08	-12.94	2.60
2018	233.20	181.44	-6.92	49.78	-6.22	1.98
2019	211.49	167.41	-7.73	42.22	-15.19	1.86

资料来源：2016～2020 年《玉树藏族自治州年鉴》。

表 3　2015～2019 年玉树州主要畜产品产量

年份	年末牲畜存栏数（万头只匹）	年末牲畜出栏数（万头只匹）	年末能繁殖母畜数（万头只匹）	肉类产量（万吨）	奶类产量（万吨）	羊毛产量（吨）	牦牛毛产量（吨）	牦牛绒产量（吨）
2015	251.70	83.59	111.94	4.02	7.07	289	182	164
2016	254.28	73.05	113.79	4.11	5.76	239	188	120
2017	250.60	77.99	113.88	4.68	4.63	877	192	126
2018	233.20	73.23	115.71	3.60	3.66	144	192	126
2019	211.49	66.93	116.28	3.57	3.80	360	192	129

资料来源：2016～2020 年《玉树藏族自治州年鉴》。

（二）玉树州生态畜牧业发展成效分析

近年来，玉树州凭借青藏高原无污染的洁净环境、天然的牧场、优良的牛羊，大力推进高原特色生态畜牧业发展，全力建设以“玉树牦牛”为地理品牌的草地生态畜牧业试验区、青南地区生态畜牧业示范区和有机畜牧业生产基地，取得显著发展成效。

1. 畜群优化，畜种提质，良种扩繁，牧业增效

玉树州坚持以草畜平衡为前提，根据核定草原载畜量进行牲畜高效养殖，草场进行划区轮牧和季节性轮牧，着力优化畜群结构，改良品种，提升

生态畜牧业生产力。玉树州连续几年举办牦牛文化艺术节，在艺术节上评比种畜，优秀种畜进行串换，推广野血牦牛，以此保障牲畜的血统纯度；大力实施牦牛提纯复壮、藏羊品种选育工程，在各县建立牲畜良种繁育基地，提高繁活率和畜产品品质。2019 年全州共产各类仔畜 78.89 万头只匹，成活 71.29 万头只匹，成活率为 90.37%；牲畜串换率达到 60%；良种覆盖率提高到 92%。

2. 组织化程度不断提高，股份制改造持续推进

玉树州自 2008 年启动生态畜牧业建设以来，畜牧业的发展从分散单一向集中规模转变，打破了以家庭为基本单元的单、散、弱、粗模式，把牧户家庭集中起来，组建起各种类型的生态畜牧业专业合作社。截至 2019 年底，全州组建了生态畜牧业专业合作社 206 个，入社草山 12404.8177 万亩、入社牲畜 216.7776 万头只匹、牧业劳动力 102962 人、入社户数 40939 户、入股草山 4450.77 万亩、入股牲畜 82.346 万头只匹、统一分工劳动力 89547 人。其中：具有示范带头作用的合作社 37 个，示范合作社共有户数 10667 户、草山 2560.39 万亩、牲畜 43.42 万头只匹、牧业劳动力 27138 人；实际整合入股草山 1586.5 万亩、牲畜 26.37 万头只匹、统一分工劳动力 13773 人；示范合作社通过鲜奶销售、畜产品加工、青干草经营、产业化养殖等方式，在 2019 年内分红 1805.1 万元。全国草地生态畜牧业试验区试点社达到 18 个，全村户数 7927 户、入社户数 6115 户、全村草山面积 1332.49 万亩、入社草山面积 1004.9 万亩、入股草山面积 997.112 万亩、牲畜存栏 134816 头只匹。18 个草地生态畜牧业试验区试点社现已提档升级，总股份 32.7 万股，出栏率达到 28.76%，年内分红 1046 万元。通过整合资源、农口项目和省、州、县三级资金扶持，做大做优做强全州生态畜牧业示范社。示范社通过建设养畜、科学养畜，转变了生产经营方式，向集约化经营转变，也相应带动实现了当地农牧民的脱贫致富，生态畜牧业合作社建设的成果正在显现。

3. “种养加”结合，延长产业链，产业化水平提升

玉树州适度发展饲草舍养，按照“以农促牧、农牧互补”的发展思

路，小块农业区为牧业区服务，推动粮改饲，扩大饲草料种植规模，截至2019年底，建成1.7万亩粮改饲生产基地，户均圈窝草地面积达4.78亩，饲草料种植面积达11万亩，建成芫根、燕麦等饲草料种植、贮藏及加工基地，冬春饲草储备及防灾抗灾能力提高。曲麻莱县的芫根饲草料加工基地成为青南地区规模最大的饲草料加工基地，其他各县也都建立了饲草料加工基地，为玉树州生态畜牧业发展提供后备保障；通过建设野血牦牛繁育基地，开发生产畜牧业延伸深加工产品，通过举办畜产品展销会，大力推广具有地理标志的“玉树牦牛”产品；2017年底，农业部等认定玉树州为中国特色农产品牦牛优势区；坚持纯天然、有机化牧养发展方向，冬春季节辅助舍饲、半舍饲养殖，并且利用援建资金，采取项目整合的方式，大力开展合作社能力提升示范行动，充分利用三江源区“高原、绿色、无污染”的特点，培育一批乳制品、牛羊肉加工销售龙头企业，通过“种养加”有机结合，以“互联网+农牧业信息平台+龙头企业+合作社+牧户”模式运行实践，以“订单生产、合同养殖”等形式收购鲜奶、牛羊肉、牛羊毛等畜产品，扶持壮大相关企业和专业合作社，延长产业链，初步建立起绿色食品生产、加工和销售相结合的产业化运作模式。

4. 牧民增收，生活质量明显提升，草原生态得到改善

近年来，玉树州牧民群众通过加入生态畜牧业合作社，进行草地合理流转、牛羊集中养殖，牧民群众不再逐水草而居，不再辛苦转场于冬夏季牧场之间，劳动力从畜牧业中真正解放出来去从事其他产业并切实提高收入水平。生态畜牧业合作社通过科技手段提高牦牛生产性能，实现了良种、良法、良料配套，进行健康科学养殖，牦牛一年一产繁殖效率提高了37个百分点以上，牧民收入大幅增加；2019年，生态畜牧业股份合作制合作社社员人均收入达11856元，且通过落实惠农强农政策，如贯彻落实好草原生态保护补助奖励7.25亿元、牲畜良种补贴210万元等各项惠农强农政策，进一步增加了牧民收入，玉树州牧民群众的生活质量也有了大幅度提高。玉树州各地通过实施退牧还草、黑土滩治理、圈舍养畜、退化草地补播等一系列

措施，保护了草原生态环境。2019 年底，全州天然草场面积为 30450 万亩，可利用草场面积为 17481.75 万亩，禁牧面积为 9377 万亩，草畜平衡面积为 4978 万亩，实际载畜量为 679.55 万个羊单位，草地生产力比上年提高 2%。玉树州有效实现了“从农牧民单一的种植、养殖、生态看护向生态生产生活良性循环的转变”。

二　玉树州生态畜牧业发展存在的主要问题

（一）缺乏畜产品精深加工能力，产品附加值低

玉树州由于地理位置的特殊性，对于生态畜牧业的发展还处于初级阶段，畜产品的加工还处于粗加工阶段，大多数属于初级产品加工，玉树州的畜产品加工还未形成自身的发展特色，加工的畜产品未能及时跟进市场需求的变化，缺乏竞争力，无法与其他地区同类产品抗衡，容易被同质化畜产品取代。玉树州畜产品产业链较短，生产方式落后，加工率低，限制了产业链的延伸，无法实现产品的深加工。

（二）品牌竞争力不足，高端产品相对匮乏

玉树州生态畜牧业品牌化发展近年来取得了一定成就，玉树州被国家列为“三区三州”牦牛产业先行先试区、畜牧业示范区。“玉树牦牛”荣获农产品地理标志、被列入《国家畜禽遗传资源品种名录》，成为“世界牦牛看青海，青海牦牛看玉树”的地域品牌。然而“玉树牦牛”只是一种地域品牌，并非“伊利”“蒙牛”等商业品牌，截至 2019 年底，玉树州可以查到的生态畜牧业注册商标只有 4 个，有机认证产品 4 个，且知名度低。由于玉树州对地域资源的挖掘不够充分，对有机、绿色、无公害农畜产品的开发力度不够大，缺乏高标准产业集中、示范带动、三产融合等能力，因而有机化、品牌化、高质量、高价位的产品匮乏。

（三）专业技术人才资源短缺，技术创新程度不足

全州各合作社中，真正懂经济、会经营、有知识、能管理的人才较少，当地牧民群众中缺乏大胆创新与改进的人才。牦牛饲养管理技术、牦牛规模饲养和防疫技术、牦牛选种和选配技术、牦牛本品种选育技术、牦牛人工授精技术等的发展还不是很成熟，与高校、科研机构、农牧业高新技术企业的技术和人才合作优势还没有完全发挥出来。由于传统行业的发展对人才的吸引力不强，畜牧业从业人员基本为农牧区的劳动力，从业人员的素质参差不齐；由于现代畜牧业对技术的投入资金需求大，而现实情况是畜牧业发展的技术缺口和人才缺口扩大，创新动力不足，因此制约了玉树州生态畜牧业的快速发展。

（四）合作社自我成长能力弱，投资力度不足

从玉树州生态畜牧业合作社发展情况来看，合作社共 206 个，大部分合作社的运行主要依赖于政府扶持，自身成长能力弱，资金链较短，缺乏充足的资金维持自身的发展与循环。主要原因：一是合作社的注册门槛低，从合作社的注册资本来看，注册资本在 10 万元以下（包括 10 万元）的有 58 个、11 万 ~ 99 万元的有 61 个、100 万 ~ 499 万元的有 81 个、500 万元以上（包括 500 万元）的仅有 6 个；二是合作社内部管理还处在初级阶段，合作社缺乏自身发展的空间及放活经营、优胜劣汰的经营机制，虽然一部分规模较大的合作社能够促进畜牧业的发展和畜产品的加工，但是它与玉树州当地的畜牧业关联程度不高，各自独立发展，当地合作社未能充分利用优势资源给当地带来积极的影响，大部分合作社的发展依赖政策扶持，限制了生态畜牧业的合理布局，又影响了对其他企业的投资力度①。

---

① 贾瑞珂、罗增海：《青海省草地生态畜牧业生态生产生活联动发展模式研究》，《安徽农业科学》2018 年第 32 期。

（五）企业现代化管理技术不成熟，产业化程度低

生态畜牧业高质量发展的动力主要来自有一定规模的龙头加工企业。目前，玉树州有6家生态畜牧业龙头企业，但企业现代化管理技术不成熟。一是龙头企业带动作用相对较弱，功能不强，企业自身的发展偏向传统化管理模式，并没有跟上高质量发展的速度，现代化管理模式不成熟。目前，国内外有影响力的相关企业对玉树州生态畜牧业的投资意向较低、规模经济发展水平较低、市场开发的知名度不高，对产业缺乏有力影响与关联辐射带动力。二是玉树州现有的龙头企业、合作社、牧民三方还未全面有效形成责权利共同体，还处在市场交易的一般初级阶段，产业化发展的程度较低。

三　玉树州生态畜牧业的发展机遇与市场发展环境分析

（一）发展机遇分析

1. 乡村振兴与农业现代化战略为生态畜牧业赋予新使命

党的十九大报告把农业放在优先发展的战略地位，乡村振兴与农业现代化为生态畜牧业发展赋予了新使命。2018年1月30日，农业部在《2018年畜牧业工作要点》中强调要“推动畜牧业高质量发展，在农业中率先实现现代化”。玉树州在坚持草畜平衡、合理控制载畜量的基础上，着力优化畜群结构，改良品种，提升生态畜牧业的生产能力。坚持纯天然、有机化牧养发展方向，冬春季节辅助舍饲、半舍饲养殖，提高繁活率和畜产品品质，全力建设以“玉树牦牛”为地理品牌的草地生态畜牧业试验区、青南地区生态畜牧业示范区和有机畜牧业生产基地。2019年玉树州被农业农村部列为农村一二三产业融合发展先导区创建单位，为推动玉树州生态畜牧业高质量发展带来新的发展机遇。

2. 消费需求升级与科技创新为生态畜牧业发展增添新动能

在当前经济快速发展和居民消费观念升级演变的新形势下，人们对于绿色安全畜产品的需求快速增长，畜产品的市场潜力巨大，人均消费有较大的增长空间，并且人们对牛羊肉等畜产品品质的要求将不断提升，购买有质量认证标志和品牌的畜产品将成为未来的消费趋势。青海省科技厅针对青海省生态畜牧业高质量发展、农牧区乡村振兴发展的科技需求，组织科技力量推动重大专项项目的实施，通过实现生态畜牧业的差异化发展，要建立5个不同类型的科技示范牧场：三江源有机牧场、祁连山生态牧场、柴达木绿洲牧场、湟水河智慧牧场、青海湖体验牧场。因此玉树州的高海拔、零污染、绿色有机天然的高品质畜产品将有巨大的市场发展潜力，未来玉树州应依托三江源有机牧场建设战略，提升畜产品的科技含量，加快推进生态畜牧业技术创新，大力开发优质品牌，实现差异化目标市场分类，提高生态畜牧业生产效益。

（二）市场发展环境分析

玉树州具有丰富的无污染天然草场资源，具备生产绿色有机畜产品的优势条件；凭借着洁净的生态环境、逐草而居的放牧方式，“玉树牦牛”以高蛋白、低脂肪、多氨基酸赢得了“肉牛之冠”的美誉。生态畜牧业是玉树州的特色产业和优势产业。近年来玉树州着力打造“世界牦牛之都”“中国藏羊之府”区域品牌，经过不懈努力，玉树州的牛羊肉已经依托这个品牌，相继走进高端市场。通过产业带动，玉树州生态畜牧业合作社发展到206个，牦牛、藏羊产业链逐步延伸到生产、加工、贮藏、运销等各个环节，带动产业发展的能力逐步增强。牦牛肉、藏羊肉除供应本省外，年外销量保持在2万吨以上。专业人士预测说：“只要有货源，玉树州的牛羊肉与乳制品根本不愁销路。”

2019年12月7日，青海牦牛公用品牌发布会在人民大会堂举行，掀起了打造“青字号”农牧品牌的新高潮。2019年12月19日，青海省玉树州首届高原特色农畜产品推介展销会在北京全国农业展览馆举办，来自玉树州的23家涉农企业和20个生态畜牧业合作社，展销了牦牛、藏羊等农畜产品，受到了首都市民的喜爱与关注。玉树州特色农牧产品已成为“三江之源、云上优品”

的一张亮丽名片和健康安全食品的代名词。玉树州将着力推动生态畜牧业高质量发展，把来自三江源头的最天然、最健康、最安全、最优质、最放心的农畜产品带给更多消费者。

四 玉树州生态畜牧业高质量发展的思路探索

（一）生态畜牧业高质量发展方向

生态畜牧业是兼顾经济、生态、社会发展目标的现代畜牧业发展阶段①。玉树州应该依托青海省三江源有机牧场建设，挖掘特色畜牧业差异化优势，加强全产业链溯源、牲畜健康养殖、有机畜产品认证与深加工、专业合作组织规模化发展等，建设现代牧场管理与经营体系，以“产出高效、绿色发展、资源节约、环境友好”为生态畜牧业发展的导向目标，促进生态畜牧业高质量发展。

（二）生态畜牧业高质量发展模式

玉树州生态畜牧业经过十余年的发展，在草场管护、生态养殖等方面取得了一定的成就。但是面对新时代、新形势，玉树州生态畜牧业需要高质量发展，就是要根据现代畜牧科学技术方法，将牦牛和藏羊等畜种、三江源生态环境、当地社会经济活动形成一个可持续发展的有机统一整体，兼顾经济、生态、社会发展综合目标，构建具备良性循环动力机制的现代畜牧业生产体系（见图 1），不断推动生态畜牧业产业化发展（见图 2）。

玉树州需要引导和支持生态畜牧业龙头企业，建立联合社，建设股份制现代牧场，开拓市场销售平台，加强产业化融合发展的体系建设，促进形成产业链升级效应，实现生态畜牧业规模化生产、现代化经营、品牌化市场开拓发展的新格局。需要在全州开展牲畜保险试点工作，健全政策性畜牧业牲

① 王璟：《生态畜牧业的内涵及其主要特征》，《当代畜禽养殖业》2014 年第 9 期。

畜保险体系。同时要积极与州金融机构协作推进贷款业务，解决龙头企业、合作社、家庭牧场发展建设资金短缺及融资难、融资贵等诸多问题。

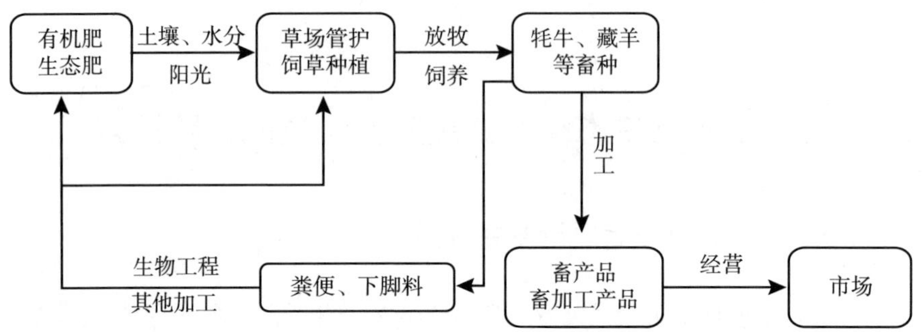

图1　现代畜牧业生产体系

资料来源：笔者自制。

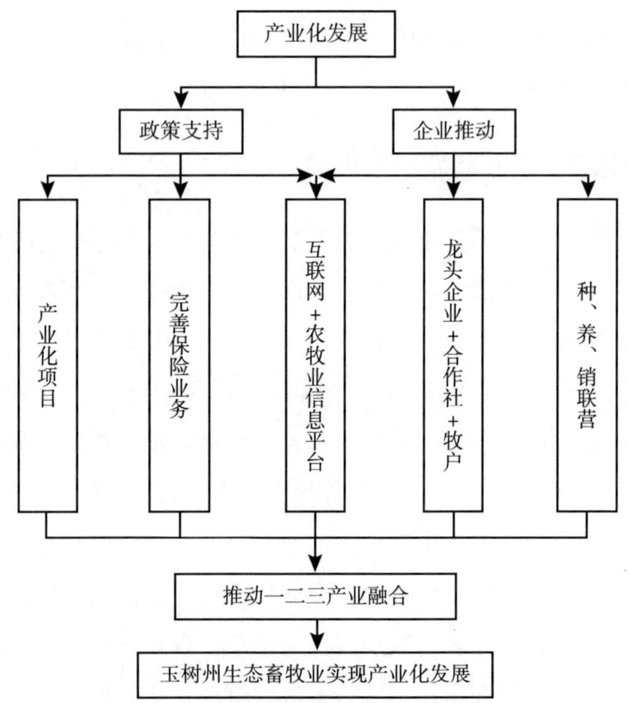

图2　玉树州生态畜牧业产业化发展模式

资料来源：笔者自制。

生态畜牧业高质量产业化发展是在政府、企业的帮助下实现一二三产业融合发展。通过加大政策扶持力度，在继续落实好标准化养殖、良种补贴、动物防疫、畜产品质量安全监管、草原生态保护补助奖励等国家政策的基础上，加大对优质牲畜品种繁育推广、养殖专业合作社、草原生态保护、动物卫生安全等的投入力度，要进一步改革完善多元化投资体制，构建多渠道投融资平台，制定优惠政策，充分发挥财政资金对各类项目的牵引作用，创新融资渠道和投入方式，吸纳金融资本、社会和个人资金进入。营造重视人才、尊重人才、使用人才的良好创业氛围，激发畜牧业界管理者、科技工作者、生产经营者和实用人才等各级各类人才的创业热情，充分依靠群众力量和集体智慧，积极打造大众创业、万众创新的新局面，为生态畜牧业高质量发展注入源源不断的创新活力。

B.20

“一带一路”视角下资源型城市智慧转型发展研究*

——以青海省格尔木市为例

杨娟丽**

摘　要：　“一带一路”为民族地区城市的发展带来全新的历史机遇。在新型城镇化发展的大背景下，现代化、生态绿色化、信息化、智能化成为城市发展的主要方向。青海省格尔木市作为一座资源型城市，是“一带一路”的重要节点城市，在申报成为国家智慧城市试点后，需要结合城市实际情况与问题，针对自身发展的优势与特点，进行智慧转型。本报告从格尔木市资源型城市发展的现状和城镇化进程中存在的问题着手，提出格尔木市发展转型新思路，建议格尔木市坚持创新驱动战略，融入丝绸之路经济带，重视第一、第三产业的发展，不断加大对科技和教育的投入，以促进城市的健康发展，推进特色城镇化建设和城市转型，进而实现格尔木市的创新绿色发展。

关键词：　资源型城市　智慧转型　格尔木市

---

* 本报告为国家社会科学基金项目“新型城镇化进程中民族地区智慧城市建设研究”（项目编号：15XGL026）和青海省社会科学规划项目“‘绿水青山’与‘金山银山’双向转化在青海的实践与路径研究”（项目编号：20012）的研究成果。

** 杨娟丽，青海大学财经学院旅游与工商管理系副教授，研究方向为企业营销、城市管理、智慧城市。

一　绪论

由于资源的有限性和不可再生性，资源型城市都会经历建设、繁荣、衰退、转型、振兴和消亡的过程，其发展会面临资源衰竭、城市转型的问题，多数资源型城市在发展过程中“重产业、轻治理”，使得城市的发展没有长远的规划，缺乏战略，存在短视效应。资源型城市的产业结构都会过度依赖本市的特有资源，并带来能耗高、经济抗风险能力差等诸多问题，也会产生资源日渐衰竭、企业破产、生态环境严重破坏、经济结构失衡、替代产业发展乏力等一系列经济和社会问题。在经济新常态下，资源型城市与工业经济密集型区域发展要更加注重质量，摆脱传统发展的路径依赖，清楚认识到新挑战和新要求，选择适合新常态下资源型城市转型发展的新路径，必须在资源型城市发展的成熟期，乃至更早，实现城市的智慧转型，改变“城市依赖资源”的单一发展模式，使城市发展获得更大的主动权和发展空间。在“一带一路”新的发展机遇下，资源型城市的发展也面临着新的挑战，应创新发展思路，采用智慧的城市发展方式与治理模式，推进新型城镇化建设，帮助资源型城市更好地实现城乡一体化发展，从而推动产业升级、社会治理、生态环境修复、民生改善和基础设施功能提升。党的十八大报告将生态文明建设纳入“五位一体”总体布局，对资源型城市转型提出了更高的要求，党的十九大报告指出，加快生态文明体制改革，建设美丽中国，所以如何加快突围、实现转型发展是每一个资源型城市都面临的重大课题。青海省格尔木市要实现生态、文化、社会、机制的全方位转型，应从更高层次、更宽领域推进以新能源开发为重点的战略性新兴产业的发展，补齐产业链发展短板，实现传统资源型城市的转型，让戈壁大地实现从绿水青山到金山银山的转变。

二　资源型城市研究

2013 年 11 月公布的《全国资源型城市可持续发展规划（2013—2020

年)》（以下简称《规划》）明确指出，我国拥有资源型城市262座，占全国城市总数的40%。《规划》也指出资源型城市是以本地区矿产、森林等自然资源开采、加工为主导产业的城市（包括地级市、地区等地级行政区和县级市、县等县级行政区）。资源型城市作为我国重要的能源资源战略保障基地，是国民经济持续健康发展的重要支撑。《规划》提出统筹新疆、内蒙古、西藏、青海等资源富集且生态脆弱地区的资源开发与生态保护，走出一条在保护中发展、在发展中保护的可持续发展之路。

关于资源型城市的研究内容，主要包括资源型城市衰退的形成机制及其成因研究、资源型城市社会可持续发展问题研究、资源型城市的经济发展转型与政策、各省（区、市）资源型城市转型实践研究四大方面，对此，众多学者提出了不同的观点。龙如银等构建出了面向循环经济的资源型城市技术创新路径选择模型，并从创新理念、创新项目选择、创新体系完善三个方面详细地阐述了资源型城市技术创新的战略选择①。胡晓晶等结合循环经济的优势提出在资源型城市产业转型中大力发展循环旅游经济②。张耀军认为资源型城市转型成功的关键是人力资源的开发，要通过培养、吸引人才来促进城市的转型③。李德铭指出改革开放后，我国资源枯竭型城市转型表现出从工业城市向现代化城市、从生产主导向消费主导、从单一资源经济向多元城市经济、从工矿职工向现代市民的转型发展趋势④。陈红霞构建了资源枯竭型城市经济竞争力重塑的概念模型，认为发展接续替代产业是资源枯竭型城市突破资源产业发展瓶颈、以经济转型带动城市全面转型的必由之路⑤。程会强等提出通过发展循环经济、调整产业结构来促进资源型城市向综合型

① 龙如银、董秀荣：《面向循环经济的资源型城市技术创新的路径选择》，《能源技术与管理》2007年第5期。

② 胡晓晶、喻继军、李江风：《资源型城市发展循环型旅游业的模式及对策》，《安徽农业科学》2007年第22期。

③ 张耀军：《资源型城市转型中的人力资源开发》，《地域研究与开发》2006年第6期。

④ 李德铭：《我国资源枯竭型城市如何转型》，《人民论坛》2011年第24期。

⑤ 陈红霞：《资源枯竭型城市的经济发展路径——以枣庄市为例》，《城市问题》2011年第8期。

城市转变[①]。曾坚等提出构建多元融资渠道，依托资源优势拉长产业链条；应重视科技创新，推进产业升级[②]。杨青玖提出“创新驱动、开放带动、生态立市”三大转型战略来促使资源型城市实现绿色转型[③]。陈冬博从企业主导的角度构建了新产业发展支撑系统来实现资源型城市转型[④]。王以华等从智慧城市视角提出了资源型城市的产业结构升级路径[⑤]。还有许多学者结合本省（区、市）资源型城市的具体情况进行了实践性研究。

目前学者关于资源枯竭型城市转型的研究成果十分丰富，这些成果均对一些亟须转型的衰退型资源城市的转型实践具有相当重要的指导意义及实践价值。本报告的研究思路与重点是在资源型城市的早期主动转型与智慧化可持续发展研究内容的基础上，针对类似格尔木这种成长型的资源型城市，思考其转型发展战略实践。在“一带一路”发展背景下，资源型城市更应该考虑结合城镇化进程来有效进行转型与发展。在宜居城市、绿色城市、智慧城市等城市发展理论不断发展完善的大背景下，用发展与整合的眼光去思考资源型城市的转型与可持续性发展有着重要的作用和意义。

三 “一带一路”视角下青海省格尔木市的发展现状与优势、特点

青海地处西北地区中心，地理位置、交通网络、优势产业、资源能源、人文环境等各个方面都成为青海参与共建丝绸之路经济带的重要战略支撑。格尔木市位于青海省海西蒙古族藏族自治州境南部，其工业化和城镇化程度

① 程会强、马玉荣、王海芹：《循环经济引领资源型城市绿色转型》，《青海科技》2016 年第 6 期。

② 曾坚、张彤彤：《新常态下资源型城市经济转型问题、对策及路径选择》，《理论探讨》2017 年第 1 期。

③ 杨青玖：《探索资源型城市绿色转型发展之路》，《学习时报》2017 年 1 月 23 日。

④ 陈冬博：《资源型城市的产业转型与新产业发展》，《山西财经大学学报》2018 年第 S2 期。

⑤ 王以华、金海明：《基于智慧城市视角的资源型城市产业结构升级路径分析》，《大庆社会科学》2017 年第 6 期。

相对较高，工业经济总量和经济增长速度居于全州领先水平，是青藏高原上继西宁、拉萨之后的第三大城市，是柴达木地区经济的中心，是全国大型钾肥生产基地、盐湖化工基地、金属镁深加工基地、光伏产业应用示范基地等重要的产业基地，也是青海省极具发展前景的城市，在青海省城镇体系中占有重要地位。

丝绸之路经济带串联青海省主要城镇，有助于加快推进东部城市群和海西城乡一体化建设，加快经济战略布局调整，完善外贸、物流及联动发展支持体系。格尔木市作为丝绸之路经济带上的重要节点城市，其知名度在不断提高。首先，格尔木市先后荣获“全国双拥模范城”“中国园林绿化先进市”“国家卫生城市”“全省文明城市”等重要的城市称号，成为国家级智慧城市试点和新型城镇化试点，这让格尔木市有了更高的知名度。其次，在政策效应与自身宣传力度加大的共同作用下，来格尔木市旅游、进行商务洽谈的人数有明显上升。自 2015 年开始格尔木市民航运输量在货物运输、旅客运输上均有显著增长，2019 年分别上涨 38.8%、23.6%（见表 1）。最后，格尔木市属于昆仑文化的核心区域，丝绸之路经济带为格尔木市旅游发展创造了历史机遇，搭建了空间平台，提供了重要条件，增进了其与新疆、西藏等周边省区的经济往来、贸易联系与文化交流。《青海省新型城镇化规划（2014—2020 年）》要求充分发挥区域性中心城市在全州城镇化格局中的重要支撑作用，进一步提升格尔木市辐射带动及吸纳功能，明确提出要巩固格尔木市的地位，优化城市空间格局，合理划定城市边界，通过产业引导、政策优惠吸引农牧民转移，促进城市人口增长。

表 1　2019 年格尔木市各种运输方式完成客货运输量及其增长速度

指标名称	计量单位	运输量	比上年增长(%)
货物运输量	万吨	23219.60	7.5
铁路	万吨	1517.10	-1.0
公路	万吨	1612.40	17.0
民航	吨	1739.00	38.8

续表

指标名称	计量单位	运输量	比上年增长(%)
旅客运输量	万人	215.49	-2.9
铁路	万人	101.57	-2.1
公路	万人	91.20	-8.5
民航	万人	22.71	23.6

资料来源：《2019 年格尔木市国民经济和社会发展统计公报》。

格尔木市是一个新兴的资源型工业城市，资源富集、地理条件优越，以国家循环经济试验区为契机，实现了可持续发展，是柴达木盆地乃至青海经济新的增长极。同我国一些老牌的资源型城市相比，格尔木市的资源开发新思路是健康、有效的，在循环经济试验区的背景下通过产学研相结合的发展方式，提高了地区及企业技术创新能力，增加了资源开发附加值，延长了资源利用的产业价值链条。但近几年外部环境对格尔木市工业产业也造成了巨大的影响与挑战。格尔木市一直是青海省工业与经济发展的重点地区，近年来工业经济贡献率达到 78% 左右。但是，受国际大环境及国内部分产能过剩等因素的影响，格尔木市工业企业利润大幅回落，1/3 的企业处于亏损状态，全市工业经济增长乏力，工业增长缓慢也给格尔木市的经济发展带来了重要的影响。例如：国内原材料市场低迷，格尔木市主要工业产品出厂价格在 2014 年的基础上下滑 15% ~20%，规模以上工业企业每百元主营收入利润率仅为 8.77%，下降 15.2 个百分点。如表 1 所示，格尔木市 2019 年在铁路的货物运输量方面与上一年度相比出现负增长。2015 年，格尔木市第一产业增加值占全市地区生产总值的比重为 1.49%，第二产业增加值比重为 70.4%，第三产业增加值比重为 28.11%，由此可见，第二产业仍旧是格尔木市的支柱产业。但是自 2011 年至 2015 年 5 年期间，工业增加值增速在 2012 年到达高峰点之后便持续下降，2015 年跌至 5 年中的最低点 4.5%①。2015 年之后，格尔木市在循环经济的引导下，

① 《青海省新型城镇化规划（2014—2020 年）》。

工业增加值增速平稳上升，直至2020年受新冠肺炎疫情影响出现明显下滑（见图1）。

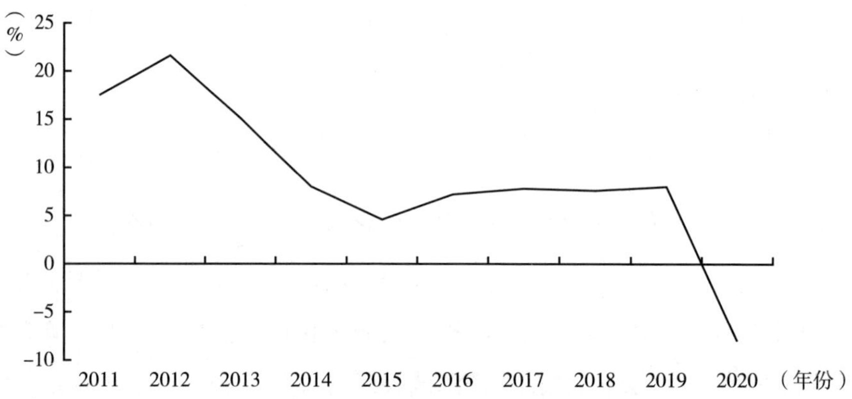

图1　2011～2020年格尔木市工业增加值增速

资料来源：2011～2020年《格尔木市国民经济和社会发展统计公报》。

所以这种情况也就要求格尔木市改变单纯依赖资源与工业的传统局面，在资源型城市开采的丰盛期探讨未来的城市发展战略与转型问题，提高城镇化率，实现格尔木市的新型城镇化。立足于格尔木市自身的资源禀赋，充分发挥好现有的工业经济基础和重点领域的优势，积极从资源型工业经济向新能源、交通物流、特色农业、旅游文化转型，进而实现全面发展，走出一条产业布局合理的多元化发展之路。

四　格尔木市城镇化发展过程中存在的问题

青海格尔木的城镇化同许多西部民族区域的城镇化一样，是依靠政策和优势资源开发进行城镇化的，例如青藏公路、西部大开发、循环经济模式和柴达木资源开发等，因此城镇化发展中缺少一个扎实的主动积累过程。尤其是柴达木地区承担着三江源生态环保和青海省东部地区富余劳动力转移的重任，依旧要以资源型城市为主线，抓住循环经济试验区建设机遇，通过工业化提升经济发展能力，为全省城镇化做贡献。但粗放式的发展模式，使得生态脆弱的格尔木市也出现了用生态换经济效益这样恶性循环的苗头，城市发展的一系列问题在格尔木这个地广人稀的低密度城市也明显地产生了，例如市政设施欠账、城市管理粗放、城市形象不佳、空气和重金属污染隐患增多、工业垃圾处理难等一系列城镇化进程中的“城市病”也接踵而来，具体表现在以下几个方面。

（一）城镇化率较高，但城镇化质量不高

格尔木市 2015 年获批国家新型城镇化试点城市，积极推进新型城镇化，2016 年城镇化率为 70.63%，到 2020 年常住人口城镇化率达到 86.58%，户籍人口城镇化率达到 65%[①]，是西北民族地区城镇化率较高的城市，但城镇化质量不高。首先，格尔木市的城镇布局分散，市民的宜业宜居性不强。每万平方公里城镇数不足 2 个，城镇间距离远、关联性差；行政型、资源型城镇居多，生产生活条件较差。其次，农牧业转移人口市民化进程滞后使得城镇化质量不高。2000 年以来撤乡建镇与 2010 年以来户籍制度改革两因素叠加，使得非农业居民数量明显增加，户籍人口城镇化率明显提升，但相当一部分农牧业转移人口转户未转业，居住在镇，实际上仍是农牧民，仍从事着农牧业生产，尚未在教育、就业、医疗、养老、保障性住房等方面全面享受城镇居民的基本公共服务，还有一部分农牧民，进城后没有具体的后续产业，就业难，就业岗位不足，使得农牧业转移人口“两栖化”，成为介于市民与农牧民之间的边缘群体。最后，格尔木市地广人稀，人口居住、生活和工作的位置是分散的，这导致交通成本高，信息的获取与共享困难，政府行政管理与服务难度大、成本高。

（二）城镇化过程中过于重视“数量”指标，而忽略了“价值”导向

格尔木城镇化过程加速了当地农牧民的传统文化的变迁，城市文化与民

① 《2019 年格尔木市国民经济和社会发展统计公报》。

族文化的相容性不强。格尔木是一个典型的移民城市，20 世纪七八十年代支援大西北政策让内陆其他地区的许多知青来到了格尔木支援大西北建设，随着城镇化的不断深化，具有不同民族身份与文化习俗的流动人口在与本地人的互动中又增加了民族、宗教等复杂因素。城市发展中所倡导的经济增长、人口聚集发展、城市规模扩大等现代性话语没有充分融入以“互惠、集体、社会价值”为特征的民族文化系统情境中，导致传统民族文化产生文化失调和文化冲突。

（三）城镇化发展中自然、生态、资源约束性很强

首先，“城市病”是城镇化的附属物，格尔木是工业城市，环境污染问题不容小觑。工业污染、传统锅炉高排放、荒漠化导致的城市扬尘、工业垃圾使得环境受到一定影响，如果不管不控必然会成为格尔木发展中严重的问题。其次，近年来，格尔木也出现气候变暖明显、灾害频繁、植被覆盖率低、荒漠化严重、水资源缺乏且利用率低、生产力水平低等问题。所以民族地区的城镇化不是简单地在破坏生态格局的基础上发展经济和工业，而是要把生态环保放到头等位置。正如习近平总书记在 2016 年 8 月视察青海时强调的：“青海最大的价值在生态、最大的责任在生态、最大的潜力也在生态。”①

（四）自然条件劣势导致城镇化过程中人才匮乏

自然条件恶劣，使得人才紧缺成为困扰格尔木市发展的首要因素。格尔木地处青海省中西部地区，海拔高，气候寒冷，风沙大，自然环境同东部沿海城市相比较为恶劣，所以存在大多数从业人员受教育程度低、技能单一、适应能力差、转移就业难度大，以及优秀人才流失或不愿前来工作等实际状况。青海省作为一个多民族省份，少数民族受教育程度普遍偏低，所以在城

① 《生态是青海最大的价值》，人民网，2018 年 8 月 7 日，http：//country. people. com. cn/n1/2018/0807/c419842 - 30213574. html。

镇化进程中，格尔木当地的农牧民在变成市民后，因受教育水平和文化素质普遍较低，不能很好地适应新的城镇生活（见表2）。又由于诸多因素不能很好地吸引外来人才，以及人才大量外流，当地的城镇化建设在人力资源方面是匮乏的。并且随着格尔木智慧城市的不断建设，硬件的信息技术、设施与市民文化素质水平不匹配的现象开始显现。

表2　2016年青海汉族与少数民族不同文化程度人口及其占受教育人口的比重

单位：人，%

	6岁及以上人口	小学		初中		高中		大专及以上	
		小计	比重	小计	比重	小计	比重	小计	比重
总　计	5184022	1984288	44.26	1427740	31.84	586713	13.09	484794	10.81
汉　族	2816617	826432	31.23	1013920	38.32	448436	16.95	357290	13.50
少数民族	2367405	1157856	63.01	413820	22.52	138277	7.53	127504	6.94

资料来源：《青海统计年鉴2017》。

（五）格尔木市政府的城市信息化建设基础相对薄弱

同其他内地资源型城市相比，格尔木乃至整个青海省的城市信息化建设基础是较薄弱的。根据2019年中国互联网络信息中心（CNNIC）的第46次《中国互联网络发展状况统计报告》可以发现，整个青海省在企业、政府等城市信息化的推进上在全国排名都是落后的①。2019年中国各分省（区、市）“.gov”的域名分布情况显示，青海省排第29位，占所有数量的0.9%；政府网站数量133个，除去直辖市，排名仅超过海南和宁夏；政务微博排名倒数第二；政务头条居最后一位，只有168条。此外，信息技术对格尔木市传统产业的提升难度较大，信息产品制造业规模小，两化融合和三网融合有待推进，智慧城市建设基础配套措施还需完善。

① CNNIC第46次《中国互联网络发展状况统计报告》。

五 “一带一路”下格尔木市智慧转型发展模式

丝绸之路经济带建设将极大地拓展青海经济发展的战略空间，为实现全省经济社会跨越式发展提供重要支撑。因此，青海必须加大“走出去”和向西开放力度，努力把丝绸之路经济带打造成为青海向西开放的主渠道。加快特色城镇化进程，是资源型城市实现转型的重要一环，因此格尔木市的转型要结合其所处的地理位置与资源情况，在未来的发展中，启动创新驱动战略，融入丝绸之路经济带，将自身打造成一个具有竞争力的创新型、智慧型资源城市。

格尔木市的创新首先需要确定有效的智慧城市发展战略，创新政府的城市治理模式以及城市的定位方向。根据上述对格尔木市的现状分析，笔者认为格尔木市具备智慧城市平台下的创新型城市与资源型城市双向发展的智慧转型发展模式（见图2）。

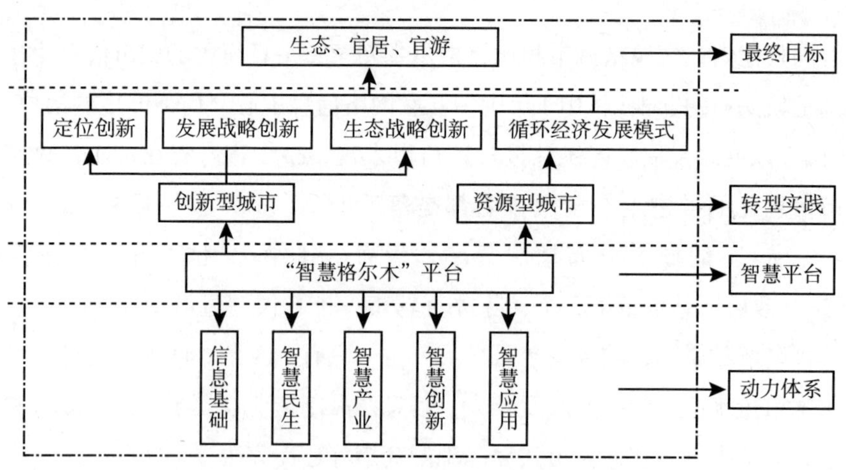

图2 格尔木市智慧转型发展模式

资料来源：笔者自制。

（一）依托智慧城市平台推进新型城镇化进程

格尔木市在 2014 年获批成为国家级智慧城市试点，这是格尔木市发展史上的一个重要的里程碑，也体现了国家对于西部民族地区智慧城市建设的支持。格尔木在创建国家智慧城市、信息消费城市和信息惠民试点城市的过程中，应把为民、便民、惠民、利民，以及改善城市发展生态作为核心去做，加强公共交通、公共服务、城市管理、公共安全等领域的智能化建设。借力智慧城市建设，成为更加“生态、宜居、宜游”的健康型发展城市，智慧地推进资源型城市转型，使资源型城市走中国特色新型工业化、信息化、城镇化相互融合道路。

（二）城市发展模式的创新

资源型城市的创新不能走先发展后治理的老路，要走绿色、循环、低碳、智慧的发展之路。所以在定位、发展战略、生态战略上应具有新理念与新战略。格尔木市的城市创新表现在以下几个方面。

1. 定位创新

通过战略化的布局定位来提升城市知名度。在城市定位上，格尔木应在柴达木循环经济试验区①的基础上，创新出新的特色和亮点，成为“昆仑文化旅游中心”的高原国际化旅游城市和“面向新疆、西藏以及西亚、南亚的格尔木大数据中心”，在大数据发展上，可以打造格尔木乃至青海省及西北地区的大数据中心，并以此拉开其他领域合作的大幕，形成产业集群，使双方在更多领域、更高层次展开深入、务实的合作。目前，格尔木已经建成柴达木数据灾备的云数据中心，它是西北地区打造的唯一的符合国家标准的数据灾难备份中心，对海西培育壮大新的经济增长点和提升科技创新能力等具有现实意义。

---

① 柴达木循环经济试验区是国家首批 13 个循环经济产业试点园区之一，是目前国内面积最大、资源丰富、唯一布局在青藏高原少数民族地区的循环经济产业试点园区。

立足本土，保持个性，走特色化的城镇化道路。每个地方的城镇，都有自己不同的基础、背景、环境和发展条件，每一个城镇都应该有自己的特色。格尔木是目前世界上太阳能光伏装机最集中的地区，有世界上最大的光伏电站群、世界上规模最大的光伏并网系统工程，是在世界范围内首个实现百万千瓦级光伏电站并网发电的地区。如在低碳发展上，格尔木可以打造“光伏城市”名片。

2. 发展战略创新

确定从资源型城市跨越到旅游型城市的多元化发展战略，实现城市的绿色化发展。格尔木市地处柴达木盆地，属于昆仑文化的核心区域，悠久、深厚、广博的昆仑文化是其发展旅游的文化基础，新丝绸之路经济带又为格尔木市旅游发展创造了新的历史机遇，搭建了空间平台，提供了重要条件。在旅游营销方式上也可以创新，围绕丝绸之路经济带加强区域合作，依托交通优势，共同谋划打造西部旅游强区，打破传统的思维模式，结成联盟，共享信息、共同营销。与周边或相近的省（区、市）采取联盟或合作的形式，积极主办或协办各类展销会、投资大会等活动；与现代发达的物流企业、信息技术企业合作打造丝绸之路上的品牌产品，以提高格尔木城市品牌的知名度。格尔木要顺应科学发展的时代潮流，主动加入国家“一带一路”倡议，促进工业化、城镇化、农业现代化同步发展。

3. 生态战略创新

在城镇化进程中，重新审视格尔木的生态重要性，加强生态战略创新。格尔木毗邻三江源自然保护区，因此其生态环境的变化会对我国的生态安全造成直接的影响。格尔木必须发展成为青藏高原地区生态保护和建设的基地，在规划设计生态城市的过程中必须对长江源头、可可西里、格尔木河流域、托拉海、那棱格勒河流域、柴达木盆地、盐湖等区域生态环境进行保护、监测、科研①。因此，在格尔木城市规划发展中，必须对其自然环境予

① 《格尔木市城市总体规划（2001—2020）》。

以最大限度的保护，始终遵循生态优先的原则，让环境和城市之间能够实现可持续发展。

六 “一带一路”下格尔木市智慧城市发展对策建议

格尔木市的智慧城市建设应该紧跟国家经济社会发展的步伐，从党的十八大有关促进新型城镇化、全面建成小康社会的战略全局出发，全面系统地规划智慧城市建设。注重智慧城市“一城一策”的特点，结合自身资源、地理区位、民族文化、生态环保等特点，建设民族地区特色智慧城市，切实解决格尔木市目前亟须解决的首要问题，为市民提供真正美好的现代化生活。

（一）加强智慧城市的顶层设计，科学合理地规划智慧城市建设

在顶层设计上，应从全局视角出发，对城市的各个主体、层次、力量等进行统筹与设计，从市民、政府、企业三个方面确定智慧城市的建设参与方。对城市的各个方面格尔木市需要坚持“以人为本”的理念，建立相对完整的城市架构，从市民需求出发，整合与协调各种城市功能要素，包括产业、空间布局、交通、城市文化、生态环境、城市社区建设等各个城市的子细胞，并让这些城市要素发挥最大的功能与价值。

（二）明确智慧城市建设目标

在智慧城市的建设目标上，要明确格尔木市智慧城市建设的目标是建成“三位一体”的智慧城市，既兼顾城市产业的发展，又注重生态宜居，吸引更多的人到这个城市来生活和工作；还需要政府通过智慧城市的建设不断提高工作效率，使企业和市民不断享受到智慧城市带来的生活上、工作上的便捷并增强获得感、参与感，逐步建立一种新型的政府和市民关系。

（三）制定具体有效的智慧城市建设内容

格尔木市的智慧城市建设是一个大好的契机，它是在资源充沛期的主动转型、发展转型，而非资源贫乏、资源枯竭时的被动转型，所以在智慧城市建设的内容上，可以根据城市的定位与优势产业，有重点有次序地创新新产业，保持经济增长的可持续性，增强企业竞争力。从提升资源型城市的资源环境利用率、探索经济转型升级的路径模式、提升城市管理与服务水平、大力改善民生、促进“产、城、人”的融合等方面去重点建设。

推进城市信息化、网络化的深层次建设。在创建国家智慧城市、信息消费城市和信息惠民试点城市的过程中，应把为民、便民、惠民、利民，以及改善城市发展生态作为核心去做，加强公共交通、公共服务、城市管理、公共安全等领域的智能化建设；健全和完善城市智能管理信息基础数据系统，搭建格尔木空间地理信息系统，加快传感设备的普及应用，实现城市的信息化、网格化管理；建设应急平台，加强各部门对突发事件的联动响应能力，增强对突发事件的管控力；对于生态环保实施有效的预警与监测，切实保护高原生态环境。

（四）刺激居民公共服务需求，培育智慧元素

格尔木市政府在政策的制定过程中，应该多听取当地企业和百姓的意见，把公共服务便捷化作为智慧城市建设和信息惠民工程的重要目标。实现城市管理的精细化、智能化，政府办公的信息化、协同化，当更多农牧民成为市民的时候，政府的工作重点应该是有效地推进城镇化综合改革，深化户籍制度改革，制定公共服务、社会保障等配套政策，不断加大对科技和教育的投入，以促进城市的健康发展。正如住建部原副部长仇保兴所说，城市政府管理的最重要的职能是提供足量、优质的“公共品”来提高经济效率和人居环境质量。智慧城市需要有智慧的领导、智慧的企业和智慧的人民，只有将所有人的智慧集中起来，让城市显现出人的智慧，才是真正智慧的城市。

（五）提高城市服务与营销水平，建设真正意义上的智慧城市

建设新型人文型智慧城市，以解决民生问题为突破口，从民生上关心市民，创建和谐城市。积极推动城市管理服务能力的提升，全面增强城市的软实力，将吸引人、留住人、服务人切实落到实处。从道路改造、医疗、教育、垃圾处理等居民最关心的领域着手，针对西北风沙大、干旱缺水的特点，重点实施城市绿化等建设工作，为居民提供公共场地，提高居民生活的满意度指数。要把城市管理与智慧城市建设结合起来，向城市居民提供网络化、数字化、公开化、便捷化的公共管理和服务。提高格尔木市的营销能力，打造城市品牌，通过多角度、多途径、多形式的宣传来提升格尔木市的知名度。将旅游宣传覆盖到公路、铁路、民航，举办柴达木循环经济试验区项目推荐会、旅游文化艺术节、大型体育赛事等活动，提升格尔木的旅游整体形象。

（六）建设有特色的生态型、资源型高原智慧城市

格尔木市要在借鉴东部沿海城市以及其他资源型城市发展思路的基础上，结合自身的特点进行智慧城市建设。直面目前发展中存在的主要问题和未来发展中将会出现的问题，有针对性地进行设计与建设。树立可持续发展观念，治理改良生态环境，坚持“矿产资源开发与加工转化相结合，开采与保护生态环境相结合”的原则，协调好资源开发与经济建设和环境整治的关系，智慧地推进资源型城市的转型升级，保护生态环境。

减少城市经济发展对资源的单纯性依赖，让城市更多元化发展是解决资源依赖问题的有效途径，所以，通过发展旅游和教育、深化产业改革等措施打造“生态、宜游、宜居”的定位内容是其智慧城市模式中的亮点和重点。

（七）创新人才培育机制，保障智慧城市的建设

建立与格尔木市资源型城市转型发展模式相匹配的人才引进制度，服务于当地的产业转型。首先，建设人才教育培训基地，加大对专业技术人才、

企业经营管理人才、优秀高校学子等的引进和定向培养力度，从而提高城市管理水平。其次，营造良好的选人用人环境。通过“机制留人”和“待遇留人”措施，在就业环境和就业优惠政策上给予一定的激励，对其随迁亲属就业、子女教育等方面从优安置。再次，发展海西地区的职业教育，通过自我培养人才的方式培养一批最终留在本地的人才；此外，教育的发展也可以优化城市的文化氛围，转变传统观念，对于资源型城市智慧转型发展非常重要。最后，通过发挥社会功能，吸引更多的优秀人才。发挥“亲情、乡情、友情”的情感纽带作用和“血缘、地缘、业缘”的社会网络功能，动员、吸引国外、省外海西籍优秀人才回海西发展。

在融入丝绸之路经济带的过程中，努力实现生态建设，这是格尔木市发展的前提；加强城市文化软实力，这是格尔木市发展的精神；建设智慧城市，这是格尔木市持续创新发展的支撑与动力。促进资源型城市可持续发展，是加快转变经济发展方式、实现全面建成小康社会奋斗目标的必然要求，也是促进区域协调发展、统筹推进新型工业化和新型城镇化、维护社会和谐稳定、建设生态文明的重要任务。

参考文献

冯雪红、王玉强：《西部民族地区城镇化研究现状与走向述评》，《中南民族大学学报》（人文社会科学版）2016 年第 3 期。

孙明：《“一带一路”国家战略中建设中国西部地区新型城镇化的思考》，《中国发展》2016 年第 2 期。

田烨：《试论我国民族地区城镇化发展历程及其特点》，《成都大学学报》（社会科学版）2015 年第 3 期。

罗永红：《海西州新型城镇化模式选择及实现路径》，《柴达木开发研究》2015 年第 1 期。

孙凌宇：《新常态下格尔木工业经济发展的路径探析》，《攀登》2015 年第 5 期。

中共大庆市委党校课题组：《大庆智慧城市建设的调查与研究》，《大庆社会科学》2013 年第 3 期。

骆桂花：《城市化进程中的民族流动人口与城市社会关系调查——以青海省格尔木市为例》，《青海社会科学》2008 年第 4 期。

蒋季北：《初探格尔木城市规划发展》，《黑龙江科技信息》2015 年第 3 期。

龙如银、董秀荣：《面向循环经济的资源型城市技术创新的路径选择》，《能源技术与管理》2007 年第 5 期。

胡彩峰：《资源型城市经济转型必须建立“两个机制”》，《辽宁经济》2008 年第 3 期。

胡晓晶、喻继军、李江风：《资源型城市发展循环型旅游业的模式及对策》，《安徽农业科学》2007 年第 22 期。

陈冬博：《资源型城市的产业转型与新产业发展》，《山西财经大学学报》2018 年第 S2 期。

王永健、李虹：《资源型城市转型之路怎么走》，《人民论坛》2017 年第 13 期。

B.21

全面建成小康社会视域下的生态文明

——以海南藏族自治州为例

郭 婧*

摘 要： 生态文明建设是社会主义现代化建设“五位一体”总体布局的重要组成部分，是实现全面建成小康社会奋斗目标的新要求。本报告以青海省海南藏族自治州为例，分析其生态文明建设现状和重大机遇，同时指出高寒生态环境极其脆弱、生态产业发展不充分、基础设施建设滞后、民生持续改善任务艰巨4类制约因素，并从大力发展特色生态旅游、大力弘扬生态文化观念、充分发挥政府的宏观调控作用、大力发展优势清洁能源、依托生态产业发展、加大科技研发与推广力度等方面综合得出全面建成小康社会视域下生态文明建设的路径。

关键词： 生态文明 小康社会 生态环境

党的十九大从“五位一体”总体布局的角度衡量了到2020年我国全面建成小康社会的各项指标，更加具体、更加完备、更加标准化地规定了全面建成小康社会经济、政治、文化、社会、生态文明建设方面的目标要求。其中，生态文明建设作为全面建成小康社会的内在要求被着重强调，这意味着在全面建成小康社会的决胜期，我们必须坚持绿色发展理念，将生态文明建

* 郭婧，青海省社会科学院生态环境研究所助理研究员，研究方向为生态经济、恢复生态学。

设放在发展的突出位置。经济发展滞后的西部地区聚居着我国大多数少数民族，其也是我国生态资源、矿产资源的富集地。青海作为我国的天然生态屏障，其生态环境状况关系着我国“五位一体”战略目标能否实现。构建跨区域生态补偿机制，协调东西部共同发展，对于构建环境友好型社会、加快民族地区脱贫致富、全面建成小康社会具有重大意义。

一　海南州[①]生态文明建设现状

（一）生态环境保护现状

海南州共完成三江源生态保护和建设一期工程投资7.32亿元，海南州一期工程共完成生态移民等15类131个项目。其中，为4852户牧民建设暖棚4852座582240平方米、贮草棚4852座194080平方米，建设饲草料基地2.43万亩。鼠害防治面积776.6万亩，治理黑土滩面积38.77万亩，完成草场围栏780.8万亩，补播258.2万亩，完成封山育林92.26万亩，人工补植12.84万亩，治理水土流失面积42平方公里，建设灌溉饲草料基地4万亩。

自三江源生态保护和建设二期工程实施以来，海南州全面推进项目建设，共实施草原有害生物防控、生态畜牧业基础设施建设、黑土滩治理、林业有害生物防控、人工造林、封山育林、封沙育草、湿地保护、农村能源建设、水土保持、培训、林木种苗基地建设等12类115个项目。2017年度海南州三江源生态保护和建设二期工程共19项，共治理黑土滩14.72万亩，防治毒杂草130万亩，防治虫害42万亩，安装鹰巢848个、鹰架3271架；人工营造灌木林1.5万亩，封沙育草1万亩，复合治沙0.6万亩。

（二）生态畜牧业发展现状

1. 三大生态产业已现雏形

海南州在实践中不断聚焦发展目标，转变发展方式，积极培育现代生态

---

① 海南藏族自治州简称“海南州”。

农牧业、新型清洁能源产业、文化旅游及服务业三大生态产业，加快推进五大农业科技示范园区建设，组建的生态畜牧业专业合作社已覆盖所有牧业村，创建了一批生态畜牧业省级示范社、藏羊高效养殖试点和家庭牧场，传统农牧业向现代生态农牧业转型步伐进一步加快。境内黄河干、支流规划建设梯级电站装机容量占全省黄河水电总装机容量的51%。海南州是全省新型清洁能源重要产业基地和全国首批新能源示范城市。光伏发电装机容量快速增长，尤其是已建成全球最大的850兆瓦龙羊峡水光互补光伏电站。一批知名旅游景区景点建成，青海湖—龙羊峡—贵德生态旅游圈初步形成，为示范区可持续发展增添了内生动力。

2. 科技园区建设蓬勃发展

海南州积极践行可持续发展理念，各县积极建设科技园区，已获建的省级园区有：兴海县河卡有机畜牧业科技示范园区、共和县恰卜恰及塔拉农畜产品加工物流及清洁能源利用科技示范园区、贵德县黄河清省级农业科技示范园区、同德牧草良种繁育科技示范园区、贵南县草产业科技示范园区、兴海河卡有机畜牧业科技示范园区。园区已聚集落户了一批科技型企业、大学和科研院所，并建立了产学研创新创业战略联盟，获得了一批专利、标准及品牌。在环境保护、生态产业、科技创新等方面开展了一系列有益尝试，走出了一条种草养畜型、转产转业型、多种经营型、基地辐射型、减畜禁牧型、企业带动型、三产主导型联动发展的生态畜牧业新路子，被国家科技部联席评审会议认定为青海高原同类地区生态畜牧业可持续发展样板。

3. 科技创新能力明显增强

科技工作以生态畜牧业国家可持续发展实验区和科技示范园区建设、科技示范工程实施为抓手，以新成果新技术转化应用为突破口，在为海南州经济社会发展提供科技支撑的同时，科技创新能力也相应增强。州级和五县通过了全国县（市）科技进步考核，建成各级科技信息综合服务中心（站）11个。与中科院西北高原生物研究所、北京师范大学、安徽农业大学、青海大学等签订了科技合作协议，组建的海南州博士专家工作站共有57名高层次人才入驻。创建省级园区6个，培育省级高新技术企业2家和科技型企业8家、州级科技型企业6家，建立科技示范基地10个，培训专业技术人员及农牧民39600人次。

（三）海南州生态工程实施的影响

1. 对草地的影响

海南州生态工程实施以来，通过草原生态监测数据的跟踪调查，海南州天然草地生态逐步恢复。一是植被平均高度呈现出升高趋势，2011年高度约为11.7厘米，到2017年升高至14.1厘米，增幅20.5%。二是植被平均盖度逐步升高，从72.3%升高至80.1%，增幅10.8%。植被平均盖度的上升说明草原裸露地变少，有助于遏制风沙以及水土保持。三是群落生产力趋于升高，从2011年到2017年，生物量从每公顷2881.2千克增高至每公顷3125.4千克，增幅8.5%。生产力的提高有助于提高草地承载力。四是物种丰富度逐渐上升，从2011年的11种增加至2017年的14种，物种丰富度上升有助于群落生产力的提高，且使土壤氮肥的利用率上升，进一步增强群落的可持续性，同时物种丰富度升高、多样性增加说明群落抵御入侵毒杂草扩散的能力增强。

2. 对畜牧业生产的影响

海南州生态工程实施以来，加强草原畜牧业产业结构调整，坚持生态优先、绿色发展的主线，大力发展草产业，积极推进后续产业的发展，加快生态农牧业科技产业升级和良种专业化体系建设，以推进畜牧业发展方式的转变，逐步调整畜牧业产业结构，取得了良好的成效。此外，海南州实施了一系列农牧业基础设施配套建设工程项目，以加强畜牧业基础设施的建设，通过建设牲畜棚圈、储草棚和围栏等来推进禁牧和草畜平衡工作。牲畜棚圈和储草棚的建设为舍饲和半舍饲提供了基础，海南州的舍饲和半舍饲的比例逐年提高，截至2017年，海南州舍饲和半舍饲规模达到167万个羊单位，舍饲或半舍饲率达32%。

工程实施后，通过改变畜群结构（例如牛、马、羊等所占的比例）和改良畜群品种（例如引进良种或者改良本地品种），可以在一定程度上减轻禁牧和草畜平衡所带来的牲畜数量降低的冲击，从而保证牧民群众的生产和生活水平。此外，海南州实施了较为明确的家畜良种工程，计划通过建设兴海藏系羊、同德高原牦牛、共和加什科半细毛羊和黑马河野血清牦牛良种场，实现藏系羊良种率达到85%以上，牦牛良种率达到80%以上。

从海南州的出栏率数据可以看出工程实施以来出栏率略有提高，基本达到了50%出栏率的目标。从各县的数据来看，共和、贵南和贵德三个县的出栏率最高，平均超过或者达到50%的及格线，而剩下的兴海县和同德县的出栏率平均都要小于45%，有些年份甚至低于40%，说明在海南州内，各个县之间在出栏率这一指标上还存在较大的差异，这可能跟每个县的实际情况有关。

3. 对牧户的影响

生态工程实施后，海南州牧民总户数整体增加，农牧民专业合作社数量明显增加。截至2017年，海南州农牧民专业合作社达到1217个，从事畜牧业生产的专业合作社有768个，家庭农牧场542家，入社率从2010年的1.86%提高到2017年的36.26%。数据得出，海南州入社牧户数得到了爆发式的增长，在很短的时间内就达到35%左右的入社率，在实现畜牧业生产的组织化和规模化上取得了很大的进展。但是在此后的几年中进展缓慢，因此如果要继续提高牧民入社的积极性，还需要加大宣传的力度和发挥好现有合作社的示范效应，将那些持观望态度或者不信任合作社的牧民群众吸收进来，进一步提高入社率。

从海南州数据来看，海南州住房、交通通信条件不断改善。全州牧民实现定居。全州36个乡镇、423个建制村和218个寺庙通畅率分别达到100%、95%和87%，通信覆盖率达到98%。

从海南州三次产业从业人员的数据来看，截至2016年，海南州从业人员共有171561人，有45364人退出农牧业生产。退牧牧民并没有转入当地第二产业，当地第三产业只吸纳了大约15%的剩余劳动力。退牧牧民转移性就业问题值得深思。

4. 对沙地、林地、湿地的影响

兴海县的沙地总面积和沙化面积有减少趋势，其余各县域基本保持不变；而海南州各县的林地面积在工程实施后均存在不同程度的增加，如贵南县的林地总面积由20.25万公顷增加至32.58万公顷；湿地总面积除了兴海县略有增加外，其余各县保持不变。

二 海南州生态文明建设的重大机遇

（一）国家经济转型和区域发展带来的重大机遇

海南州三大特色产业全部瞄准绿色发展方向，完全符合中央战略精神和时代主题，定位准确，具有广阔的发展前景。深入实施西部大开发战略和差别化区域发展政策、强化对民族地区转移支付、加大对口支援力度、实施“一带一路”倡议和脱贫攻坚战略、加强国家“西电东送”战略能源基地建设等多重政策红利的叠加释放，必将成为推动民族地区实现快速发展的重要支撑，助推海南州开启绿色发展的新篇章。

（二）国家实施生态文明战略带来的重大机遇

海南州处在青海省中部，在三江源地区兼具较强的经济带动力、文化相融性和发展辐射性。着力发展生态产业，打造三江源绿色产业集聚发展先行区，完全符合绿色发展、生态文明的新要求。青海生态地位的提升、三江源保护和建设工程的深入推进，为全面加强生态保护建设、培育发展生态产业提供了广阔前景。

（三）海南州优势条件蕴藏的重大机遇

地处青海牧区与东部农业区的连接地带，交通便利，属西宁“一小时经济圈”，区位优势显著。全境在三江源自然保护区范围内，上百条支流输入黄河的水量占流域总流量的19%，有享有“青藏高原加湿器”

美誉的青海湖、众多的湿地及广布的草原、森林、灌丛等原生植被，是国家重要水源地。共和县境内瓦里关本底基准观象台是欧亚大陆腹地唯一的大陆型全球基准站，方圆50公里绝少污染。海南州还是“全球无公害超净区”内最为重要的畜产品生产基地之一。山川峡壑所形成的独具特色的旅游品牌，是大美青海的金名片。尤其是其所承载的历史文化、民族宗教文化、屯边文化等与圣洁壮美的自然景观交相辉映，彰显了丰厚的文旅资源开发价值，为创建创新示范区提供了后续发展的强大支撑力。

三　海南州生态文明建设存在的问题和制约因素

（一）高寒生态环境极其脆弱

1. 生态环境保护形势严峻

局部草原功能下降，据环保部门监测，截至2017年底，全州草原退化总面积1338.9万亩，占全州草场面积的26.7%。畜牧超载严重，全州理论载畜量432.79万个羊单位，实际载畜量462.9万个羊单位。全州水土流失面积982.2万亩，占土地总面积的14.71%，水土流失面积不断扩大。全州土地沙漠化面积1900.5万亩，占土地总面积的28.47%，土地沙化日益严峻。源头来水量逐年减少，湿地不断萎缩。

2. 生活环境污染防治尚需加强

目前，海南州生活化学需氧量（COD）排放量占总量的95.85%，生活污水排放量明显超过工业废水排放量，五县虽均有污水处理厂，但处理率仅为5%，城镇段的河流湖泊污染依然存在。集中供热和煤改气工程建设进展缓慢，黄标车淘汰受限，氮氧化物减排步履维艰。农牧区50%的生活垃圾处理困难，秸秆还田和焚烧的比例分别为15%和12%；养殖业产生的污废物综合利用率不足50%。环境监测及综合执法能力、信息化水平与州级达到二级标准的国家要求差距很大。

3. 部分生态治理技术条件尚不成熟

海南州平均海拔 3200 米，特殊的气候地理条件和敏感脆弱的生态环境特征，致使生态恢复治理技术难度远远高于低海拔地区，针对高寒地区特殊的自然生态系统的保护和恢复技术仍然不成熟，有些领域甚至存在空白，严重制约生态保护和建设工程效益的增加。如全省目前没有一家科研机构或单位对高寒草原的原生植被草种进行培育，省上唯一的一家培育牧草良种的省牧草良种繁殖场近 30 年来没有一个牧草新品种问世，造成退化草地治理等种草项目没有适宜本土气象条件生长的草种可用，全省黑土滩治理选用草种全部为垂穗披碱草、冷地早熟禾和中华羊茅 3 种，种植 3 ~ 5 年后普遍开始退化，治理效果不显著。

（二）生态产业发展不充分

1. 经济结构单一，生态产业量小质差

海南州经济格局为产业水平低、产业规模小、产业基础差。特别是世界上独一无二的高寒环境生产的高品质绿色农畜产品因精深加工乏力，附加值低，未形成产业链，制约其向高端发展，影响了经济发展提质增效。截至 2017 年，海南州只有规模化养殖基地 30 个，中小型产业化龙头企业 23 家，各类新型农牧业生产经营主体 352 家，草地生态畜牧业试验区建设刚刚取得实质性进展，农牧业“高原、绿色、有机”品牌建设有待提升，第一产业增加值增长 5% 。工业重点培育优势资源开发型企业，一批牦牛乳制品、牛羊肉加工、中藏药精制企业仍在建设。但要实现生态保护和民生改善仍任重道远，生态产业发展尚处于起步状态。

2. 科技创新能力不强，产业发展技术支撑不足

经济社会发展滞后和自然条件艰苦，导致海南州人才队伍总量不足、层次较低、结构不合理，尤其是高层次的科技人才和领军人才极少，难以带领科技创新和支撑产业发展。畜禽养殖、农畜产品加工物流及休闲农业、新能源利用、饲草种植及良种繁育科技含量、新技术推广和应用、良种普及率、畜禽商品率等方面与省外其他地区相比仍显不足，疾病预防与控制还存在一

定差距。畜牧兽医服务体系不健全，兽医人员“断层”现象严重，难以适应新阶段生态畜牧科技服务推广工作的需要及保证相关产业链的连续。畜禽良种繁育体系不健全，品种单一，良种化程度不高，不能适应当前现代生态畜牧业发展的需要。

3. 信息平台不健全，产品难以走向市场化

近年来，迅速发展起来的农村专业合作组织和大部分规模养殖户只看重初级产品的销售和眼前利益，忽视大市场与小地域、养殖户之间的信息互通平台建设，与外界缺乏信息交流和共享，畜禽养殖受市场波动影响较大，农畜产品得不到精深加工，难以向高端发展。乡村旅游业是农村经济实现跨越发展的龙头，基础设施、旅游战略、特色景点景区和产品研发建设以及旅游人才培养的滞后，影响了特色生态养殖业的转型升级和提质增效。

（三）支撑可持续发展的基础设施建设滞后

1. 扩大投资后劲不足

海南州支柱税源相对较少，受经济形势的影响和营改增、减税降费等因素的制约，财政增长后续乏力，加之刚性支出仍在持续增加，收支不平衡的问题更加凸显。投资增长结构性矛盾突出，多元化投融资体系尚未形成，投资偏重于资源开发，基础设施建设、工业、生态、科技等领域的投资明显不足，直接影响了全州经济的持续增长。县域经济综合实力仍然不强，城乡发展差距明显；社会发展内生动力不足，社会发育程度不高，劳动力素质较低，民生保障不平衡问题较为突出，城乡居民持续增收难度较大，特别是生态移民的后续产业发展较慢，部分低收入群体生活困难问题尚未得到根本解决。

2. 服务业亟须提档升级

海南州服务业总量中，批发和零售业、住宿和餐饮业、文化体育和娱乐业及其他非营利性公共服务业等传统性服务业的比重超过 80%，且发展层次水平不高，缺少大型连锁百货店、专卖店等专业市场和特色街，亟须提档升级。信息传输、计算机和软件、科研技术、商务租赁、电子商务等现代服

务业发展滞后，缺少能够真正形成影响力的大型服务业发展载体，也缺乏龙头带动型企业和品牌竞争力强的企业。

（四）民生持续改善任务艰巨

海南州地处“三区三州”深度贫困地区，2017 年，全州贫困发生率为 9.39%，享受城市最低生活保障人口占城市总人口的 8.30%，享受农村最低生活保障人口占农村总人口的 16.21%，尚有 3.31 万人未脱贫。近年来，围绕资源优势积极培育的扶贫产业尚处于起步阶段，扶贫带动能力弱，转移、吸纳劳动力能力有限。经济总量小，财政保障水平低，民生支出 76.14 亿元，占财政总支出的 78.7%。在国家财政转移支付的保障下，虽有大的改善，但完成民生持续改善的任务依然艰巨。

四 全面建成小康社会视域下生态文明建设的路径

（一）建设生态型经济，大力发展特色生态旅游

将生态建设和环境保护问题与旅游协调统一，提升景观资源品质，使海南州山更绿、水更清、村更美，实现旅游业可持续发展。完善旅游产业生态保护机制。以青海湖为品牌，充分利用生态和文化、宗教资源，将生态理念与旅游产业相融合，实现旅游开发与生态保护总体平衡和相互统一。鼓励民间等社会资本参与生态旅游资源开发、景区营运和产业项目建设，依法依规开展生态旅游景区经营权、股权、商标专用权质押和林权、土地使用权抵押。积极推进旅游与生态建设融合发展，大力发展旅游循环经济。切实加强对自然生态、田园风光、古镇古街、历史文化、民族文化等资源环境的保护。逐步修复历史文化厚重、特色风貌明显的古镇古街、古建筑，营造历史文化吸引力强、民族文化特色浓郁、可持续发展的生态文化环境，促进生态环境保护和旅游可持续发展。生态旅游的发展涉及的行业广泛，可以生态旅游为基础，辐射其他行业。

（二）发扬少数民族生态保护传统，大力弘扬生态文化观念

要实现全面建成小康社会的目标，需要我们构建完善的、科学的、系统的传播体系。海南州的诸多少数民族有着对草地、河流、动物的崇拜，较有可能自发地保护生态环境。因此，我们需要把这种自发性保护引进人和自然和谐关系的范畴中。利用一部分人的自发性保护行为，慢慢影响他人，加大宣传力度，将生态文化传播到每一个人心中，并将这转化成一种理念，上升为尊重自然、保护自然的自觉意识，继而将这种理念和自觉的意识转化为行动。

（三）加强组织领导，充分发挥政府的宏观调控作用

政府在坚持科学发展观的前提下，在生态文明建设中应积极调控，结合生态环保工程，因地制宜做好退耕还林还草工作。在行政方面，可推行天然草原的生态保护补助奖励机制，保障草原生态系统自我修复功能以及畜牧业生产和草原生态保护协调统一。可建立个人环境保护责任区，以及环境保护责任追究和环境损害赔偿制度。坚决制止过度放牧、乱采滥挖等现象，严禁非法开荒和捕捉野生动植物，确保资源开发在生态环境可承载范围。同时，在政府决策特别是生态环境保护、生态产业发展和民生福祉改善领域，广泛引入“第三方”评估，实现“第三方”评估的制度化、常态化、民主化。

（四）利用生态优势，大力发展优势清洁能源

立足生态环保，利用区域光、风、水等优势清洁资源，着力发展光伏发电、风力发电和水电。进一步推动共和县龙羊峡水光互补发电基地建设，创新技术、扩大规模。依托黄河水资源，完成梯级利用模式开发，开展百万千瓦级水电站建设的前期工作；稳步开展已建水电站扩机增容，形成千万千瓦级水电装机规模。依托共和、同德、贵南、兴海等区域风力资源优势，创新高原风能开发模式，研究适合高海拔风能特性的低风速风机，建设新型高原地区风力发电站。

（五）依托生态产业发展，确保与全国同步建成小康社会

海南州地处“三区三州”深度贫困地区，应加大投入支持力度，实施产业发展、转移就业、易地扶贫搬迁、移民安置等“九个一批”专项行动计划和“十个行业”扶贫专项。通过建设扶贫产业园区、发展村集体经济、精准扶贫到户等方式，找准特色、发挥优势，因地制宜发展扶贫产业，拓宽增收渠道，重点围绕扶贫攻坚、教育发展、医疗卫生保障等民生领域持续发力，实现可持续脱贫致富。力争民族教育走在全省乃至全国涉藏地区前列、医疗健康水平大幅提升，确保与全国同步建成小康社会，不断提升人民群众的安全感、获得感、幸福感。

（六）加大科技研发与推广力度，达到“治理一片、恢复一片”的生态目标

生态二期工程的实施，赋予了生态保护和建设各项工程新的标准和要求，一期工程单一的治理模式已不适应新任务的需要，高海拔地区退化草地防治、荒漠化防治、湿地保护等方面的工程技术措施单一，科技支撑力度不够。建议在三期工程的实施中加大科研成果的研发推广力度，加大工程实施中的科技研发力度，增加工程中的科技支撑项目，保证工程实施的科学合理性、因地制宜性和复制推广性。如加强沙化草地、黑土滩恢复治理中的适宜草种的驯化选育，可以对大颖草、梭罗草、固沙草、冰草等乡土草种进行驯化选育研究，提高结实率和种子成熟率，达到“治理一片、恢复一片”的生态目标。

（七）增加减压增效的新举措，巩固草原生态保护补奖政策实施效果

在海南州草地分布区推行“生育期休牧”制度，建立“春季休牧、夏季游牧、秋季轮牧、冬季自由放牧”的新型放牧体系，从根源上避免高寒草地由禁牧期过牧导致的草地退化。继续增加生态管护公益岗位，加强草原管护员

队伍建设，加大宣传力度。对各地管护员设置情况进行详细调查，摸清草原管护员的基本情况，对担任双重岗位的草原管护员在一年任职期满后清退。同时，积极争取增加草原管护员工作岗位，鼓励生态移民户进入草原管护员队伍，在增加生态移民户就业机会的同时，进行异地监管，提高草原监管效果。

为巩固海南州草原生态保护补奖政策实施效果，探索草原生态保护补奖资金与保护责任、保护效果挂钩的有效办法，建立健全完善的草原监管和禁牧减畜核查机制，确保禁牧减畜工作落到实处，全面推进草畜平衡。加强草原生态保护补奖政策与工程措施的有机融合等。

（八）全面完成“十沟两滩小流域”综合整治，综合减少生态赤字

对海南州境内的“两滩”（塔拉滩和木格滩）、“十沟”（共和县曲沟，贵德县东沟、西沟、尕让沟、罗汉堂沟，贵南县沙沟、茫拉沟，兴海县大河坝沟、曲什安沟以及同德县巴沟）进行综合生态整治，减少风沙危害，提升植被盖度和固持水能力，增加物种多样性，增强水源涵养能力，对海南州可持续发展、减少生态足迹和生态赤字发挥重要作用。

参考文献

李向青：《生态文明建设与全面建成小康社会》，《江苏第二师范学院学报》2019 年第 5 期。

袁晓文：《以生态文明理念引领全面建成小康社会》，《贵阳市委党校学报》2013 年第 1 期。

尹洁、黑晓卉：《全面建成小康社会的生态文明路径分析》，《宝鸡文理学院学报》（社会科学版）2016 年第 1 期。

唐建兵：《全面建成小康社会视阈下甘青川藏区生态资源的开发研究》，《天水师范学院学报》2013 年第 6 期。

于婷：《全面建成小康社会中的生态环境问题分析》，《商》2015 年第 51 期。

陶良虎、刘光远、肖卫康主编《美丽中国——生态文明建设的理论与实践》，人民出版社，2014。

B.22

青海省新型城镇化建设的发展与现状研究*

刘 畅**

摘 要： 长期以来，青海省城镇化建设由于受自然地理条件等因素的制约，发展较为缓慢，明确青海省城镇化进程对于促进区域一体化发展具有重要的战略意义。本报告梳理了部分年份青海省城镇化率的变动情况，并根据对青海省各市州城镇化率的横向比较分析与纵向变动分析，概述了青海省新型城镇化建设的现状以及在省会城市辐射带动能力、生态环境保护、基础设施建设、对外交流合作、产业结构等方面存在的主要问题，并提出相应的对策建议。

关键词： 新型城镇化 协调发展 青海省

青海省地处西部多民族聚居地，自然地理条件特殊，经济社会由于受自然地理条件等因素的制约，发展较为缓慢，人口城镇化较全国而言依旧呈现发展较慢、城乡差距较大的特征，在一定程度上限制了青海省公共服务均等化的发展，不利于缩小城乡差距。在当前市场经济环境下，我国经济体制不断完善，对分工的要求越来越高，只有高质量发展城镇化，促进城市之间形

* 本报告为2019年度青海省社科规划青年项目“区域竞合视角下兰西城市群青海部分的发展路径研究”（项目编号：19051）的阶段性研究成果。

** 刘畅，青海省社会科学院经济研究所助理研究员，研究方向为区域经济协调发展。

成良好的分工合作，才能实现资源配置效率的最大化。青海省是我国重要的能源、原材料基地，矿产资源丰富，毗邻便利的交通干线和西部地区重要的交通枢纽。青海省当前处于经济快速发展、产业加快转型的关键时期，明确城镇化进程，促进区域一体化发展，形成具有良好集聚效应、较强辐射带动能力，城镇紧密联动、城乡较好互动的区域经济板块具有重要的战略意义。

一　青海省城镇化发展进程分析

根据部分年份青海省城镇化率变动趋势（见图1），青海省呈现经济实力显著增强、基础设施建设逐步完善、市场经济蓬勃发展、城乡居民生活水平大幅度提高、城镇化发展成效显著的主要特征。总体来看，青海省城镇化发展可划分为三个阶段。

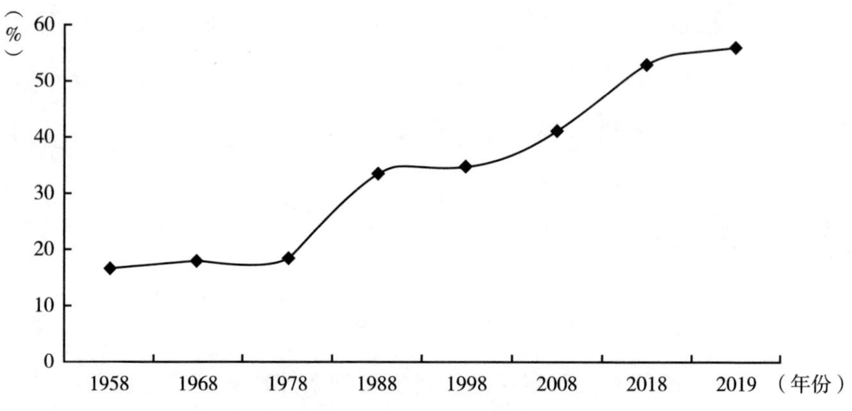

图1　部分年份青海省城镇化率变动趋势

资料来源：《七组数据见证建国65年来我省经济社会发展成就》，青海省人民政府网站，2014年10月14日，http：//www.qh.gov.cn/zwgk/system/2014/10/14/010137128.shtml；历年《青海统计年鉴》。

（一）第一阶段（1949～1978年）：缓慢上升阶段

根据可取得的数据以及对1949～1958年数据的合理推算，1949～1978

年，青海省城镇化率缓慢上升，城镇人口增长缓慢，变动幅度较小，新中国成立初期，在第一个五年计划实施作用下，青海省城镇化初见成效，但由于自然灾害等的影响，1958~1978 年的城镇化率仅仅增长 2 个百分点。

（二）第二阶段（1978~1988年）：快速上升阶段

1978 年改革开放，青海省的经济建设以及各项社会事业发展速度显著提升，城镇人口增长迅速，城镇规模持续扩大。1978 年 3 月，全国城市工作会议在北京召开，会议确定了城市建设与发展的方针政策，强调了城市在国民经济发展中的作用以及城市规划工作在城市发展中的重要性。青海省在这一时期新增 1 个州辖市，城镇化率提升 15.2 个百分点，城镇化发展的速度得到显著提升。

（三）第三阶段（1988年至今）：稳步发展阶段

1988 年以来，城镇化发展进入稳步提升阶段，全省新增州辖市 3 个，城镇化率提高 19.3 个百分点。2019 年，全省常住人口 607.82 万人，城镇常住人口达到 337.48 万人，城镇化率 55.52%，比上年末提高 1.05 个百分点。其中，海西州城镇化率 72.22%，西宁市城镇化率 72.85%，均高于全国平均水平 60.60%，以及青海省城镇化率 55.52%①。

根据城镇化阶段划分，青海省现阶段常住人口城镇化率 55.52%，城镇化率最高的地区为海西州与西宁市，两地城镇化率均超过 70%，虽然从全省数值来看，城镇化发展进入中期阶段，且海西州与西宁市城镇化已达到较高水平，未来两地城镇化率上升速度应有所减缓。但从全省城镇化发展的均衡程度来看，去除西宁市与海西州后的城镇化率仅为 38.09%，刚刚经过城镇化初期阶段迈入中期阶段，发展程度不高。其中，城镇化率最低的地区为果洛州，常住人口城镇化率仅为 28.02%，其余地区城镇化率为 30%~50%（见图 2），可见青海省城镇化发展均衡性较弱，城镇发

① 资料来源：《青海统计年鉴 2020》、国家统计局。

展基础集中在西宁市与海西州，全省城镇化有待推进，城镇化对当地的带动作用有待进一步激发。

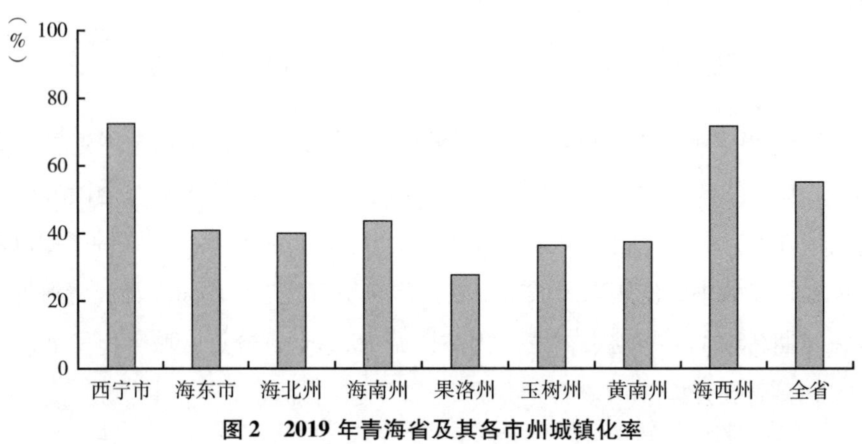

图2　2019 年青海省及其各市州城镇化率

资料来源：《青海统计年鉴 2020》。

二　青海省城镇化发展现状分析

1952 年以来，青海经历了 60 年代“三线建设”、80 年代“资源开发”两个持续高速发展阶段。从全省产出指数变动情况可以看出，1965 ~ 1978 年是第一个快速发展阶段，其中第二产业发展得尤其迅速，第三产业和第一产业保持相对低速的发展。1980 ~ 1990 年是第二个经济发展高潮，虽然产出指数较上一次高峰有所下降，但在这一阶段第三产业的产出指数普遍高于第二产业，尤其是 1990 年全省第三产业产出指数高达 173. 17% 。1990 ~ 2010 年全省产出保持平稳增长，产出指数在 107% 至 114% 之间波动，第二产业的产出指数总体高于第三产业。2010 年东部城市群建设战略提出，全省的总产出指数迎来新的小高峰，但 2010 年以后上升速度又呈现出逐渐放缓的态势①。

通过不懈努力，青海省城市发展取得了空间格局不断拓展、生态环境持

① 资料来源：青海省统计局。

续改善、对外开放不断加强、人民生活水平明显提升的阶段性成果。在国家政策措施的支持下，青海省生态文明建设、脱贫攻坚工程、农牧区城镇化、"一带一路"建设等全面实施，广大农牧区在生态建设、基础设施、特色产业、社会发展等方面取得长足进步，为青海省新型城镇化发展、经济平稳较快增长和转型升级提供了新的空间。此外，青海省财政、金融、内贸流通、城镇化等领域改革全面推进，特别是随着供给侧结构性改革的深入推进，商务经济发展的内部环境进一步完善，"一带一路"建设的大力推进使商务经济发展的外部环境进一步优化，有力地促进了青海省商务经济健康发展，新型城镇化水平不断提升。

中央城镇化工作会议提出，应当将资源环境承载能力纳入科学合理的城镇化布局构建当中，把城市群作为主体形态，促进大中小城市和小城镇合理分工，功能互补，协同发展。在青海省城镇化发展过程中，城市群作为重要的发展手段，发挥了促进城镇化发展和区域一体化发展的重要作用，2010年省委、省政府启动实施城市群建设工作，成立了东部城市群建设工作领导小组，编制完成了东部城市群发展总体规划和相关专项规划，有效发挥了引领指导作用。2016 年发布的《中华人民共和国国民经济和社会发展第十三个五年规划纲要》提出重点建设的 19 个城市群中，兰西城市群地处青藏高原与黄土高原的过渡地带，属于西部欠发达地区，也是青海与甘肃两省城镇最密集的地区，《国家新型城镇化规划（2014—2020）》《2020 年新型城镇化建设和城乡融合发展重点任务》等重要规划均将兰州—西宁地区列为全国城镇化发展战略的重点地区之一，兰西城市群的建设上升至国家高度。"一带一路"建设使得兰州—西宁地区地位再一次提升，成为中国西部地区联结东中部地区的重要门户和枢纽。青海省城镇化在城市群发展战略的促进下，迎来了前所未有的发展机遇。

三　青海省城镇化发展存在的问题

一是省会城市辐射带动能力不强。2000 ~ 2019 年，西宁市常住人口净增32.59万人，少于兰州市（38.57万人）、乌鲁木齐市（62.91万人），略多于银川市（30万人）①。总体来说，西宁市作为中心城市对人口的吸引力较弱。中心城市总体发展水平不高，没有形成环状辐射格局，对周边的外溢效应没有显现，西宁市还没有实现从首位度高的省会城市向影响大、辐射远、带动强的中心城市转变。

二是生态环境压力加大。受发展阶段、经济布局、产业结构等因素的影响，城市群的人口集聚、城市建设与资源环境的矛盾依然突出，生态环境制约严重，支撑发展的水、土地、矿产等自然资源不足，建设与保护的平衡尚在探索，环境容量与排放总量矛盾仍旧突出。

三是基础设施支撑和引导能力弱。基础设施配套落后，东部城市群一体化发展水平不高，速度不快。目前，西宁市路网密度不高、道路拥挤、内外衔接不畅，城市之间道路覆盖范围不全、质量水平失衡。同时，交通、供排水、垃圾处理、电力电信、燃气供热、综合防灾等市政基础设施建设，以及教育、文化、卫生、就业、社保、养老等重点民生领域公共服务保障的滞后，严重影响了一体化发展。

四是对外交流合作缺乏有效承载平台。首先，对外贸易总量少，特色优势产品国际市场竞争力不强，对外贸易企业主体少、规模小、市场开拓能力弱，支撑对外经贸发展的产业集群程度低；其次，综合利用外资能力不强，吸收外资单一的状况还没有得到根本改观，利用外资的渠道有待进一步拓宽；最后，陆路口岸建设发展缓慢、对外开放环境不够宽松、外贸经营主体素质有待提升。

五是产业结构不合理。城市群整体创新驱动能力不强，重复性建设浪费开发建设资源。例如，在产业布局上，西宁和海东竞相发展电解铝、铁合金、PVC（聚氯乙烯）、农产品深加工等资源性加工产业，创新能力不足，造成同质化低水平重复建设，产业结构偏重偏粗偏短，战略性新兴产业占比较小，生产效率不高。由于产业趋同，海东招商难度大，西宁园区用地紧张。

① 资料来源：国家统计局。

六是常住人口城镇化率与户籍人口城镇化率差距较大，户籍人口城镇化步伐亟待加快。通过对户籍人口城镇化率和常住人口城镇化率的对比（见图3、图4），发现户籍人口城镇化质量和稳定性明显优于常住人口城镇化，自2015年户籍人口以城乡为依据区分以来，2015~2019年青海省户籍人口

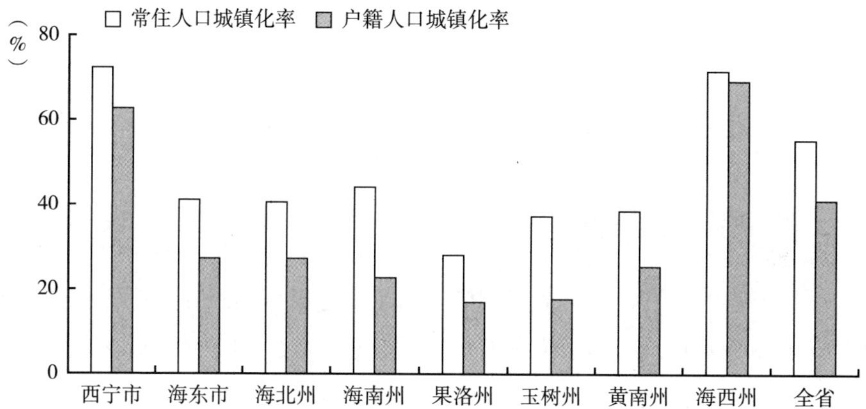

图3　2019年青海省及其各市州常住人口城镇化率与户籍人口城镇化率的差别

资料来源：《青海统计年鉴2020》。

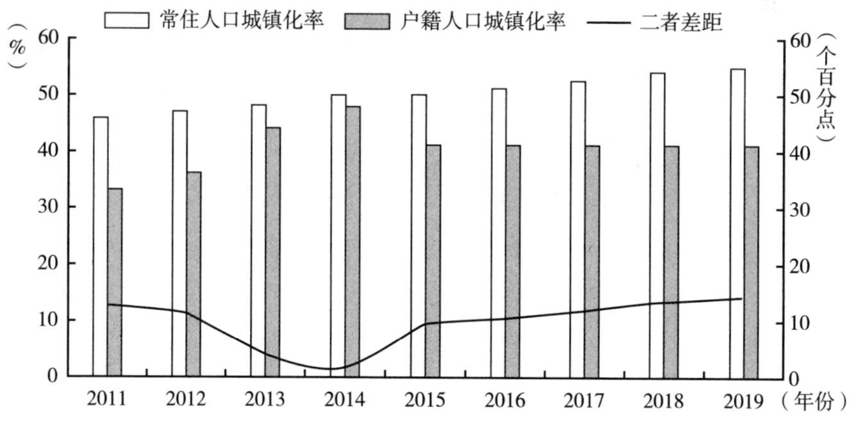

图4　2011~2019年青海省常住人口城镇化率与户籍人口城镇化率的差别

注：2015年以前户籍人口以非农业与农业为口径统计，2015年及以后以城乡为口径统计。

资料来源：2012~2020年《青海统计年鉴》。

城镇化率与常住人口城镇化率的差距分别为 9.45 个百分点、10.57 个百分点、11.91 个百分点、13.55 个百分点、14.32 个百分点，可见二者间的差距呈现不断扩大的趋势。户籍人口城镇化率提升缓慢侧面反映出青海省城镇对于劳动力吸引能力不足、产业发展水平滞后以及中小城镇公共服务水平有待进一步提升的现状。

四 青海省新型城镇化建设的对策建议

（一）构筑新型城镇群发展格局

一是统筹生产生活生态空间布局。基于绿色发展的路径选择，应立足城市群资源环境禀赋，落实绿色发展理念，打破行政区划壁垒，严格落实先保护后开发的区划路径，注重生产空间的集约化和高效化、生活空间的有序化和品质化、生态空间的系统化和全域化，搭建全域统一的绿色空间体系，构建自然区划、经济区划、行政区划协调，“山水林田湖城镇村”融合发展格局，促进以生产空间为主导的国土开发方式向生产—生活—生态空间协调的国土开发方式转变，推动生产生活生态空间统筹布局。二是突出做强做优“一核”。加快构筑大西宁都市区，进一步扩大西宁主城影响和辐射范围，增强西宁主城与周边城镇的协同互补，加快形成网络化、组团式、集约型的大都市区空间体系，推进西宁由首位度高向影响大、辐射远、带动强转变，构建大发展格局。三是加快培育支撑“节点”。把小城镇作为带动城市群协调发展的重要支点和载体，选择区位条件优越、基础好、潜力大的村镇，打造一批展示生态美、人文美、建筑美、文化美、生活美的特色小镇、美丽乡村，走特色化、差异化的新型城镇化道路。

（二）着力提升基础设施建设水平

构建均等覆盖的公共服务体系，实现基础设施互联互通、公共服务共建共享。应以加快构建以西宁为中心的 1 小时产业圈、物流圈、旅游圈、生态圈、交通圈为目标，在全面规划和重点建设上加强衔接，在薄弱环节和滞后领域加强合作，抓住关键通道、关键节点和重大工程，促进城市群各节点人流、物流、资金流、信息流等的畅通。

一是构建互联互通设施网络。应突出基础设施的先导作用和支撑功能，实施“内联外通”大交通战略，形成内畅外联、高效便捷、安全经济、绿色低碳、各种运输方式高效衔接的综合立体交通网络体系。强化以西宁中心城区为中心，统筹东部城市群范围内的综合交通体系，加快构建一体化的区域交通系统，发挥西部地区交通枢纽功能。以东西向湟水河谷综合交通走廊为基础，辐射多个主要联系方向的综合交通网络建设。

二是提供公平共享的公共设施服务。应坚持普惠性、保基本、均等化、可持续的方向，优化需求供给、补齐发展短板、完善层次网络。统筹城乡一体化建设，积极推进市政基础设施市场化改革，进一步健全以特许经营制度为主体的市政公用设施经营方式，加快供电、供水、供气、供热等公用设施建设步伐。深入实施新农村建设工程，推进农牧区水、电、路等基础设施和新型能源建设进村到户，提升乡村公路等级。加快实施移动网和宽带通信工程，推动基础设施向农村延伸，加快涉藏地区集中供热建设，实现涉藏地区所有县城和重点镇集中供热全覆盖，基本建立覆盖城乡的公共体育文化服务体系，生活质量显著提高。

三是注重基本公共服务的“幸福保障”作用，打破行政壁垒，统筹公共资源布局，优化资源要素配置，突出教育、文化、卫生、就业、社保、养老等重点民生领域共建共享，加快基本公共设施建设，增强公共服务供给，实现区域、城乡和不同社会群体间基本公共服务均等化和全覆盖。强化应急管理体系建设，提高政府保障公共安全和处置突发公共事件的能力。加强食品安全监管工作，实现从农田到餐桌的全过程监管，保障群众饮食安全。全面加强社会治安综合治理，维护社会稳定。

（三）共建城市群生态安全格局

着力保护修复治理生态环境，实现生态保护上的互帮互助，深刻认识

“生态似水、发展如舟”，将生态环境保护融入东部城市群建设全过程，着力推动自然生态保护修复、生态环境联防联控和资源节约利用，突出中心城市生态环境治理的引领和示范作用。

一是生态安全格局共建共享。树立“山水林田湖是一个生命共同体”的生态理念，大力发挥生态补偿机制的作用。着力构建以祁连山东段和拉脊山为生态屏障、以河湟沿岸生态走廊为骨架、以其他重点生态功能区为重要支撑、以禁止开发区域为重要组成的生态安全格局。

二是生态环境联防联控。加强各地区在生态环境保护方面的联动合作，积极发挥大气污染防治协作机制的作用，把解决人民群众反映强烈的大气、水、土壤污染等突出环境问题作为着力点，总结现行区域间污染防治协同机制当中存在的问题，对突出问题进行重点整治，对已经出现但尚未造成严重影响的问题进行集中治理，对经研判可能发生的问题进行预防，力保生态安全。

三是资源利用节约集约。将城市群自然资源纳入一体化管理范畴，节约集约利用水、土地、矿产等资源，加强全过程管理，严守资源消耗上限，实行能源、水资源、建设用地消耗总量和强度的双控行动。

（四）实施产业带动战略

产业转型升级是发展的大势所趋，更是青海自身发展的迫切要求。青海省应“以产兴城”“以城促产”，积极应对经济下行压力加大等风险挑战，坚持创新驱动推进产业转型升级，着眼于建设现代新型产业体系，增强发展的支撑力。目前，青海省产业发展后劲不足，特别是产业类投资项目的匮乏，使经济增长乏力；企业总量仍偏小，需要进一步大力培育；技术密集型产业增长缓慢，企业盈利水平不高，经济运行质量不容乐观。需要通过加快产业发展，聚焦优势产业，确保产业在城镇发展战略中保持主导地位，围绕优势产业打造完整的产业生态圈，激活城镇经济。按照“三产融合”的发展思路，挖掘自然风光、民族特色和宗教文化资源，适度发展生态旅游、商贸物流、传统工艺、生态休闲、生态畜牧等特色产业，因地制宜发展农畜产

品加工，培育商贸物流型、绿色有机农畜产品加工型、交通服务型、旅游观光型等特色产业强镇，形成新的特色产业支点。

一是加快转变农牧业发展方式。发展多种形式的适度规模经营，积极推动农村粮改饲统筹、农林牧结合、种养一体等农业多维度融合发展，鼓励农业与服务业融合，发展绿色、循环农业，因地制宜地将种苗培育与农产品种植相结合，培育农产品品牌，统筹规划“一村一品”，对地区特色农业品牌加大扶持力度，提高农产品转化率。以提高农业机械化水平为目标，扩大高标准农田建设覆盖面，对已建成的高标准农田进行验收，推进种植专业合作社、农机服务专业合作社等新型主体快速发展，提高土地规模经营水平和劳动生产率，不断释放农业产业活力。完善农业社会化服务体系，深化农村土地制度改革。

二是推动传统产业和新兴产业融合发展。一方面以资源精深加工和智能制造为方向，集中力量做优做强金属冶炼及延伸加工、特色化工、装备制造、藏毯绒纺、高原动植物精深加工等传统优势产业，推进产业链延伸和产业融合。构建在全国有影响力的金属锂、金属镁及相关下游化工产品的精深加工、藏毯绒纺、高原生物制品等优势产业集群，打造传统产业竞争新优势。另一方面大力发展新兴产业，推进产业的转型升级。2020 年，青海省在战略性新兴产业、高技术制造业、高技术服务业方面的投资均有明显下降，战略性新兴产业产值占规模以上工业产值比重为 13.96%，说明当前青海省经济发展仍以原有产业为主，向现代高新技术产业和战略性新兴产业转移的态势不明显。应当积极培育生物产业、光电信息产业、新能源、新材料、节能环保等战略性新兴产业市场主体，尽快把新能源、新材料和节能环保产业、高原生物医药产业培育成新的优势产业。同时要推动工业制造模式从大规模制造向个性化定制、按需制造、定制化众包生产等方式演进。

三是大力发展生产性服务业，打造经济升级新抓手。生产性服务业是指直接或间接为生产过程提供中间服务的产业，主要包括现代物流、现代金融、信息服务、商务服务、科技服务等。青海省生产性服务业的各个门类基础都较为薄弱，由此决定了服务业整体竞争力较弱，形成了青海省经济增长主要依靠工业带动和数量扩张的非良性循环。应当按照集聚发展、强化辐射的要求，科学合理地制定生产性服务业区域布局规划及政策，对生产性服务业集聚区给予政策扶持，引导生产性服务业在区域间形成分工协作体系和特色产业集群。重点加强产业集群生产性服务功能配套设施建设，引导和鼓励金融机构对符合国家产业政策的服务企业予以信贷支持，支持中小科技企业通过资本市场融资，规范服务市场秩序，保护自主创新。鼓励制造业与生产性服务业企业间实施跨地区、跨行业兼并重组，逐步将企业发展重点集中于技术研发、市场拓展和品牌运作上，推动生产性服务业做大做强。培育旅游支柱产业，加快发展现代物流业，同时发展电子商务、文化、健康养老等现代服务业，推进智慧城市建设，力促房地产行业转型升级，在全省的主要城市城区及有良好发展基础的小城镇形成独立成块、相互补充的商业组团。

（五）优化对外贸易结构

努力扩大进口。探索实施进口商品分类管理，推进进口检验检疫直通放行制度，重点结合全省 110 个“双百”重点项目、100 个重大技术进步项目以及 50 个技术创新项目建设，提供优先、便捷的通关服务，扩大先进技术和设备进口，提升青海省装备制造业水平。依托西宁市和海东市跨境电子商务综合试验区建设，加快推进国际商城、进口馆等多种形式的进口贸易展示销售平台建设；稳定和扩大出口规模。充分发挥国家级出口基地的示范带动作用，积极开展省级出口基地认定工作，推进出口工业品、食品、农产品质量安全示范区建设。充分利用已搭建的外贸平台，深入了解外贸需求，聚焦特色优势产业做专做深做实。稳定和扩大藏毯、硅铁、穆斯林服饰及用品、枸杞等传统优势产品出口；扩大铝及镁合金、化成箔等新材料出口；增加锂电池、蓝宝石等高科技、高附加值产品出口；加快发展以民族文化、藏医药、旅游、运输等为主要内容的服务贸易，积极推动文化旅游经贸融合发展。继续推进向东开放，主动承接产业转移，进一步巩固和壮大青海省出口型产业基础并扩大产业规模，发挥“走出去”的贸易示范和促进作用。积极融入国家丝绸之路经济带建设，扩大向西开放，鼓励和支持青海省电力、

建筑安装、特色纺织、农畜产品加工、新能源、新材料、盐湖化工等行业到境外开展投资建设，带动省内先进的装备制造、先进技术、优势原材料的出口，以贸易带动投资，以投资促进贸易。

参考文献

艾琳、于轩：《提升城市承载力　推动新型城镇化可持续发展》，《宏观经济管理》2021 年第 3 期。

黄海立：《新型城镇化与产业结构优化协调发展实证研究》，《统计与决策》2021 年第 5 期。

徐成龙、庄贵阳：《新型城镇化下城镇可持续发展的内涵解析与差异化特征探讨》，《生态经济》2021 年第 1 期。

B.23
青海花儿歌手生存现状与发展路径探索*

冶英生　王雅慧　车国辉　周海月**

摘　要：　青海花儿是多元文化的结晶，具有鲜明的地域特色，在宣传大美青海、促进文旅融合、推动青海省经济社会发展等方面发挥着重要作用。花儿尽管在当今社会遇到了诸多发展机遇，但还是暴露了很多如生存空间、歌手素质、创作土壤等发展问题。本报告借由对青海花儿歌手的现状分析，重点梳理了发展中的主要问题，并根据实际需求提出了相应的改革建议，以期为花儿发展提供智力支持。

关键词：　花儿歌手　文化传承　青海

花儿流行于西北地区，在汉、藏、土、回、东乡、保安、裕固、撒拉、蒙古族等多个民族地区传唱，是绽放在祖国民族大花园中绚丽多姿的艺术奇葩，被誉为“西北民族之魂”。青海是河湟花儿的主要传唱地区，历史悠久，曲令众多，歌手辈出。

花儿歌手贴近老百姓，贴近实际，贴近生活，能把城乡发生的新气象、

---

* 本报告所有数据均来自2020年的《青海花儿歌手现状及发展情况调研报告》。

** 冶英生，青海省文化馆调研部主任、副研究馆员，研究方向为民族民间文化、文化管理；王雅慧，青海省文化馆馆员，研究方向为文化管理；车国辉，青海省文化馆副研究馆员，研究方向为音乐创作；周海月，青海省文化馆馆员，研究方向为文化管理。

新问题通过花儿传唱活动反映出来，能及时传达老百姓的获得感和幸福感，是一种民间的、自然的传承力量，是文化传承中不可替代的重要内容。加强青海花儿歌手的培养对于花儿艺术的传承和保护有着重大的现实意义。

一　青海之光：青海花儿歌手现状

（一）青海花儿歌手分类与结构分布

据统计，截至2019年12月底，青海省在花儿艺术界有影响力的在册歌手共计417名。其中，项目传承人49名，占比11.75%；歌词创作人员48名，占比11.51%；其他歌手320名，占比76.74%。

1. 花儿歌手的分类

（1）群众歌手：花儿是青海人重要的精神食粮，也是民间歌手脱颖而出的群众基础。

（2）业余歌手：是不脱离生产劳动的歌手，发声条件基本具备，具有较强的应变能力和即兴创作能力。

（3）半职业歌手：发声条件良好，记忆能力、即兴创作能力及快速反应能力较为突出。

（4）职业歌手：演唱水平较高，在专业演出团体演唱，可以依靠自己精湛的演唱技艺维持生活。

（5）传承人：这类歌手发声条件好，演唱具有原生态特点，传统曲令演唱到位，有的创编能力极强，是非物质文化遗产的活宝库，更是花儿代代相传的关键人物。

2. 花儿歌手的结构分布

（1）地域结构：海东市具有影响力的在册花儿歌手219名，占歌手总数的52.52%；西宁市129名，占歌手总数的30.94%；海西州36名，占歌手总数的8.63%；海北州15名，占歌手总数的3.60%；海南州14名，占歌手总数的3.36%；黄南州4名，占歌手总数的0.96%（见图1）。

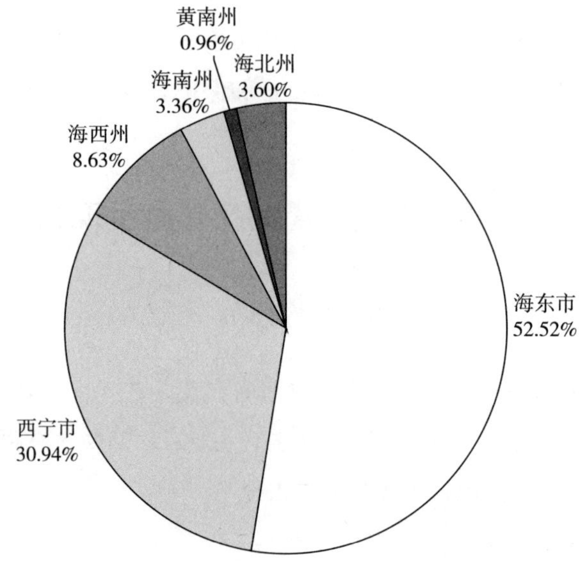

图1　青海省花儿歌手地域（市、州）结构

（2）年龄结构：40 岁以上歌手占比超过 50%，年轻歌手（30 岁及以下）人数最少，仅 64 人，占比 15.35%（见图 2）。

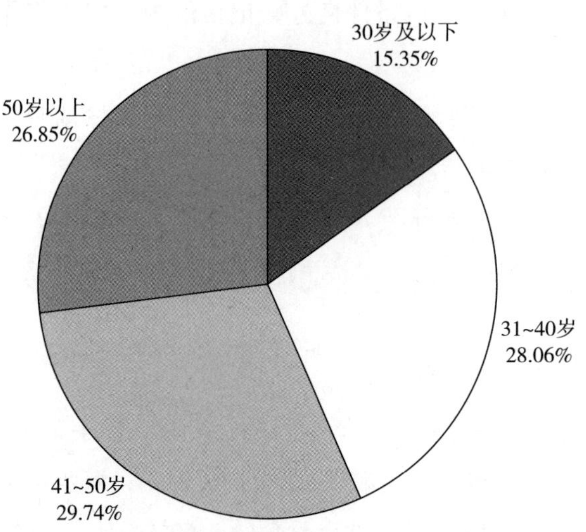

图2　青海省花儿歌手年龄结构

（3）学历结构：歌手中取得本科学历的仅有 4 人，高中以下学历人数最多，为 329 人，占歌手总数的 78.90%（见图 3）。

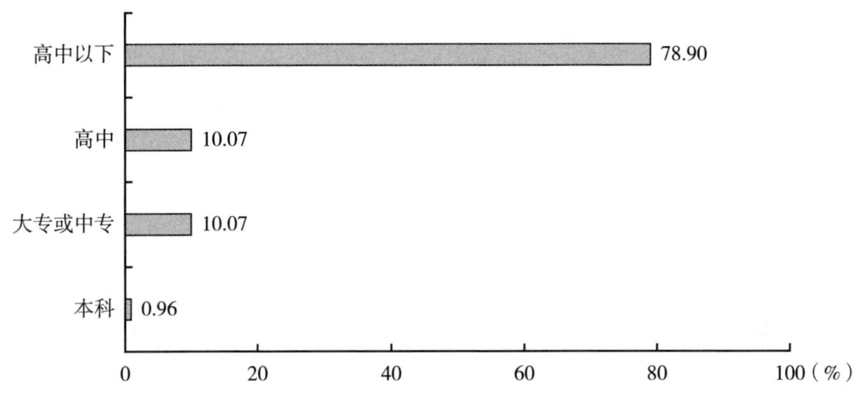

图 3　青海省花儿歌手学历结构

（4）民族结构：截至 2019 年 12 月底，在 417 名在册歌手中，汉族、土族、藏族人数分列前三（见图 4）。

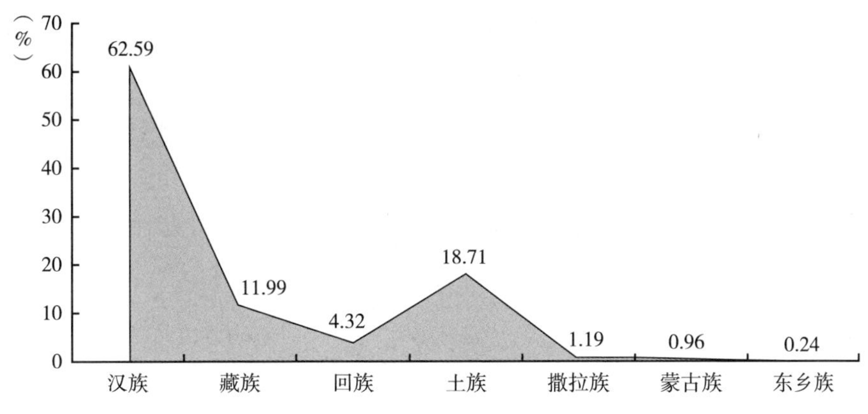

图 4　青海省花儿歌手民族结构

（5）传承人结构：全省范围内共有 46 名花儿歌手被列入非物质文化遗产代表性项目（花儿）代表性传承人，其中，国家级 6 名（1 名已去世），省级 8 名，市、州级 12 名（见图 5）。

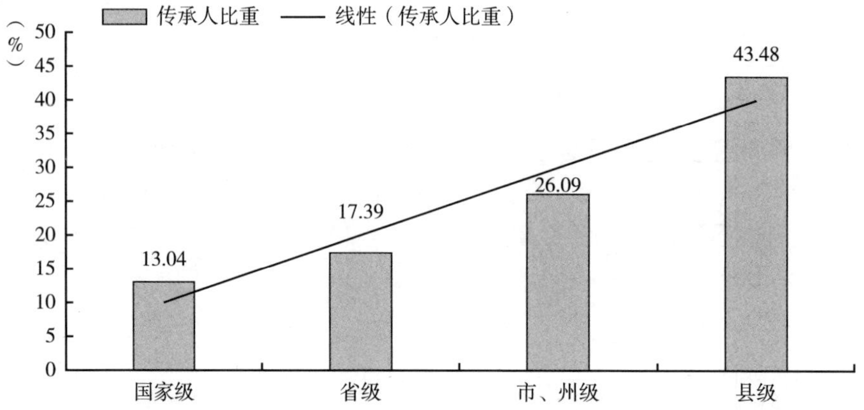

图5　青海省非物质文化遗产代表性项目（花儿）代表性传承人结构

（二）青海花儿歌手主流活动形式

1. 花儿会

据统计，截至2020年6月，青海省“花儿会”大约有61个，按规模来看，表现为三层：一是纳入国家保护的、人数达万人左右的大型花儿会，如青海丝路花儿艺术节、西北五省（区）花儿演唱会；二是列入非遗项目的、人数达万人和千人左右的大中型传统花儿会，如大通老爷山花儿会、互助丹麻土族花儿会、民和七里寺花儿会、乐都瞿昙寺花儿会、湟中南佛山花儿会、平安夏宗寺花儿会；三是未纳入国家保护的、人数达十几人至千人的其他中小型花儿会（有围绕大型花儿会生成的，有乡办、村办或家庭式的，等等），如娘娘山花儿会、鹞子沟花儿会、祁家寺花儿会、五峰寺花儿会等。

2. 行业组织

据统计，青海省花儿行业组织共有15个。按类型划分，花儿研究会2个（青海省花儿研究会、海东市河湟花儿研究会），花儿协会3个（西宁市城北区花儿协会、湟中区花儿协会、平安区民间文艺家协会），花儿传习所5个（大通县园林小学传习所、大通县宋保元传习所、大通县李洪盛传习所、大通县邓平良传习所、丹麻花儿传习所），花儿传承基地5个［互助县花儿（丹麻

土族花儿会）省级非遗传承基地、丹麻镇青海花儿传承基地、循化县文化馆青海花儿传承基地、青海大学花儿传承基地、湟中区多巴镇白牡丹花儿传承基地］。按地域划分，西宁地区行业组织有 10 个，海东地区行业组织有 5 个。

3. 新兴文化产业组织

据统计，截至 2019 年 12 月，青海花儿新兴文化产业组织共有 45 个，其中花儿艺术团 21 个，花儿剧团 6 个，花儿茶园 18 个。另外全省花儿歌手出版音像制品（含 U 盘）共计 363 件。按地域区分组织规模，西宁市花儿茶园 1 个；湟中区花儿艺术团 5 个；大通县花儿艺术团 6 个、花儿茶园 10 个；湟源县花儿艺术团 1 个、花儿茶园 1 个；平安区花儿艺术团 1 个、花儿剧团 3 个、花儿茶园 5 个；民和县花儿剧团 2 个、花儿茶园 1 个；互助县花儿艺术团 6 个、花儿剧团 1 个；贵德县花儿艺术团 2 个（见图 6）。

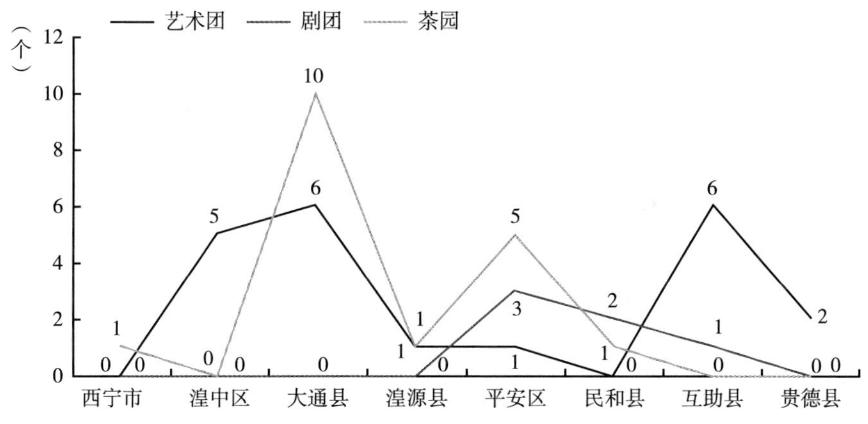

图 6　青海花儿新兴文化产业组织结构

二　适时而宜：青海花儿歌手新发展机遇

（一）社交媒体兴起为花儿歌手提供了新传播渠道

信息化和网络化的发展，给花儿歌手带来了更广阔的传播渠道。新媒体传播正逐渐取代原来以唱片为主的传播介质，改变了传统媒介单向传播的特性，人们可以在网络平台上，跨地域、跨时空、跨边界交流。尤其是快手、抖音、微信平台等社交媒体的高覆盖，加快了花儿的传播速度，不但增加了歌手收入，还宣传了花儿和歌手本身，提升了知名度。开通网络直播的部分花儿歌手粉丝量达 41.6 万人，收入增加了几万元、几十万元。从传唱花儿和获取经济利益两个方面看，一方面，网络技术为花儿的传播和发展提供了更为迅速、便捷、大众化和开放的传播方式；另一方面，花儿在网络传播过程中具有“草根性”，主要表现在个人单打独斗上，看似灵活，但难以形成影响力。

（二）国家和地方政府的支持为花儿歌手搭建了新发展舞台

在国家“一带一路”倡议的指引下，青海省整合全省资源，打造青海花儿品牌，以“西北五省（区）花儿演唱会”为契机，打通花儿艺术国内外沟通之桥，从西北走向西亚，展现了我国多民族花儿歌手的风采。

2006 年，8 个“花儿会”被列入国家级非物质文化遗产名录，青海有 4 个（老爷山花儿会、丹麻土族花儿会、七里寺花儿会、瞿昙寺花儿会），甘肃 3 个，宁夏 1 个。2009 年，花儿被联合国教科文组织列入人类非物质文化遗产名录。国家为花儿传承提供了较大的财政支持，国家级传承人政府每年拨付 2 万元资金，用于出版图书、带徒授艺等；省级传承人每年拨付 8000 元，用于花儿传承。

由青海省文化和旅游厅主办、青海省文化馆承办的“西北五省（区）花儿演唱会”已经成功举办 17 届，已经成为花儿歌手最重要的学习和交流平台之一，还培养和推出了一批批具有影响力的花儿歌手，为花儿艺术的传承发展做出了积极贡献。花儿演唱会不仅形式精彩，而且获奖无数，2013 年，荣获中国第十届艺术节项目类“群星奖”，2017 年荣获“全国优秀群众文化活动品牌”等称号。近年来，在各级政府和有关部门的支持和努力下，各地区利用传统“六月六”花儿会这一表现形式，遵循“保护、传承、发展、创新”的理念，打造了多部如《雪白的鸽子》

《六月六》《山水相依花儿情》等经典歌舞剧，成为宣传大美青海的金色名片。

（三）文旅融合为花儿歌手构筑了新资源平台

自 2018 年 11 月文化和旅游融合以来，做好文旅资源融合，盘活存量、创新增量，构建具有青海特色的现代文旅产业发展体系，探索推进青海特色文化和旅游高质量融合发展的新路径，成为新时代青海推进文化名省、旅游强省建设的重要使命①。

青海花儿作为具有悠久历史、典雅艺术手法及显著高原特色的世界级非物质文化遗产，其文化价值极高，而且曲令众多，有不同的民族在传唱，是一种特殊的地方文化。传统花儿会又都在风景优美的名山大川举行，为发展文化旅游奠定了良好的基础。文旅的融合可以说给青海花儿及歌手带来了前所未有的发展契机，更多的政府部门意识到花儿对当地形成的文化效应，在文旅融合的大环境下，应该按照文化节庆面向旅游市场的思路，办好青海文化旅游节、丝路花儿艺术节、西北五省（区）花儿演唱会等节庆品牌活动。将传统节日蕴含的文化与当下人们的精神需求和生活方式相结合，形成“一地一品、一地一色”的文旅节庆品牌。

加大对花儿会及花儿歌手的宣传力度，有效整合社会资源，提高策划包装水平，积极引导社会力量参与花儿资源的开发、利用和经营；开发旅游景点，建青海花儿馆，演花儿剧，在不同的地方，穿不同的民族服装，演唱不同的花儿曲令，把有特色的花儿会串联起来，打造一条精品旅游路线，尽可能地展现花儿的内在价值和魅力。花儿文化与旅游资源的融合既能带动传统的民间文化发展，又能提升花儿的文化品牌效应和花儿的知名度与美誉度。

---

① 朱万峰：《对青海省文化和旅游融合发展的思考》，《中国旅游报》2019 年 4 月 2 日。

三　弃旧图新：青海花儿歌手传承问题

（一）花儿生存空间减少，后继传承青黄不接

由于社会的变革、人口的流动、教育的发展、交通的改善、新城市化的推进，产生于农耕文化基础上的花儿赖以生存的乡土环境发生了本质的变化。多元文化的渗透、现代媒体手段带来的全新视觉感受，让年青一代与传统文化的连接变窄。

虽然喜欢唱花儿的歌手较多，但中老年歌手偏多，年轻歌手断层，优秀歌手较少，具有特色的歌手更少，高水平歌手更是寥寥无几；花儿新秀的成长受阻，目前大多数活跃在“花坛”上的歌手是在花儿会上逐渐成长、成熟起来的，传统花儿会的传承链条基本中断，演唱技艺得不到良好继承，传承人的成长保护缺乏持续后劲。

（二）创作土壤逐渐退化，创作源泉面临枯竭

花儿会场的自然环境、参与对唱的歌手（包括歌手的民族、长相、擅长曲令、演唱特色甚至服饰打扮）、串把式听众的互动等都是歌手即兴发挥的重要条件，最为广泛的群体参与、特殊的文化空间和呈现在“唱把式”和“串把式”面前的一切可利用因素，都是花儿即兴创作的丰厚土壤，也是激发其创作灵感的源泉。然而，时至今日，每年除了列入非遗项目的6个传统花儿会和西北五省（区）花儿演唱会、青海丝路花儿艺术节等几个演出活动外，再无其他活动举办。同时囿于舞台，即兴创作的花儿作品很少。

（三）歌手文化程度偏低，创新能力有待提高

歌手的文化程度极大地影响了花儿文化的传承，影响了花儿艺术向高层次迈进的进程。就全省来讲，目前有影响力的歌手中取得本科学历的只

有4人，大专或中专学历的有42人，高中学历的有42人，高中以下学历的有329人（占歌手总数的78.90%），更多的歌手是小学文化程度或文盲，所以对花儿文化的基本常识缺欠，甚至胡编乱唱的现象时有出现。虽说可以改编，但乱编乱改完全失去了传统花儿的原意和艺术风格。不了解花儿的含义，随意将传统的花儿唱词增减字句，导致唱词解释不通，不仅如此，还制成光盘在市场上流传，以讹传讹；有些歌手学了新的演唱方法后，改变了原生态的唱法，没有很好地将传统与现代有机结合起来，唱得不土不洋，既失去了花儿的原真，也没有新的突破。

（四）花儿与社会责任连接不足，传承人责任意识淡薄

首先，大部分地区并未把花儿文化作为青海省的特殊文化给予重视和支持，拨付的经费并未用于文化建设，仅作为演唱会经费；其次，部分地区在一些重大活动中，仅仅是把花儿作为一种点缀，没有将其与社会主义文化建设联系起来；最后，并未形成社会责任意识，没有分清花儿作为艺术形式的群众展现。

全省范围内共有46名花儿歌手被列入非物质文化遗产代表性项目（花儿）代表性传承人。其中有些传承人没有传承能力，领取的经费并没有用于对下一代花儿歌手的培训和传统曲令的传承。有些所谓的“王者”没有发挥引领作用，演出费越来越高，引领作用却越来越弱。

（五）花儿会初心不见，传统唱法保护不利

今日的花儿会失去了传统的优势，变成了现代舞台设备的演艺场，真正的主体——民众，在舞台展演中几乎变得鸦雀无声。花儿会参与主体的退位不能不说是广大民众的悲哀，也是延续了数百年的花儿会的悲哀。还有，更多的歌手不再唱本地隐藏在民间的曲令，因为这些曲令唱法有一定的难度，歌手水平达不到，唱不出来，也害怕听的人不喜欢，所以迎合了世俗的需要，普遍的令唱得多，如直令、尕马令、二牡丹令等，很多传统曲令面临失传，所以从研究和传承的角度来讲，不利于花儿的发展。

（六）花儿歌手未受到足够重视，缺乏系统培训

花儿的发展看似繁荣，却面临着严重的生存危机。政府只重视传承人，对普通歌手关注不够。缺少政策和资金支持的歌手培养很难进步。一年一次的演唱会上，传统曲令越来越少，有些经典面临失传，甚至有些地区还认为花儿是丑的、低俗的，尤其是一些女歌手要想出来大胆地唱，困难重重，世俗观念不改变，传承受影响，歌手也很受影响。

再有，没有一个正规和专门的组织机构去组织、指导和培养花儿歌手，很难形成规模。现急需一个专门的组织机构，进行全面的、系统的培训。近几年省文化馆做了不少工作，也有一些组织经验，但还处于一种初步探索的阶段。

（七）花儿茶园的利弊共现，需探索新模式

花儿茶园的兴起，不仅冲破了多年的传统禁锢，满足了城乡花儿爱好者的文化需求，探索出了花儿演唱、传播的一种新途径，也培养出了一批职业、半职业花儿歌手。但也出现种种弊端，节目粗糙，格调低俗，在经济利益驱动下刻意迎合大众需求，对花儿艺术形式的重视程度不够，内部管理不规范，环境复杂，等等。近几年，由于茶园整顿，关了一部分，然而茶园关闭后，原有依靠茶园为生的歌手失去固定收入，无法存活，所以茶园的经营需要探索新模式来趋利除弊。

四　守正创新：青海花儿歌手培养改革路径

（一）改变陈旧思想，培育生存空间

花儿文化的保护与传承，其主体应该是人民大众，因为花儿文化来自民间，其保护者与传承者也应该是老百姓。要通过多种途径，采取多种举措，千方百计改变群众对花儿文化的陈旧认识，培育花儿的生存空间。应该把作

为世界非物质文化遗产的花儿，引进校园、引进课堂，为学生传授花儿知识，以学生为主体，引导他们学习花儿文化的经典，在与花儿歌手的互动中产生学习花儿的兴趣，主动吸收花儿文化中的精华。

（二）发挥传承作用，管好传承基地

发挥好传承人传帮带作用，管理和保护好传承基地。要加大国家级传承人的比重，培养和补充传承人，树立与时俱进的观念，形成花儿文化演唱、创作、研究三位一体的整体概念，扩大传承人遴选的范围，吸纳优秀的复合型人才进入传承队伍，完成演唱创新和培养新的花儿演唱者的任务，在花儿的传承与发展方面起好传帮带作用；管理和保护好已在大通、互助、西宁等地建立的花儿传承基地，使基地真正成为培养歌手的重要场所。

（三）政府正向引领，提升花儿文化

呼吁政府加深对青海花儿重要性的认识，把花儿文化作为青海省的特殊文化给予重视和支持，加大宣传力度，不断提升地方非物质文化资源的知名度和影响力。从传承的角度、弘扬地方文化的高度，把发展花儿文化纳入自己的职能，密切关注花儿的发展，把花儿和传承紧密联系起来，把花儿和弘扬社会主义文化联系起来，把花儿和活跃城乡文化、群众文化的大局联系起来，关注花儿会，关注花儿歌手，关注花儿研究人，提出对策建议。

（四）进行全面普查，建立艺术档案

对全省花儿歌手进行全面的普查，把民间花儿文化和歌手存在的问题、状况普查清楚，摸清歌手的实际情况。然后对每一位能演唱的有潜力的歌手建立艺术档案，并进行录音录像，保护传统曲令和面临失传的曲令，挖掘民间新歌手和新曲令。对有影响力的花儿歌手和花儿传承人建档，把他们的生平、演唱特点、演唱作品及当时的历史地位和影响用文字方式记录下来，既是对他们在花儿发展中做出的贡献的肯定，也是为花儿歌手的管理做了必要的储备，为花儿的可持续发展提供了资料。

（五）加强歌手培养，提高综合素质

加强花儿演唱队伍的建设，积极建立一支高素质的和集演唱、创作、研究于一体的花儿人才队伍。

第一，分阶段、分层次、分类型培训。针对业余歌手、半职业歌手、职业歌手、传承人等不同层次的歌手制定不同的培训方案，分阶段进行定期培训。

第二，培训与歌手的实际需要相对接，取得四大突破。一是文化的突破。针对文化水平普遍较低的现象，重点讲解，让他们能理解和记住该背会的新歌词。二是唱法的突破。针对有些曲令唱不好的现象，邀请声乐教师，重点讲解在曲令中间华彩部分难掌握的技巧。三是责任心的突破。凡是在册歌手和签约歌手，专门机构有责任引导歌手树立一种责任心，从传承的高度、弘扬花儿文化的高度来培训，使他们的水平和素质得到全面提升。四是演唱形式的突破。面对有些歌手表演形式单一、表情呆板等现象，从眼神、面部表情、手势、动感等方面入手，结合现代的舞台动作进行培训，并在演唱中展示不同的民族服装、民族舞蹈、民族风情等，丰富演唱内容，创新演唱方式，提高表演能力。

第三，抓好专业人才的培养工作。把培养花儿艺术专业人才纳入地方教育体系，在省内大中专院校开设花儿艺术专业，系统培养花儿专业人才。

（六）制定考核机制，进行评职定级

为保证花儿歌手队伍的稳定，解决他们因没有固定收入为生计奔波，无法安心于花儿艺术的传承保护问题，各级政府应积极制定出台为花儿歌手评职定级的政策，研究解决他们生计问题的办法。建立职称评定的系统，先评定，再享受相应的待遇，通过评定职称，一是激发歌手的积极性，二是设置门槛，只有具备一定职称的人才有资格参加大型的花儿会，才能成为传承人，鞭策他向前走。

（七）整顿花儿市场，规范茶园管理

实行花儿音像制品的出版发行许可制度，建立对音像制品的审核把关制度，由花儿研究机构和文化部门共同牵头，发挥专家学者的专业职能，把好影像光碟质量关，宁缺毋滥；严格审核，规范快手、抖音等新媒体直播平台，建立花儿直播监督系统，杜绝花儿市场之前出现的乱象。花儿茶园是农村和城市里花儿歌手生长的土壤，青海省一部分优秀的花儿歌手都来自花儿茶园，所以，花儿茶园的整顿不能“一刀切”，应该按常规工作去规范和管理，制定管理条例，达到要求的保留，达不到标准的改进，使茶园提高档次，让它良好地去发展，从根本上解决歌手的生计问题，重视花儿茶园的规范化管理，留给花儿歌手生存的空间。

（八）借助网络媒体，扩展歌手发展空间

在网络时代，信息的储存和传播高效而便捷，应借助现代网络媒体，扩展歌手的生存空间和发展空间。（1）收集信息资料。网络平台对各类花儿资料的收集、整理、研究、分类、共享尤为重要。（2）录制歌手视频。选取经典传统曲令，挑选优秀歌手，录制演唱视频。（3）打造花儿网站。整合网络资源，在教学部门的努力下，在广大民众的支持下，借助各种媒体、各种平台，广覆盖、多角度、深层次地展示花儿、研究花儿、歌唱花儿和助推花儿歌手，把花儿打造成亮丽的青海金名片。（4）开发网络课程。邀请花儿专家、优秀歌手、传承人授课。（5）服务基层社区。充分利用网络媒体，参与城市社区公共文化服务体系建设，制作网络课程，面向社会开放。

（九）依托花儿品牌，扩大花儿歌手影响力

进一步提升花儿品牌活动的效应，依托西北五省（区）花儿演唱会，联合新疆、甘肃、陕西、宁夏等地的不同地区举办花儿演唱会。各地歌手相互交流，以老带新，推送新手，使西北五省（区）花儿演唱会成为培养花儿歌手、推出新人的有效平台。加强与各地花儿传唱地区的交流，构建花儿

联盟，进一步扩大花儿和花儿歌手的社会影响力。

总之，随着时代的发展，花儿歌手在新形势下，既要学会利用外力来提高素质，也要学会自我挖掘潜力与培养，在政府的保护和传承引导下，发挥主观能动性，客观、全面、深入地了解青海花儿文化的发展状况，为自身的能力提升，也为地区的文化传承努力奋斗。

参考文献

崔一骞：《青海花儿歌手群体特征扫描》，《民族音乐》2020 年第 3 期。

周亮、费建勋：《原生环境：河湟花儿生存的社会基础》，《宁夏社会科学》2019 年第 1 期。

张海霞：《民间歌唱家——花儿歌手的特征及才能》，《黄河之声》2018 年第 8 期。

颜宗成：《花儿为什么这样红：青海省打造花儿品牌的工作实践及思考》，《中国土族》2015 年第 1 期。

朱万峰：《对青海省文化和旅游融合发展的思考》，《中国旅游报》2019 年 4 月 2 日。

S 基本子库
UB DATABASE

中国社会发展数据库（下设 12 个子库）

整合国内外中国社会发展研究成果，汇聚独家统计数据、深度分析报告，涉及社会、人口、政治、教育、法律等 12 个领域，为了解中国社会发展动态、跟踪社会核心热点、分析社会发展趋势提供一站式资源搜索和数据服务。

中国经济发展数据库（下设 12 个子库）

围绕国内外中国经济发展主题研究报告、学术资讯、基础数据等资料构建，内容涵盖宏观经济、农业经济、工业经济、产业经济等 12 个重点经济领域，为实时掌控经济运行态势、把握经济发展规律、洞察经济形势、进行经济决策提供参考和依据。

中国行业发展数据库（下设 17 个子库）

以中国国民经济行业分类为依据，覆盖金融业、旅游、医疗卫生、交通运输、能源矿产等 100 多个行业，跟踪分析国民经济相关行业市场运行状况和政策导向，汇集行业发展前沿资讯，为投资、从业及各种经济决策提供理论基础和实践指导。

中国区域发展数据库（下设 6 个子库）

对中国特定区域内的经济、社会、文化等领域现状与发展情况进行深度分析和预测，研究层级至县及县以下行政区，涉及省份、区域经济体、城市、农村等不同维度，为地方经济社会宏观态势研究、发展经验研究、案例分析提供数据服务。

中国文化传媒数据库（下设 18 个子库）

汇聚文化传媒领域专家观点、热点资讯，梳理国内外中国文化发展相关学术研究成果、一手统计数据，涵盖文化产业、新闻传播、电影娱乐、文学艺术、群众文化等 18 个重点研究领域。为文化传媒研究提供相关数据、研究报告和综合分析服务。

世界经济与国际关系数据库（下设 6 个子库）

立足“皮书系列”世界经济、国际关系相关学术资源，整合世界经济、国际政治、世界文化与科技、全球性问题、国际组织与国际法、区域研究 6 大领域研究成果，为世界经济与国际关系研究提供全方位数据分析，为决策和形势研判提供参考。